PATRISTIC MONOGRAPH SERIES, No. 12

THE BIOGRAPHICAL WORKS

OF GREGORY OF NYSSA

Proceedings

of the Fifth International Colloquium

on Gregory of Nyssa

(Mainz, 6-10 September 1982)

Edited by Andreas Spira

Published by

The Philadelphia Patristic Foundation, Ltd.

1984

Copyright © 1984   The Philadelphia Patristic
Foundation
99 Brattle Street
Cambridge, MA 02138
U.S.A.

Library of Congress Catalog Number: 84-81655

ISBN: 0-915646-11-0

'Η γὰρ τῶν εὐπολιτεύτων ἀνδρῶν ἰστορία
οἷόν τι φῶς τοῖς σωζομένοις
πρὸς τὴν τοῦ βίου ὁδὸν ἐμποιεῖ.

Basilius, In Gord. mart. 1.

PREFACE

This volume contains the greater part of the papers given at the Fifth International Colloquium on St. Gregory of Nyssa, held from 6 to 10 September 1982 in Mainz. The times are not propitious to the publication of "collected papers". So my thanks are first due to Dr. Donald Winslow, who encouraged this publication with his kind readiness to include once more a volume of Gregorian proceedings in the *Patristic Monograph Series*.

My second great obligation is to those who, with public funds becoming increasingly meagre these days, provided the means for establishing a complex research manuscript: to the Philadelphia Patristic Foundation Ltd., who gave us the financial start; to the foundation "Freunde der Universität Mainz e.V." for a very substantial grant; to Dr. Josef A. Kohl for a most liberal private donation; and, finally, to Professor Otto Saame, who kindly let us have for many months the word processor of his institute.

Impossible to give adequate thanks to all those who gave, as Seneca said, what even the most grateful mind is unable to restore, namely their time: to Frau Irmgard Schilling, who typed this multilingual manuscript; to Dr. Manfred Moser, who took care of the layout and to whose taste and patience is due whatever in this book is optically pleasing; to Marie-Luise Gnad and Henriette Meissner, without whose reiterated vigilant proof-reading I would not have dared to ready this work for the public.

The colloquium itself would not have materialized without the considerable financial support by the Volkswagen Foundation and without the kind hospitality of the Rev. Klaus Reinhardt, who put to our disposal the beautiful baroque building of the Mainz seminary

with all its modern facilities. Further thanks are due
to the former Vicepresident and now President of the
University of Mainz, Professor Dr. rer.nat. Klaus Bey-
ermann, for opening the conference; to His Eminence
Hermann Cardinal Volk, then Bishop of Mainz, for his
exhortatory salutation; and to the Right Reverend Maurus Berve, O.S.B., Abbot of Neuburg, for his important
inaugural lecture.

Mainz 1984   A.S.

The Sixth International Colloquium on St.Gregory of Nyssa, which is
appointed to take place from 1 to 5 September 1986 in Pamplona,
Spain, will deal with the first book of Gregory's Contra Eunomium
and be organized by Professor Lucas F. Mateo-Seco of the University
of Navarra.

TABLE OF CONTENTS

INTRODUCTION

The Biographical Works of Gregory of Nyssa

I. The Subject of the Colloquium. - II. The Ancient Literary
Portrait. - III. The Contributions of the Colloquium.

I

The importance of Gregory of Nyssa lies in an anthropology which, owing to the unique way he presented
it became inextinguishable ever after: the life of man
seen as an infinite progress towards an infinite God.
Though neither found by Gregory nor later connected
with his name any longer, it was by the consistency of
his thought and imagination, by the intensity of his
reasoning and imagery, and by the burning colours, in
which he painted his vision, that this genuine Christian idea could fully develop its dynamic power and
gain a momentum never to fail, not even in its secularized form when, having lost its celestial scope, it
appeared but as the Faustian restlessness of the
West.[1]
No wonder that after the rediscovery of Gregory in
this century by Werner Jaeger and Jean Daniélou, the
many minds soon attracted by him should first of all
have been interested in the intricate philosophical
and theological implications of his anthropological
concept. Consequently, also the first three in the
series of international colloquia on Gregory, established in 1969 by Marguerite Harl, were devoted to
Gregory's theology and philosophy, explicitly those of
1969 and 1972,[2] and in way of studying the difficult
tract *On Infants' Early Deaths*, the meeting of 1974.[3]
But the medium of Gregory's thought were the language and the literary conventions of his time. Taken

into account to some degree at the fourth colloquium in 1978, which was dedicated to Gregory's Easter sermons,[4] this aspect became a central point of discussion at the meeting which is to be made public now.

The 5th International Colloquium on St.Gregory of Nyssa, which took place from 6 to 10 September 1982 in Mainz, dealt with Gregory's biographical works and was, therefore, an opportunity to study the use made by Gregory of a literary genre; a genre which, though of little consequence today, had much weight with antiquity. In preparation of the conference the participants had been invited to give their special attention to the "interrelation of the historical, theological and literary constituents of Gregory's presentation of a holy life". For it cannot be denied that in all these works (lives, encomia and funeral speeches), the historical facts presented are shaped by theological ideas and by the conventions of art. This concurrence of what we cannot but call incompatibilities, is the reason why it is so difficult for us to understand this kind of literature. Yet, however, disparate these different exigencies may appear, their coexistence in one work is characteristic not only of Gregory's biographies or of ancient hagiography, but of the ancients' approach to the past in general. Since the contributions contained in this volume are all concentrated on Gregory himself, it will not be out of place, before presenting them, to make a few general remarks on a phenomenon which, being typical of antiquity, is also typical of Gregory wherever he draws the lineaments of a holy face. The question is how to look at an ancient literary portrait.

II

There seems to be no better way to find the spirit of antiquity than by reading an ancient historical work. For in such a work we meet an attitude towards the past so different from ours that we may well take it as indicating an essential difference between our civilizations. The modern mind, as it still will have to be defined, is bent to look at things exclusively in a positivistic way, and as to the past, confining itself to "the historical point of view", knows of no other truths before the factual truth. To an ancient author who touches upon past events, the factual truth is of no interest, unless it may serve him as an example to illustrate a moral truth; for instance to show, as Livy says, "by what kind of life and conduct, by what kind of men and arts, civil and military, our power was won and augmented" (*praef.* 9). The incentive to this moral view of past events, naturally, is itself of a moral nature, namely morally to influence the present by the moral example of the past. That is why the examples presented must be "great". "In studying history (*in cognitione rerum*)", Livy continues, "it is particularly sound and fruitful that you see the documents of each example set in an illustrious monument, so that from it you may take for yourself and the state what to imitate and what (as it was begun foul also ended foul) to avoid" (*ib.* 10).

No matter how strong or weak the moral accentuation, no ancient historian would have said with Hegel: "The only thing to be learned from history is that nothing can be learned from it", but they would all have agreed with Nietzsche: "We must serve history only inasmuch as it serves life". In this way even the most "pragmatic" historians understood their work. "If it be judged useful by those who desire an exact knowledge of the past as an aid to the interpretation of the future ..., I shall be content", says Thucydides (1,22,4), and also Polybius thinks of the usefulness of his work when, giving his words a stronger moral tinge, he says that to record deeds which are unjust and to be avoided has greater effect on the moral correction of people (τοὺς κατορθουμένους) than the record of deeds which are good and worthy of imitation (2,61,3). Although by this remark Polybius apparently wants to exempt his work from that encomiastic way of treating the past which, later on in book XII, he will criticize so severely, the ethical categories he applies (ἔργα καλά, δίκαια, σπουδαῖα, ζηλωτά, πράξεις παράνομοι, φευκταί), nevertheless betray a moral character of historiography which was to become so much more explicit in his successor Livy and others.[5] The factual truth is of no interest, unless it reveals a moral truth. "It was not my intention", says Tacitus at a certain occasion, "to record each single senatorial vote, unless it was distinguished *per honestum aut notabili dedecore*, for I believe this to be the special duty of historical records that the virtues be not silenced and that what is base in word and deed should fear posterity and public dishonour" (*Ann.* 3,65).

The topical character of these and similar statements does not diminish but, on the contrary, stresses their validity in ancient public opinion. History, in a way is applied ethics. Seen with modern eyes, ancient historiography is, therefore, far more "philosophical" than its Aristotelian distinction from poetry (*Poet.* 9 1451b6) may suggest. And, considering the profoundly pedagogical nature of all Greek literature, it seems as if only with the discovery made by Herodotus of ἱστορίη as a new way to human wisdom, no weaker than epics, choral lyrics and tragedy, also the recording of historical facts became worth being told with artistic propriety and could thus join the field of ancient literary competition. At any rate, it is not as historical documents that these histories have survived, but as works appreciated for their human insight and its artistic presentation.

*

All we have said so far on ancient historiography also applies to ancient biography, but now enlarged as if seen through a magnifying glass. Despite the words of Lucian that the encomiastic way of presenting a life is separated from history "by two entire octaves" (*Hist.conscr.* 7), biography, as its germs in Herodotus and Thucydides testify, must be and, in fact, was understood as a part of historiography.[6] The Hellenistic invention of a historical monography allowed to center moral attention on one great event; the contemporary invention of the monographic biography allowed to focus moral interest on its foremost object: a single great human being. Thus, this literary form appears entirely made to serve that interest. An ancient biography ought hence be read as the clearest possible expression of that attitude towards the past which, as it is no longer ours, unites antiquity by separating it from us. That is why it is more diffi-cult for us to understand the *Life* of M.Cato or Martin of Tours than the *History* of the Peloponnesian war. What is to reveal the heart of another civilization must have no easy access. But for the same reason, an ancient life may, once we are aware that the differ-ence of interest is of no accidental nature, turn out an open sesame to antiquity and (one must add) to all those subsequent generations who, by maintaining the moral priority over historical facts, have proved the true heirs to a civilization which we admire but, at its crucial point, feel unable to follow. And yet, it is essentially the same ethical interest, to which we give homage when meeting it as a praise of virtue in Pindar and which estranges us when we meet it as a praise of virtue in Athanasius. Such eclectic appre-ciation of what we call ancient humanism betrays an attitude towards antiquity which does not seem very consistent.

It is not surprising that with the rise of the historical point of view, a literature written to serve the need for human knowledge should gradually have lost its popularity. Nor is it surprising that works no longer read for the purpose they were written for, should have become increasingly difficult to understand.[7] But it does seem surprising that although – after hermeneutics and all – we know only too well that historicity was not the question in answer to which an ancient life was written, nevertheless, by ever new contrivances and vogue approaches (now, appa-rently, it is structuralism),[8] we go on searching for a face which the ancient portraitist had no intention to paint. Thus we become invariably annoyed by the moral colours the painter applied and "with seeing eyes we see not" the face these colours were meant to express.

But what kind of face did he want to show? It is neither the individual face showing every historical wrinkle and scar, nor, certainly, the universal face representing a human type, but it is rather that face which Scipio and other "excellent men" are said to have found when, regarding their ancestors' *imagines*, they felt "vehemently inspired to virtue" (Sall., *Iug*. 4,5). It is the face which Tacitus describes when, having finished the portrait of his dead father-in-law, he exhorts the family how to keep his memory: "This advice I should like to give your daughter and your wife, so to honour the memory of the father and the husband that they may ponder on all his deeds and words and hold fast the beauty and lineaments of his soul (*formam ac figuram animi*) more than those of the body, not as if I thought one had to protest against portraits made of marble or bronze, but because just as the face of man, so also the copy of his face is frail and mortal, whereas the beauty of his soul is eternal, whence you can observe and express it by no other material and art than by your own moral conduct" (*Agr*. 46,3).

These words from the epilogue of the work make it very clear that the face Tacitus wanted to work out was the moral face of the man. It is an "internal" face, expressing, as Aristotle says of the poetic portrait, the "quality" of the person which, being made visible by what the person "says and does" (*Poet*. 9 1451b8-9), is the person's "moral and mental disposition" (*ib*. 6 1449b37-38). That they may see this ethical face, Tacitus invites the family to meditate on "all the deeds and words" recorded by him, and as they are addressed in the form of a *laudatio funebris*, he invites them to preserve this "eternal face" by imitating it in their "own moral conduct".

This great proximity of the literary portrait to practical philosophy has its deep roots in two convictions: one specifically Roman and one specifically Greek. As to the Roman side, the mention just made of the *maiorum imagines* may be sufficient. The Greek root of that vicinity can be epitomized by the rôle of "praise" and "blame" in Greek thought. This moral dualism is a form of thought characteristic not only of archaic Greek literature, as has been recently shown by B. Gentili,[9] but of Greek culture in general, "un principio basilare della cultura greca",[10] and ultimately of the entire Greco-Roman civilization as well. For it was with Isocrates that the old practice of celebrating a person's virtue and of scolding a person's vice became subject to systematic rules and as such the main object of epideictic rhetoric. The purpose of this kind of rhetoric is, as Aristotle saw, of a purely ethical character: "to praise or blame what is honorable and disgraceful" (*Rhet.* 1,3 1358b27). The moral function of ἔπαινος and ψόγος is well illustrated by the use Aristotle himself makes of this popular moral antithesis in his, though metaphysically based, ethics.[11] But here again, as with Isocrates, we find only systematized what was a much older Greek practice. The expansion of this archaic antithesis in later antiquity is impressive. For when we call antiquity a "rhetorical civilization",[12] we think of epideictic rhetoric which not only marked both forms of the ubiquitous *declamatio*, but pervaded practically every literary activity, including poetry and historiography. With the end of the Roman republic epideictic rhetoric obtained a dominant position all over the Empire, also in public speaking. This enormous success of the epideictic genre meant also the success of its ethical principle by definition, which was thus, in the literal sense of the word, *ex officio* kept alive and transmitted.

One cannot stress sufficiently enough the ethical principle of the ancient biographic literature in all its various forms, because here alone, if anywhere, we may find the key to open our self-imposed enclosure of positivism and enter that world of such other dimensions. Nowadays, it is true, we are irritated by the phenomenon that in an old biography the historical facts presented should be so conspicuously affected by moral ideas and by art. For our idea of biographic sincerity is fixed on τὰ γενόμενα. Yet, were it fixed with the same determination on the moral quality of the portrayed person, we would see things differently. We would understand that it can be less interesting to see what "Alcibiades did or suffered" than what a man of his "quality is likely to do or suffer". We would not take the report of a great person's deeds and words as an end in itself, but as a means to show us that person's moral quality which, as Tacitus says, is the "shape of his soul".

Here again Aristotle may be of help. Prescribing how to praise a person by literary means, he makes a few remarks which make it understandable why, once the interest is centered on the moral quality of a person, the factual truth may be of less importance. "Since praise", he says, "is founded on actions, and acting according to moral purpose is characteristic of a worthy man (ἴδιον δὲ τοῦ σπουδαίου τὸ κατὰ προαίρε-σιν),[13] one must endeavour to show that a man is acting in that manner, and it is useful that it should appear that he has done so on several occasions ... Now praise is language that sets forth greatness of virtue; hence it is necessary that a man's actions are virtuous ... We pronounce an encomium on those who have achieved something. Achievements, in fact, are signs of moral habit (τὰ δ'ἔργα σημεῖα τῆς ἕξεώς ἐστιν); for we should praise even a man who had not achieved anything, if we felt confident that he was likely to do so" (*Rhet.* 1,9 1367b22-34).

These words must be read in the light of Aristotle's theory how a moral quality is formed. As an application of ethics to rhetoric or, rather, of life to literature, they can be understood as having the following implications: In reality ἕξις and ἦθος, i.e. a person's moral quality or "character", are formed only by repeated acts according to moral purpose (*E.N.* 2,1. 4-6). In order to show in poetry a person's moral purpose, one has to create an ἦθος, since the ἦθος is that "which reveals the moral purpose of the agents" (*Poet.* 6 1450b8-9). There is, however, in literature, be it poetry or speech, no other way to *present* a person's ἦθος than by showing him acting according to moral purpose. But literature, if it is to be convincing, must be a mirror of life. Therefore, just as according to our experience a moral quality is formed by repeated relevant acts, so also the moral quality represented in a speech will become more convincing when we show someone acting repeatedly in this way. On the other hand, curiously enough, but by no means illogical, this concept also implies, that if we are "confident" of a person's quality, the question whether or not he manifested it by acts, becomes less important.

All this is certainly not meant as an invitation to the orator to invent things. But regarding biographic sincerity, we may learn from these words that, as long as the deeds reported *are* the signs of the quality to be praised (or blamed), neither their fictitious number nor even their invention would affect and change that quality. Just as in a case of measles the red spots reported *are* the symptoms of this disease and a greater number of such symptoms would neither constitute a different disease nor prevent the doctor's recognizing it, so are a man's deeds the signs of his moral quality, which no number or fictitional such deeds would change or prevent us from recognizing. On the contrary, if this quality were rhetorically or dramatically amplified or even set in a great, but fictional context, it would not only remain the same, but become more visible, more paragonic and, thus, more moving, and would encourage imitation. Seen under this aspect, many a factual lie in ancient biographic literature, otherwise so discomforting, appears in a different light. Even "le terrible aveu de Cicéron", as J. Fontaine labeled it,[14] may appear less so: *concessum est rhetoribus ementiri in historiis, ut aliquid dicere possint argutius* (*Brut.* 11,42). For what in his own case Cicero wants to see "adorned" also *plusculum quam concedet veritas* (*fam.* 5,13), is after all his moral quality as the source of his deeds and hoped-for renown. This letter *non erubescens* is indeed revealing, not because it discloses Cicero's vanity, but because it allows us an intimate look into the fabric of the ancient literary portrait.

Πᾶσι δὲ τοι κίνδυνος ἔπ' ἔργμασιν, so the poet says. Like every great thing, also the moral concept of history, naturally, has its specific risk. But as many voices testify, from the passionate insistence of Polybius on τὰ κατ᾽ ἀλήθειαν λεχθέντα (12,25b1) up to the mild *te multa dilectio usque ad mendacii peccatum trahit* of Paulinus Nolanus (*ep.* 24,1), the ancients could be quite sensible of the inherent risk of their concept. One may wonder if we are equally conscious of the risks immanent in the "historical point of view". Not as if the ancient biographers were Neoplatonists, but with their effort to delineate a person's "internal" face, they do, in fact, invite their readers to an ἀναγωγὴ ἐπὶ τὸ νοητόν, where alone, according to Plotinus, the "individual's principal truth" (ἑκάστου ἡ ἀρχή) is to be found (5,7,1). If this did not exist, says Thomas Aquinas, we would have to distinguish Socrates from Plato as a *homo tunicatus* from a *homo cappatus* which, he adds, would be *omnino absurdum* (*S.Th.* I,I, q.76,2 ad 6). "Each 'historical Jesus'", C.S. Lewis makes the devil say, "is unhistorical".[15]

*

All we have said so far on ancient biography is alive and can be found also in the biographical works of the Cappadocian Fathers and especially in Gregory. There is, first of all, the inseparable classical nexus of biography and ethics: the historical example seen as an incentive to virtue. "'When the righteous are praised'", says Basil quoting Salomon (*Prov.* 29,2), "'the people rejoice'", and asking: "What does he mean by this?" he answers: "The people rejoice with a spiritual joy at the mere remembrance of those who succeeded in justice, and they are driven to imitate with zeal the good of which they hear. For the history of those who were well-conducted (τῶν εὐπολιτεύτων) produces a kind of light for the life-road of those who want to be saved", and echoing in new notes an old tune, he continues: "That is why, as soon as we hear the Spirit telling the life of Moses, we are immediately filled with a zeal for the virtue of that man" (*In Gord. mart.* 1, *PG* 31,492A6-14). And in the same spirit, to give just one example out of many, Gregory says: "It is most good and highly profitable that the young be nourished by the stories of virtue" (*In XL mart. III, PG* 46,773B1-2).

There is perhaps no passage in Gregory more expressive of the old correlation between biographic example (ὑπόδειγμα) and moral instruction (ὑποθήκη) as well as of its new inspiration than the proem of Gregory's ascetical work *On Perfection* where, addressing the monk on whose request the work was written, Gregory regrets not yet to be able to present his own life as an example of virtue, in compensation of which, instead, he has to give an instruction. This he does, however, by presenting another model of perfection: the portrait of Christ. Here we find all the ethical vocabulary of the traditional concept and the new spirit with which Gregory handles it: "Befitting your moral purpose (τῇ προαιρέσει σου), is your serious eagerness (ἡ σπουδή) to see how by a life of virtue (διὰ τοῦ κατ' ἀρετὴν βίου) one may become perfect so that in all things the blameless (τὸ ἀμώμητον) may be set right (κατορθωθῆναι) for your life. I would have given much to find in my own life (ἐν τῷ ἐμῷ βίῳ) the examples (τὰ ὑποδείγματα) of what is so seriously pursued by you (τῶν σοὶ σπουδαζομένων) so that by deeds rather than words (τοῖς ἔργοις πρὸ τῶν λόγων) I could offer the instruction (τὴν διδασκαλίαν) you requested. For in that way the guidance regarding the good would be trustworthy, as the life sounds with the words. Since, however, I wish to become this some time, but at present do not yet see myself so qualified (τοιοῦτον) as to show you instead of the word the example of my life (προδεικνύειν τὸν βίον), I have in order not to appear as someone unprofitable and wholly useless with regard to your aim, in mind to begin my word by demonstrating (ὑποθέσθαι) whereto a life scrupulously conform with virtue (τὸν ἀκριβῆ βίον) must direct all its powers" (*GNO* VIII,1 p.173, 1-14). And instead of his own life Gregory sets forth the portrait of Christ as the example of virtue to follow, ending with that great vision of human life as in infinite movement towards perfection mentioned in the beginning: "by daily growth always to improve ... never to stand still and to set no limit to perfec-

tion" (*ib.* p. 214,2-6). Here, in fact, the principle
of Gregory's biographic concept may be seen *in nuce:*
the classical way of looking at a great life as the
example of a moral quality, and the "quality" sought
by Gregory exemplified by Christ himself.

III

In what way this new ethical spirit transforms the
old pattern and into what an instrument the biographic
genre in the hand of Gregory turns, will now be demonstrated by the following articles. A few words may be
welcome to explain their arrangement. The collection
opens with an essay by Georg LUCK, who, as a classi-
cist versed in all types of ancient literature, has
his first encounter with the world of the Cappadocian
Fathers and, reading Gregory's life of his sister, is
struck by a spirit which, because he has found it in
no other biographical work, he feels, must be more
than the mechanical Christianization of the genre. To
a still greater extent he sees confirmed in this life
what years ago, when criticizing the influential
opinion of F.Leo and those following him, he had demonstrated in respect of the Latin side of it: the
Christian transformation of the traditional pattern.
His question as to the unusual character of this biography leads right into the heart of the matter and
the following contribution helps much to disclose it.
    The second article, by Monique ALEXANDRE, shows
three formative elements of Gregory's biographies.
There is the unique tradition of Gregory's family, its
historical ties to the ancient martyrs of the country;
there is the transference of the martyr's model on to
the saint of the present; and there is, finally, the
political element in Gregory's biographies, an in-
triguing aspect, which, as far as I know, has never
been dealt with before. This political dimension is
the orthodox case, which Gregory supports in some of
his biographies by delineating the model of the ideal
bishop, who is both the teacher of pure doctrine and

"athlete" of perfect virtue. This ideal, with its double background in Basil's monastic work and in Gregory's theological thought, lays the foundation for a "culture épiscopale", which will be of such importance in the centuries to come when, after the fall of the Empire and its institutions, this new type of leadership helped to preserve εὐνομία in many parts of the world.

This hitherto unknown aspect of Gregory's literary activities is demonstrated to the full in the article by Marguerite HARL, a study of the σύγκρισις with Moses in Gregory's life of his brother Basil. If one wants to know what "Antiquity and Christianity" really means, here it can be found. This penetrating examination of the use made by Gregory of a typical device of epideictic rhetoric shows that Christian rhetoric is more than "new wine in old bottles". For, considering that in art ethics and aesthetics are inseparable, a traditional form, once it is employed to pronounce a strong new conviction, will needs partake in the transformation. The "comparison with illustrious personages", one of the foremost possibilities of encomiastic amplification, is turned by Gregory into his foremost means of teaching the aforesaid episcopal ideal, which can thus be studied in the making. As has been said, the political impact of this ideal can hardly be overestimated.

As regards Christian rhetoric, literary criticism so far had two phases, an older one, showing how much Christian preaching was indebted to its pagan patterns, and a more recent one, showing how much these patterns were changed by the Christians.[16] Both were necessary; the results of the second stage presupposed those of the first. The discovery of the political dimension of Christian oratory opens another stage and widens our view of post-classical rhetoric in general. For here we learn that, with Christian preaching, rhetoric finds a way of returning to its original domain from which it had for centuries been excluded. The political function of rhetoric in the ἐκκλησία of the Church, gives back to rhetoric, in the "City of God", what, with the fall of the Republic, was no longer possible in the earthly city and its society.

This phenomenon is well illustrated in the fourth article, by Basil STUDER. Examining meticulously every literary, historical and theological constituent of Gregory's funeral speech on the bishop Meletius, he comes to the conclusion that the portrait of Meletius, drawn to praise the immaculate stand of Meletius in the political issue of the day, viz. the orthodox case, and pronounced at a public occasion of paramount political significance, viz. the 2nd Oecumenical Council, means that there the ἐπιτάφιος λόγος has regained its public political character which it had lost indeed with the last one pronounced, after the Lamian War, in 322 B.C. by Hyperides.

Studer's interpretation of the words τῇ δὲ κεφαλῇ in the speech (*GNO* IX, p. 446,11) may serve as an example for the three stages mentioned: It is one discovery to see that Gregory here follows a precept of the school to praise τὸ κάλλος τοῦ σώματος (*Men. rhet.* 420,13; 436,15 Sp.), and it is another discovery that he observes the rule by using the bible (*Col.*1,18), and it is, again, a discovery to recognize that the Paulinian metaphor imports the ecclesiastical meaning of the passage, viz. the episcopal leadership of Meletius. Similarly also Ambrose has recently been better understood once it was realized that in his *De officiis* the ostensibly mechanical imitation of Cicero actually serves a political purpose.[17] And also here, as with the Cappadocians, the orthodox case this pragmatic Roman nobleman fights for, is backed and inspired by the fervour of Alexandrinian theology.

But the reader should not let himself be detained from going himself through all these discoveries. The fifth contribution, by Martin ESPER, presents a small jewel to the student of late antiquity. The κλητικὸς λόγος described by Menander (424,4-430,8 Sp.), was not believed to have survived in extant oratory. By proving that Gregory's *De S. Theodoro* is built according to the rules of such a "speech for invitation" (though, these again have undergone a typical transformation), Esper gives back to literature a genre which one had thought lost.[18]

The historical and literary part of this collection closes with the sixth article, by Christoph KLOCK. This contribution deals not with the homage Gregory paid to the saints λόγῳ, but with the service he did them ἔργῳ: his construction of the church in Nyssa. A most careful analysis of the much disputed letter in which Gregory tells his friend Amphilochius about the work under way (ep. 25), throws, by the help of textual criticism and much understanding of the intricacies of octogonal architecture, new light on what this shrine, planned by Gregory himself, was meant to look like. Here we see Gregory from another side: urbane with his friend whom he asks for building material, impatient at the slow process of work, and enthusiastic of his architectural vision.

The seventh contribution, by Anthony MEREDITH, represents the philosophical part of the collection. By comparing the lives of two pagan philosophers, Plotinus and Pythagoras, with that of Macrina, Meredith observes a difference "between the 'divine man' of pagan hagiography and the 'man of God' of Christian writing", which is of no little consequence, since it shows the so much disputed limit of Platonism in Christianity. Once more is it transformation of a traditional pattern which accounts for this limit: The search for philosophical "truth" is transformed into the life for moral perfection, the "theoria", into prayer, and the "Beautiful" is replaced by the personal God. This is a further answer to the question raised by the opening paper. Considering the distance to popular religion observed, for instance, by Plotinus, and considering that even the most speculative Christian philosopher celebrated Mass, observed the liturgical year, and preached to the people, one becomes aware that, with Christianity, philosophy and popular religion come closer to each other than is usual in antiquity. Also Augustine seems to have been aware of this essential point of difference (De vera rel. 1,1,3). The important idea, presented here with such modest concision, indeed deserved to be developed on a large scale.

The two next articles form the theological part of

the collection. The eighth contribution, by Lucas
MATEO-SECO, comes near the very heart of Gregory, his
concept of human life as progress towards God. Gregory's anthropology is systematically worked out along
the narrative of the life of Gregory the Wonderworker.
And once again, the student of ancient encomiastic literature cannot but be surprised at the way a trite
topos, to wit *patria*, is handled by Gregory. For this
"external" good is seen here as obtaining a first
place in amplification and is given the dignity of
denoting man's celestial scope.

A colloquium on St.Gregory would not be complete
if there were not at least one representative of that
Church and nation which (though not always conscious
of it) has remained nearest to Gregory's spirituality.
The ninth contribution, by Elias MOUTSOULAS, gives
testimony of this vicinity. Here, at last, by a comprehensive description of Gregory's concept of saint-
liness, we are led to behold the interwoven texture,
nay, unity of Gregory's anthropological and theological thought, which, as was said in the beginning, is
the source for the attraction he has for so many
minds. It is the *Life of Moses* by which one is best
guided to join Gregory in this vision. Gregory's concept of ἁγιότης is both, as Moutsoulas confirms, the
"substance" of his theology and, as he so appositely
formulates with respect to the subject of the colloquium: the "trait-d'union" between his various biographical works.

Last nor least we come to the tenth contribution,
by John T. CUMMINGS, which he himself calls a study in
comparative literature, but which is more than that,
namely a document of that attitude without which, as I
initially remarked in view of the ancient literary
portrait, one will miss the point of this kind of literature. This article, in addition to its valuable
demonstration of the biblical example followed by Macrina in her mode of dying, teaches us that, what we
are wont to look upon as stylistic features, can more-
over be elements of reality.

Thus, the study of Gregory's biographies afforded
a surprisingly new access to this true *lumen gentium*,

whose rays all those who attended the meeting did not fail to perceive.

In conclusion I would like to direct the reader's attention to an appendix, in which Theodor BODOGAE gives an interesting report on Gregorian studies in present-day Rumania, and includes a list of Gregorian manuscripts in that country.

Andreas Spira

Notes

1 Cf. A.Spira, 'Stabilität und Instabilität in der Ethik der Griechen. Zum Problem der Grenzenlosigkeit im westlichen Denken', ZRGG 36, 1984, 115-130.

2 M.Harl (ed.), Ecriture et culture philosophique dans la pensée de Grégoire de Nysse. Actes du colloque de Chevetogne (22-26 Septembre 1969), Leiden 1971. - H.Dörrie, M.Altenburger, U.Schramm (eds.), Gregor von Nyssa und die Philosophie. Zweites internationales Kolloquium über Gregor von Nyssa (Freckenhorst bei Münster, 18.-23. September 1972), Leiden 1976.

3 J.C.M.van Winden, A.van Heck (eds.), Colloquii Gregoriani III Leidensis (18/23-IX-1974) Acta, Leiden 1976 (pro manuscripto).

4 A.Spira, C.Klock (eds.), The Easter Sermons of Gregory of Nyssa. Proceedings of the Fourth International Colloquium on Gregory of Nyssa (Cambridge, England 11-15 September 1978) (Patristic Monograph Series 9), Cambridge, Mass. 1981.

5 Cf. ex.gr. Diod.1,1,4; Plut., M.Cato 20; and the passages quoted below. - This view will have a long tradition, cf. ex.gr. Leibniz (against Bayle): "Le but principal de l'Histoire, aussi-bien que de la Poésie, doit être d'enseigner la prudence et la vertu par des exemples, et puis de montrer le vice d'une manière qui en donne de l'aversion, et qui porte ou serve à l'éviter" (Théodicée § 148).

6 Cf. B.Gentili, G.Cerri, 'L'idea di biografia nel pensiero greco', QUCC 27,1978,7-27 (a critical discussion of A.Momigliano, The Development of Greek Biography, Cambridge, Mass. 1971); and infra n. 9.

7 Cf. ex.gr. the chapter on the historical value of the Vita Martini in the introduction to the edition of this life by J.Fontaine (Paris 1967 (SC 133), 171-210).

8 Cf. ex.gr. E.Patlagean, 'Ancienne biographie byzantine et histoire sociale', Annales Economie, Sociétés, Civilisations 23,1968, 106-126; R.van Dam, 'Hagiography and History: The Life of Gregory Thaumaturgus', Classical Antiquity 1,1982,272-308; and supra n. 7.

9 B.Gentili, Poesia e pubblico nella Grecia antica, Roma-Bari 1983, 141-151. "L'antitesi elogio-biasimo, che percorre sin dai primordi tutto l'arco della cultura greca e trova in Pindaro la prima esplicita enunciazione e in Aristotele la definitiva sistemazione teorica, coinvolge, fuori del più stretto ambito della poesia, lo statuto stesso della biografia e della storiografia, due tipi di discorso che, secondo la prospettiva di Polibio, anche se strettamente correlati, si diversificano proprio perché l'uno, la biografia, ha un'impostazione encomiastica, destinata a celebrare un personaggio, mentre l'altro, il discorso storico, richiede, anche a livello di ricognizione biografica, un esposizione verace che accomuni alla lode il biasimo, senza tralasciare qualsiasi riflessione o ipotesi utile alla valutazione obiettiva dei fatti" (ib. 151).

10 Ib. 142.

11 Cf. ex.gr. E.N. 1,12 1101b11.19.30; 2,7 1108a15-16; 2,9 1109a29. b21; 3,1 1109b31.1110a23.b33).

12 Cf. H.Rahn, 'Die rhetorische Kultur der Antike', AU 10,1967, 23-49.

13 τῆς ἀρετῆς γὰρ καὶ τοῦ ἤθους ἐν τῇ προαιρέσει τὸ κύριον (E.N. 8, 15 1163a23); πράξεως γὰρ ἀρχὴ ἡ προαίρεσις (ib. 6,2 1139a31); cf. ib. 3,4.

14 Op.cit. 179.

15 The Screwtape Letters, Letter XXIII, see also XXVII.

16 A comprehensive survey will be given by C.Klock in his forthcoming book on the style of Gregory (ch.I,3).

17 Cf. K.Zelzer, 'Zur Beurteilung der Cicero-Imitatio bei Ambrosius, De officiis', WSt. 11,1977,168-191.

18 See Menander Rhetor, ed. with tr. and comm. by D.A.Russell and N.G.Wilson, Oxford 1981, 338 (ex silentio).

GEORG LUCK

NOTES ON THE VITA MACRINAE
BY GREGORY OF NYSSA

Gregory's *Letter Concerning the Life of Saint Macrina*[1] – this is the title which the work has in the manuscript tradition – seems a rather unusual biography from various points of view.

To explain its unusual character, it is necessary first to consider some other Christian biographies. The fact that a brother – a brother who is a saint – records the life of his saintly sister – has parallels in the funeral oration of Gregory of Nazianzus in honor of his sister, Gorgonia,[2] and in the funeral orations of Ambrosius on his brother Satyrus.[3]

It is noteworthy that Gregory of Nazianzus[4] finds it necessary to begin his speech with an elaborate apology. He is fully aware that he is honoring his own family by praising his sister, but the truth (so he says) must be told, and the fact that he was related to this remarkable woman should not present an obstacle.

Gregory of Nyssa does not feel the need for an apology of this kind. One feels throughout his Letter that he is proud of his sister, and that he is enjoying this opportunity to write about her and about his family.

In a sense, the *Vita Macrinae* can be considered a piece of propaganda, but other *vitae* of saints serve the purposes of polemic and propaganda in the best sense of the word. Thus Possidius, in his *Life of Saint Augustine*,[5] attacks the Manichaeans, the Arians, the Pelagians, the Donatists, and Athanasius, in his *Life of Antony*,[6] attacks Arians and Pagans.

Generally speaking, the biographers have been close to the men and women whose memories they preserve. A disciple writes about the life of his teacher

- Pontius on Cyprianus, Paulinus on Ambrosius, Possidius on Augustine, Hilarius on Honoratus, who was also a relative. Gregory emphasizes the fact that Macrina was not only his sister but his teacher as well.[7]

This personal contact may be the reason why many of the lives of saints have a quality of immediacy which one does not find in other ancient biographies, for instance Suetonius' *Caesares* whose structure has been discussed so often. Christian *vitae* are very often based on personal knowledge, and they are usually composed very soon after the death of the person they honor. This is almost certain for the *Vita Macrinae* which was composed in 380, the very year of her death, it seems.[8] Hilarius' sermon on Honoratus was probably delivered on the first anniversary of his death.[9] The first of Ambrosius' two funeral orations on his brother was delivered at his funeral, the second a week later.[10] The first is more personal, the second rather formal, reminiscent of the style of a *consolatio*.

Here, I think, we have an essential difference between hagiography and pagan biographies. Suetonius draws from historical works, from memoirs, letters; he writes his *Life of Julius Caesar* long after Caesar's death. Gregory, on the other hand, knew the subject of his biography personally and wrote soon after her death. Jerome could not write about Hilarion from his own experience, but at least he was able to use the work of Epiphanius who had known Hilarion well.[11] On the other hand, Jerome makes it quite clear that he had learned Malchus' life-story from himself and introduces an old monk whom he had visited in Syria, as the speaker.[12] Formally, this is unique, I think: a fictitious autobiography with a brief introduction and an even briefer epilogue; there seem to be no parallels in pagan biography, as far as I know.[13]

It goes without saying that Gregory's *Vita Macrinae* contains a good deal of autobiographical material, but it is not allowed to dominate the account of his sister's life.

Generally speaking, the early biographers of saints were specially qualified, because of their personal relationship with their subject, to write a *vita*, and that this *vita* had an authority; an immediate recognition which was hardly ever contested. These hagiographers were, in fact, specialists because they were in a position to record events, anecdotes, sayings which nobody else could know. In this respect, Jerome, once more, is an exception: In the preface to his *vita* of Hilarion[14] he complains bitterly that his biography of the hermit Paul was attacked by some critics. It appears that this *genus* appealed to Jerome and that he turned it, so to speak, into a literary cottage industry. The fact that he produced all these lives of saints, almost like a series, turning hagiography into a minor literary industry, may have created some enemies, because the individual *vita* could no longer claim to be a unique testimony. Readers, perhaps, thought that nobody should write more than one biography of a saint. This would explain the hostility that Jerome complains about, but, of course, it is only a hypothesis.

The parallels between the *Vita Macrinae* and the oration in honor of Gorgonia mentioned above might be pursued a little farther, since little has been said about them so far.

First there is the simplicity of the life-style of these saintly women. It must have been quite different from that of the society ladies of that period. Gregory of Nyssa records[15] that his sister had only an old cloak, a veil, a pair of worn-out shoes, a cross which she wore around her neck and a ring. Her bed was a long wooden board with a bag on top of it, and her pillow was a smaller wooden board.

This corresponds to the life-style of Gorgonia. Gregory of Nazianzus writes[16] about his sister: "She never adorned herself with gold jewelry made by artists; she never showed her locks either as a whole or in part: her hair-do was not fashionable, not designed to impress the ordinary person. She wore no expensive pleated and transparent robes, no beautiful gleaming jewelry which emit their colorful shine into all directions and surround the human figure with light. Cosmetic illusions meant nothing to her, and the cheap kind of beauty which is produced on earth and competes with the art of the Creator by hiding God's image under deceitful layers of color, diminishing it through so-called beautification, thus representing the divine image as a meretricious idol and disfiguring by a false charm the natural face that we ought to preserve for God and the next world - all this meant nothing to her ..."

Both Macrina and Gorgonia are charitable. During the famine which visited Cappadocia in 368/9, Macrina fed the people,[17] and Gorgonia was always ready to help the needy and the afflicted.[18]

The idea that a saint has the ministry of teaching can also be found in both *vitae*.

During an illness or a period of intense suffering, both Gorgonia and Macrina acted very much alike. Once Gorgonia had a serious accident. She lost control over the mules that drew her carriage; apparently she fell from it, was dragged along on the ground and suffered multiple injuries. Even so, she wanted no other physician but God who let the accident happen. She also refused to undress in front of a human physician.[19] At another time she was critically ill; the symptoms were alarming: high fever, rapid pulse, weariness that turned into coma, physical and mental paralysis. This time the physicians are summoned, but their efforts are in vain.[20]

Once again, Gorgonia prays to the "greatest of all physicians" for recovery, imitating the woman whose hemorraghe was healed when she touched the hem of Jesus' garment. She begs him to help her, touches the altar with her head and weeps and weeps. Holding in her hand the host and the consecrated wine she rubs her whole body with her tears, and she feels at once that her health is restored. But she does not tell her brother about this miracle until shortly before her death.

The miracle has a parallel in the *Vita Macrinae*. Only after his sister's death Greogry learns that many years ago, she suffered from a breast cancer declared incurable by the physicians. Although her mother urged her to seek more medical advice, she declined, giving the same reasons as Gorgonia.[20]

But one evening she entered the παναγιστήριον and prostrated herself all night before the God of all healing. Tears streamed from her eyes, tears which mingled with the soil on which she lay, and this mixture Macrina applied as a kind of salve. When her mother urged her once more to see a doctor, Macrina simply said it would be sufficient if she – the mother – would make the sign of the cross, τὴν ἀγίαν σφραγῖδα, over the tumor. She did it, and the tumor disappeared; only a small mark remained.[21]

A related theme – death – is treated similarly in both texts. Macrina is happy to die, because she is – as Gregory puts it – full of that divine, pure love for the invisible bridegroom, a love that nourishes her "deep inside and hidden in her heart." She longs, indeed, to be delivered as soon as possible from the bonds of her body and hurry into her lover's embrace. Gregory uses the terms ἔρως and ἐραστής.[22] In a similar vein Gregory of Nazianzus writes on Gorgonia: "She longed to be dissolved ... and no lustful, sensuous person loves the body as much as she strove to be freed of these shackles and to rise from the mud in which we live and to give herself purely to the most beautiful being and to wholly embrace her beloved – yes, I may say her lover ..."[23]

Pierre Maraval, the learned editor of the *Vita Macrinae*, cites, p. 98, n. 1, parallels to illustrate the use of ἐράω, ἔρως, in contexts where one would expect ἀγαπάω, ἀγάπη.

Gregory's last conversations with Macrina, her last prayer, her death and burial are fundamental for the *vita*.[24] The preliminary material – recollections of her youth, the whole family, etc. – all serves to lead up to this climax, as it were. Now Gregory himself who has not seen his sister for years, introduces himself, and now Macrina becomes real for the reader. We get to know her when she is already suffering from her illness, without hope of getting well. We have been prepared for the worst by Gregory's prophetic dream.

Most of these features are alien to the pagan biographies, it seems to me. Prophetic dreams and other anticipations of future events are, of course, common enough.

Gregory's narrative of her dying is very moving, a literary work of art.[25] At this point, the biography turns into a novel, if I may say so. I do not want to suggest that we are dealing with fiction; it just seems to me that the author uses the technique of a novelist to dramatize a very real event. Labriolle[26] and others have used similar terms to describe Jerome's lives of saints, among other writings.

Another example is Gregory's encounter[27] with a high army officer, the commander of the garrison of Sebastopolis. This meeting gives him the opportunity of relating a further story illustrating Macrina's miraculous healing powers, a story which he had not heard before. The officer tells how Macrina was able to heal his little daughter during a visit to her convent. His report differs stylistically from the rest of the *vita*, I think, and I should like to make the point because it seems to have been overlooked so far. Here, Gregory writes what must be a kind of colloquial Greek, not the elegant, cultivated Greek *(Kunstprosa)* that he normally writes. This is only a suggestion which I cannot follow up and document, but it seems to show how deliberately Gregory has shaped the *vita* as a literary work of art. One would certainly not expect to find such a stylistic change in Suetonius.

In Gregory's biography there seems to be a constant fluctuation between detailed narratives, impressions of the narrator and eyewitness and literary reminiscences. Macrina's last prayer, for example,[28] is a very impressive tissue made of biblical passages which Macrina no doubt knew well but which her brother probably composed when he wrote the *vita*, because he felt that this tissue represented best the emotions of a devout soul waiting for death. The dirges of the nuns after her death remind one of a choral ode in a Greek tragedy. Everywhere we see evidence of Gregory's consummate skills. This *vita* is not a memorandum in the sense that Abt Maurus Berve

defined so admirably in his lecture, but a literary
production which reflects great care and experience.
Compared to such a work, Suetonius with his captions
seems rather dry and awkward.

In the *Vita Macrinae* we are told a good deal about
her periods of illness. We hear about her breast
cancer,[29] healed miraculously by her intensive prayer.
We also hear the eye disease of the little girl that
she healed.[30] Strangely enough, her last illness is
barely alluded to; no doctor was consulted and no
diagnosis is mentioned. Other *vitae* are just as
reticent in this respect. The situation is different
from the one in Muriel Spark's novel *Memento Mori*
which Father Cummings has discussed. There, the
characters all die of specific conditions which can be
understood in medical terms, while the medicine of
this earth plays no great role in hagiography.

Though doctors are consulted during Epiphanius'
last illness, their efforts are in vain, as Ennodius
says.[31] Honoratus dies peacefully in his sleep.[32]
Antony apparently was in good health almost to the
end, but then died fairly soon of an illness which is
not specified.[33] Augustine was able, shortly before
his death, to heal a patient who was brought to him
and said,[34] half jokingly, that he was sorry he could
not heal himself; but even here no diagnosis is given,
although no doubt good physicians were available.
Hilarion is ill and suddenly dies.[35] In his funeral
oration on Basil, Gregory of Nazianzus describes his
death mainly in terms of biblical quotations: "He had
fought the good fight, he had finished the race, he
had kept the faith" (2 *Timothy* 4,7); "his desire was
to depart" (*Philippians* 1,23); "the time to be crowned
had come" (2 *Timothy* 4,8).[36]

On the other hand, Gregory of Nazianzus
describes[37] the fatal illness of his father with all
the symptoms; he also acknowledges the efforts of the
doctors, but he makes it clear that his father was
ready to die.

In general, the physical aspects of being ill and
dying are given less attention than this readiness to
die, this longing for death, this urge to be united

with Christ. For the Christian reader this was clearly much more important than anything else. He did not want to know more; he need not know more. The death of a saint provided a kind of model which he could imitate when his own death was imminent, when medical science would fail, as it inevitably would some day. This, I think, is the essential message of the *Vita Macrinae* and other hagiographa.

What formal criteria apply to this particular *vita*? It is in the form of a very long letter, as Gregory says, a document which could be read everywhere and on every occasion, whenever there was a need for it. It was meant to be an edifying document. Many hagiographa are more like tracts than biographies.

For the epistolary form there are parallels, Paulinus' *Vita Ambrosii*, Athanasius' *Vita Antonii*, for instance, but the latter is also a drama or a dramatic agon between the saint and Satan who tempts him again and again in so many disguises. A sermon preached by Antony forms the central part of the work.[38]

Sermons, tracts, funeral orations are closely related genres. They all have their 'place in life'; they are *Gebrauchsliteratur*, if I may use the word, but of course they can deal with the same topics as biographies. In Gregory's time, the funeral oration – ἐπιτάφιος λόγος – had already a long history. In Athens, Byzantium, Antiochia and many other great cities, students of rhetoric were introduced into the theory and practice of this species of the ἐγκώμιον.

But the rules which the student learned from the professor of rhetoric could be applied to letters, biographies and other genres as well, and certain issues almost inevitably are touched upon. We see, for instance, how some early biographies of saints became classics, models and were imitated. Paulinus acknowledges the *Life of St. Antony* by Athanasius, Jerome's biography of Paul, the hermit, and Sulpicius Severus' *vita* of St. Martin of Tours. The classics of the genre had already been established.

On the one hand these *vitae* served as literary models for later *vitae*; on the other hand, the saints themselves became models for later saints. The relationship between life and literature has many aspects, but it seems to me that life is like a stream that nourishes literature, while literature, on the other hand, nourishes life.

Something ought to be said about the quotations from the Bible in the *Vita Macrinae*, because the Bible is the prime example of literature that nourishes life. Most of them are identified in Maraval's edition (the reference to Job,[39] ought to be added; Gregory sees in his dying sister a parallel figure to Job. Maraval offers parallels in Gregory of Nazianzus and Basilius but omits the Old Testament source).

The last conversation between brother and sister is full of biblical quotations, and so is - as we observed above - Macrina's last prayer.

In the whole *vita* there is not a single certain quotation from a pagan author, though there are a few possible allusions to Plato. Gregory must have known Plato and other pagan authors well, but here he seems to exclude any kind of non-Christian traditions. This is not unusual. In Athanasius' *vita* of St. Antony we find numerous quotations from the Bible, but not one certain reference to a pagan author, it seems. One does not exclude the other: thus in Jerome and in Ambrose biblical quotations alternate with quotations from Cicero, Virgil and Ovid, and in his funeral oration in honor of Basilius, Gregory of Nazianzus quotes from Homer and Pindar. Gregory's restraint in the *vita* of his sister may reflect the way she felt; perhaps she lived so completely in the world of the Bible that she did not want to share in pagan παιδεία. Thus we may solve the problem which Jean Daniélou poses in the introduction to his edition of Gregory's *vita* of Moses:[40] On the one hand Gregory recommends pagan culture (ἡ ἔξωθεν παιδεία), on the other hand he practically urges the reader to avoid it. He himself has read the classical authors. In some ways he is a Platonist, and he has learned from Libanius the 'modern' prose style which characterizes the Second Sophistic Age. But what suited him and helped him was not for everybody. I think that he only quoted from

the Bible in the *vita* of his sister because the Bible
was her world.

Twenty years ago I wrote for *Mullus*, the
'Festschrift' in honor of Theodor Klauser,[41] an
article entitled "Die Form der suetonischen Biographie
und die frühen Heiligenviten". In this article I tried
to show that a statement which has been repeated in
handbooks and monographs for many decades simply is
not true. According to this theory, Suetonius'
Caesares influenced in a very significant way the
Christian biographies that we have. It is a theory
that seems to appear for the first time in F. Leo's
book, *Die griechisch-römische Biographie* (1901) and
was then elaborated on in a dissertation by F. Kemper
(1904); from there it found its way into the handbooks
and is still accepted by many. In the essay mentioned
above I examined this thesis, using the biographies
written by Pontius, Sulpicius Severus, Paulinus,
Possidius and Eugippius as examples. My conclusion was
that the Christian biographers have created their own
literary form which owes practically nothing to
Suetonius and his Greek and Roman predecessors, but
almost everything to the gospels and the early
Christian tradition, as it developed through the
mission of the Church and its self-assertion in times
of persecution.

Even a highly educated man such as Gregory, a man
who had absorbed the great philosophical and
rhetorical traditions of the pagan world, refused to
use the Suetonian type of outline, refused to quote
from the classical authors, even though he could
easily have done so, and limited himself to his
personal experience his recollections of a θεία γυνή
who happened to be his sister, and to the biblical
passages which directed her life and gave meaning to
it.

I hope that I have been able to make a few
observations which may help us to understand a little
better this biographical portrait which is so full of
love and yet so carefully formed as a literary work of
art. Let me conclude with the words which Gregory uses
in the last chapter of the *vita*:[42] "The radiations of

her grace happened according to her faith; this may
seem little to those of little faith, but to those who
possess the great world of faith, great" - ἡ τῶν
χαρισμάτων διανομὴ παραγίνεται μικρὰ μὲν τοῖς
ὀλιγοπιστοῦσιν, μεγάλη δὲ τοῖς πολλὴν ἔχουσιν ἐν
ἑαυτοῖς τὴν εὐρυχωρίαν τῆς πίστεως.

Notes

1 Throughout this paper I am quoting from the edition of P.Maraval,
SC 178 (Paris 1971).
2 Greg.Naz., PG 35,790-814. Cf. Funeral Orations by St.Gregory
Nazianzen and St.Ambrose, transl.by Roy J. Deferrari and others,
in Fathers of the Church 22 (New York 1935).
3 S.Ambrosii De Obitu Satyri Fratris, ed.B.Albers (Bonn 1921 =
Florileg.Patrist.15); op.cit.(n.2), pp.159 ff.
4 V.Gorg.1 f.
5 Possidius, PL 32,33-66, esp. 40, 46. Cf. Early Christian
Biographies, transl. by Roy J.Deferrari and others, in Fathers of
the Church 15 (New York 1952).
6 Athanasius, V.Antonii, PG 26, 835-976, esp. chs. 33; 69; op.cit.
(n.5), pp.69 ff.
7 V.Macr.19; cf. p.272, n.1 in Maraval's edition.
8 See Maraval's preface, pp.57 ff.
9 PL50,1249-72; op.cit.(n.5), pp.355 ff.
10 Cf. n.3; op.cit.(n.5), pp.355 ff.
11 Jerome's Vitae Patrum are to be found in PL 23, 18-62; op.cit.
(n.5), pp.241 ff.
12 V.Malchi 1 f.
13 V.Hilarionis 4; 10 (second part).
14 V.Hilarionis 1.
15 V.Macr.29 f.
16 V.Gorg.10.
17 V.Macr.39.
18 V.Gorg.12 f.
19 Ibid.15.
20 Ibid.17 ff.; cf. 31: τὸ γυμνῶσαί τι τοῦ σώματος ὀφθαλμοῖς ἀλλο-
τρίοις τοῦ πάθους χαλεπώτερον κρίνασα ...
21 V.Macr.31 ff.

22 Ibid.22.
23 V.Gorg.19.
24 V.Macr.15 ff.
25 Ibid.22 ff.
26 P.de Labriolle, Histoire de la littérature latine chrétienne (Paris 1921), p.456.
27 V.Macr.37 f.
28 Ibid.24.
29 Ibid.31.
30 Ibid.38.
31 PL 63,238B; op.cit.(n.5), p.349.
32 Hilarius, V.Honorati 34.
33 Athanasius, V.Antonii 34.
34 Possidius, 29.
35 Ennodius, 45.
36 Gregory of Nazianzus, 77.
37 Ibid.28.
38 Athanasius, 17-43.
39 V.Macr.18.
40 La Vie de Moïse, in SC 1 bis (Paris 1955), pp. XXIV ff.
41 (1964), pp.230-41.
42 V.Macr.39.

MONIQUE ALEXANDRE

LES NOUVEAUX MARTYRS

Motifs martyrologiques dans la vie des saints et thèmes hagiographiques dans l'éloge des martyrs chez Grégoire de Nysse

Des travaux classiques ont mis en lumière le passage au IIIe et au IVe siècles, avec l'émergence des "temps chrétiens", du concept de martyr à celui de saint. On pense aux pages d'H. Delehaye dans *Sanctus* sur "Martyr et confesseur"[1], à l'article de M. Viller sur "Le martyre et l'ascèse"[2], aux prolongements d'E. Malone sur "Le moine et le martyr"[3]. Pour Grégoire de Nysse, l'éditeur de la *Vie de Macrine*, P. Maraval, a noté "la volonté délibérée d'égaler Macrine aux martyrs"[4] par le rêve prémonitoire de sa mort où Grégoire tient en mains des reliques de martyrs comme par son culte funéraire. Cependant la présence de motifs martyrologiques dans la *Vie de Macrine* dépasse pour nous la recherche de préséance, de rang égal. Ailleurs encore, cette Vie fait référence, directe ou métaphorique, au martyre. De même la *Vie de Grégoire le Thaumaturge*, comme l'*Eloge de Basile*, l'*Oraison funèbre de Mélèce* et la *Vie de Moïse*[5].

A travers ces signes, quels types de sainteté, en continuité, en mutations aussi, sont-ils perçus, donnés à percevoir, proposés à la dévotion, indiqués comme normes, comme exemples? Des liens, une hiérarchie, se dessinent-ils entre ces figures de la sainteté? En retour, les éloges des martyrs, d'autrefois ou de naguère, comportent-ils chez Grégoire des éléments reflétant les représentations contemporaines de la sainteté?

1. Sainteté contemporaine et héritage des martyrs

Dès le début de la *Vie de Macrine*, Grégoire souligne le lien entre sa soeur et les martyrs, en donnant la raison de son nom: "Une autre Macrine était depuis longtemps en grand renom (εὐδόκιμος) dans notre famil-

le, la mère de notre père: au temps des persécutions
(διωγμῶν), elle avait lutté (ἐναθλήσασα), en confessant
(ταῖς ὁμολογίαις) le Christ. C'est à cause d'elle que
l'enfant reçut ce nom de ses parents"[6]. L'*Eloge de Basile* prononcé par Grégoire de Nazianze nous dit ce que
fut, lors de la persécution de Maximin Daïa, peut-être
de 306 à 313, la fuite des grands parents paternels de
Macrine dans les forêts du Pont[7]. Dans la *Vie de Macrine*, la présentation agonistique des confessions de Macrine l'ancienne l'assimile aux grands martyrs, comme
Théodore qui souffrit sa passion sous Galère. Trois générations auparavant, Grégoire le Thaumaturge vient
d'une famille païenne[8]; une génération auparavant, le
père de Grégoire de Nazianze, de la secte des Hypsistariens[9]. Mais pour Grégoire, dans cette famille de
"vieux chrétiens"[10], la sainteté de Macrine la jeune
est perçue comme une sainteté de lignée, et à travers
le *nomen-omen*, rattachée à l'ancêtre éponyme, Macrine
l'ancienne, confesseur du Christ.

Fait significatif aussi: dans cette fuite du groupe
familial[11], le personnage de l'aïeule est isolé, privilégié. Car tout au long de la *Vie de Macrine* joue le
motif de la transmission de la foi, de la sainteté par
les femmes. En ce même préambule, Grégoire en rappelant
le songe d'Emmélie enceinte, rappelle son premier choix
de vie[12], établissant ainsi un lien entre la virginité
de désir d'Emmélie et cette virginité de sa fille annoncée par l'apparition de Thècle. Puis Emmélie assure
l'éducation strictement chrétienne de Macrine[13]. Elle
est sa "pédagogue" dans les premiers temps de sa vie
ascétique familiale, "la portant ainsi continuellement
en son sein"[14]. Elle dirigera plus tard la vie de Naucratios[15], jusqu'à ce que, à la mort de ce dernier, la
direction de Macrine à l'égard de sa mère devienne prépondérante, Macrine étant pour elle "la conseillère
vers le genre de vie philosophique et immatériel"[16].
Mais les dernières paroles d'Emmélie appellent encore
"la sanctification (ἁγιασμός) sur ses prémices et sur
sa dîme", Macrine et Pierre[17]. A son tour Macrine est
présentée, avec un gauchissement certain, comme celle
qui attire son frère Basile à la philosophie[18]. Elle
est pour Pierre "père, maître, pédagogue, mère, con-

seillère de tout bien"[19]; pour Grégoire, la didascale[20], jusque sur son lit de mort.

Cette vive conscience d'un héritage de piété, que pour sa part, Grégoire de Nazianze reconnaît devoir à sa mère Nonna[21], il l'exprime ainsi pour Basile, avant de raconter l'histoire de ses grands-parents, puis de ses parents: "Les familles et les individus ont chacun un trait caractéristique (γνώρισμα) et une histoire (διήγημα), petite ou grande, semblable à un héritage (κλῆρος) paternel, d'origine lointaine ou proche, et qui se transmet à ceux qui suivent; lui, dans l'une et l'autre lignée, c'est la piété qui est son blason (εὐσέβεια ἐπίσημος)"[22]. Basile lui-même reconnaît cet héritage de foi orthodoxe, venu du bienheureux Grégoire le Thaumaturge par son aïeule Macrine[23] et sa mère[24].

De plus, mérites et prières des parents défunts se reportent sur leurs descendants, comme le soutient un passage curieux de la *Vie de Macrine*. Macrine mourante raconte sa vie, puis celle de ses parents en actions de grâces envers Dieu, pour cette vie "mise à l'honneur grâce à la philanthropie divine. Les parents de notre père avaient été dépouillés de leurs biens pour avoir confessé le Christ; l'aïeul du côté maternel avait été mis à mort, pour avoir provoqué la colère de l'Empereur et toutes ses propriétés distribuées à d'autres maîtres[25]. Malgré cela les ressources de la famille avaient, grâce à leur foi, augmenté de telle manière qu'on ne pouvait citer personne à cette époque qui les dépassât ..." (ou: des conséquences financières providentielles du martyre et de la foi!). Grégoire alors conte à Macrine ses propres peines (ἰδίους πόνους), son exil sous Valens à cause de sa foi, ensuite "la confusion régnant dans les Eglises qui l'entraîna dans des combats (ἄθλους) et des fatigues (καμάτους)". Et Macrine de rappeler Grégoire à la reconnaissance envers Dieu: "Toi qui es célèbre par les villes, les peuples, les provinces, toi que des Eglises délèguent et que d'autres appellent pour apporter de l'aide ou remettre de l'ordre, ne vois-tu pas la grâce qui t'est faite, ne comprends-tu pas d'où te viennent de si grands biens et que ce sont les prières de tes parents qui te font accéder à cette élévation, alors que de toi-même tu n'as pas de dispositions ou si peu?"[26] Au-delà de la mort, l'intercession des confesseurs suscite les combats pour la foi de leur descendance et la célébrité ainsi acquise ce trait lié au mérite spirituel et à la sainteté pour Grégoire[27].

La lignée, hors de la filiation du sang, intègre d'autres saints. On l'a vu pour Grégoire le Thaumaturge, dont Macrine l'ancienne transmit la foi aux siens. Mais les Quarante de Sébaste surtout, par le lien de la dévotion, constituent les figures protectrices de la lignée[28]. Après la vigile autour du "corps sacré" de Macrine, célébrée par des hymnes comme pour une panégyrie de martyrs"[29], le convoi se dirige vers la demeure des saints martyrs. Et Grégoire ajoute: "là reposent aussi les corps de nos parents"[30]. Il a déjà évoqué cette sépulture de famille lors de la mort d'Emmélie[31] et insiste sur ce caractère en ce moment significatif de la mise au tombeau de sa soeur: "Nous étendîmes ... le saint corps de Macrine auprès de sa mère, accomplissant leur commune prière ... que leurs corps soient réunis après la mort et que celle-ci ne brise pas la communauté (κοινωνία) qui avait été leur durant leur vie"[32]. Décrivant la sépulture ecclésiastique de Basile, Grégoire de Nazianze l'évoque "confié au tombeau de ses pères, l'évêque placé à côté des prêtres, la grande voix qui résonne encore à mes oreilles à côté des prédicateurs, le martyr à côté des martyrs"[33] (près de son prédécesseur Léontios, près du martyr Eupsychios?[34]). Macrine, en une représentation spatiale et temporelle toute familiale, est placée auprès de son père et de sa mère, eux-mêmes placés auprès des martyrs dont sa mère Emmélie avait ici introduit la dévotion. Dans sa seconde homélie *Sur les Quarante de Sébaste*, Grégoire rappellera la translation de leurs reliques, la première panégyrie[35]. Des deux miracles illustrant ici "leur force, leur libre assurance (παρρησία) auprès de Dieu"[36], le second est de tonalité familiale: Grégoire a répondu à contre-coeur à l'invitation maternelle. Durant la vigile, il dort dans une maisonnette proche de l'enclos où elle se célèbre, quand une vision terrifiante lui montre une foule de soldats lui en barrant l'entrée, jusqu'à ce que l'un d'eux l'arrache aux coups proches. Grégoire, éveillé, en pleurs sur la châsse, implore le pardon des saints "vivants"[37]. L'appartenance des Quarante martyrs à sa famille, désormais assumée par lui, est symbolisée par la sépulture des siens: "Les reliques de la fournaise, le monde se les partagea et toute la terre ou presque est bénie par ces saints restes. J'ai moi aussi une part du présent et j'ai déposé les corps de mes parents près des reliques des soldats, pour qu'au temps de la résurrection, ils s'éveillent avec ces auxiliaires pleins d'une libre assurance"[38]. Près d'Ibora, le sarcophage de famille exprime l'ambivalence de la sépulture "ad sanctos", de chrétiens attendant l'aide des martyrs, de saints réunis à leurs pairs, dans une communauté où les liens du sang se tissent avec ceux de la dévotion familiale.

Cette perception d'une sainteté de lignée coexiste chez Grégoire, dans les Eloges, avec une tout autre affirmation. A la fin de l'*Eloge de Basile*, Grégoire écarte, parmi d'autres thèmes d'éloges profanes, patrie, famille, éducation. Comment vanter la noblesse de qui a voulu s'arracher aux liens charnels? La patrie de qui a transcendé le monde? Sa vraie race, c'est la familiarité avec Dieu, sa vraie patrie, la vertu - non des rencontres de hasard (αὐτόματος συντυχία), mais un choix volontaire (προαίρεσις)[39]. L'introduction de la *Vie de Grégoire le Thaumaturge* offre un thème analogue: richesse, famille, gloire, puissance mondaine, mythes de fondation sont ici déplacés - éléments de hasard, ici encore opposés au choix. Une seule patrie peut être honorée, le Paradis; une seule ville, la ville céleste; un seul honneur familial, la proximité avec Dieu[40]. (Cela n'empêchera pas Grégoire de traiter par prétérition de la patrie charnelle du Thaumaturge[41], d'évoquer ses parents, païens, mais de bonne origine[42]). Le même rejet de ces thèmes d'éloge apparaîtra dans la *Vie d'Ephrem*[43]. On le trouvait chez Basile à propos des Quarante martyrs[44]. Comment expliquer chez Grégoire - et pour la même famille! - cette coexistence d'une conception de la sainteté lignagère, et de la sainteté, départ absolu? Il faut mesurer le poids de la rhétorique chrétienne en ces Eloges: elle abolit le schéma habituel des éloges païens qui débute par patrie, cité, peuple, famille pour christianiser l'éloge des accomplissements et actes, bien propre de l'homme loué, succédant, selon les rhéteurs, aux développements précédents et à ceux qui concernent naissance, nature, première enfance et éducation[45]. Dans son *Eloge de Basile*, Grégoire de Nazianze exprime le même rejet des thèmes d'éloges profanes, en faisant appel à ce que Basile pensait: "Il estimait que c'est d'après l'homme qu'on juge la noblesse. ... Formes et couleurs, chevaux de race ou de rebut ne tirent leur prix que d'eux-mêmes"; il est donc inadmissible de "se faire peindre sous des traits pris au dehors". Mais il ajoute: "Il y a une ou deux qualités qu'il tenait de son origine et qui ne faisaient qu'un (οἰκεῖα) avec sa vie"[46], préludant ainsi au développement dont nous avons parlé sur les grands-parents confesseurs de Basile et sur ses parents pieux entre tous. Chez Grégoire de Nysse aussi c'est un des paradoxes de la sainteté d'être enracinée dans un terreau familial, et objet de libre-choix et de grâce. Les éloges, en polémique contre les éloges païens, accentuent le libre-choix. La *Vie de Macrine* unit ces deux aspects: héritage de sainteté, décision, dès l'adolescence, de "vivre pour elle-même"[47]. Grégoire, participant avec fierté de cet héritage, intégré dans cette communauté[48] où passé et présent s'unissent autour d'un territoire familial, moins tenu ici par les contraintes de la parole publique, accentue parfois l'aspect de lignée sainte.

2. *Le martyre de l'ascèse*

Mais le nom "apparent" (τὸ ἐν φανερῷ ὄνομα) de Macrine recouvre son nom "secret"(τὸ ἕτερον κατὰ λεληθός). En songe, "un personnage se manifestant avec une apparence et un maintien d'une majesté surhumaine donna à l'enfant qu'(Emmélie) portait le nom de Thècle, cette Thècle dont la vie est fameuse parmi les vierges ... pour signifier par cette identité de nom que l'enfant choisirait un même genre de vie (προαίρεσις)"[49]. Par deux fois l'héroïne des *Actes de Paul* a affronté le feu et les bêtes pour préserver sa virginité consacrée[50]. Mais surtout se lit en elle de façon priviligiée l'équivalence entre martyre et virginité qui s'établit à partir du IIIe siècle[51], comme le montrent par exemple Méthode d'Olympe dans le *Banquet*[52] (où par ailleurs une Thècle remporte le prix des éloges de la virginité), ou une homélie du Pseudo-Chrysostome pour S.Thècle, proto-martyr et apôtre[53]. Ainsi Macrine, cette première hé-roïne d'une vie de sainte, est-elle, de par son double nom, située entre deux modèles féminins, annonçant sa destinée: l'aïeule confesseur, la vierge-martyr.

Pour comprendre cette référence à Thècle, il faut se souvenir que pour Grégoire, virginité et contempla-tion ascétique sont fondamentalement liées, comme le montre précisément la mention de Thècle dans les homé-lies *Sur le Cantique*: "Ses lèvres sont des lis, elles distillent la myrrhe" (*Cant.*5,13). Les lis signifient "la doctrine éclatante et lumineuse de la doctrine du Christ; son enseignement qui nous propose uniquement une vie spirituelle et immatérielle, puisque la contem-plation des réalités intelligibles mortifie la vie d'ici-bas qui opère selon la chair et le sang". La myrrhe est "symbole de la mortification du corps ... C'est une telle myrrhe mêlée au pur lis de la chasteté que Paul distillait de sa bouche dans les oreilles de la sainte vierge qu'était Thècle ..."[54].

C'est précisément à propos de mortification que le motif martyrologique apparaît avec le plus de force dans la *Vie de Macrine*. Trois textes exploitent une vision en songe de Grégoire, parallèle au songe d'Em-mélie: "Il me semblait tenir en mains des reliques de martyrs et il sortait d'elles un éclat semblable à ce-lui d'un brillant miroir placé face au soleil ..."[55]. Le sens de la vision apparaît lors des dernières heures de Macrine. Grégoire réfléchit à la rencontre qu'il vient d'avoir avec sa soeur: "Le spectacle que j'avais eu sous les yeux offrait bien en vérité les restes d'un saint martyr, restes "morts au péché" (*Rom.*6,11) et re-splendissants de "l'esprit saint présent en eux" (*Rom.*8,11)"[56]. Enfin l'éclat émanant de la beauté morte sera reconnu comme celui de la vision prémonitoire[57]. La splendeur corporelle est, selon une métaphore souvent appliquée à l'âme par Grégoire[58], celle du miroir face au soleil divin qu'il réfléchit dans sa pureté. L'insi-stance sur la lumière, liée à la référence paulienne -

la mortification, prélude à la résurrection des corps
morts, par l'Esprit – suggère un rapport entre corps
d'ascèse et corps glorieux, comme dans la *Lettre* 19, où
Grégoire parle ainsi de Macrine: "Une chair qui ne re-
cherchait pas ce qui lui est propre, un ventre tel que
nous supposons qu'il sera lors de la résurrection,
libre par rapport à ses propres instincts"[59] Le terme
de "restes-reliques" (λεί̔ψανα) est central. Le "corps
sacré"[60] de l'ascète mort doit être assimilé, c'est le
sens de la vision, au corps du martyr, "instrument vé-
nérable et sans tâche qui n'a en rien blessé par ses
passions propres l'incorruptibilité de celle qui l'ha-
bite, enveloppé avec grand honneur ..., comme un dépôt
précieux pour le moment de la nouvelle naissance"[61]. En
tant que tel, le corps du martyr, dans la supplication
d'intercession, est imploré comme un "corps vivant et
florissant"[62] aux pouvoirs miraculeux[63]. Une telle assimilation pour Macrine appelle la dévotion.

Dans la seconde des scènes que nous venons d'évoquer, une métaphore agonistique renforce cette assimilation. Macrine "comme un coureur, lorsqu'il a dépassé
son adversaire (ἀντί̔παλον)[64], et qu'il arrive près de
la borne du stade, lorsqu'il est tout proche du prix de
la course et voit la couronne du vainqueur se réjouit
...". Or dans cette élaboration explicite de textes
pauliniens (*Phil.*3,14; 2 *Tim.*4,7-8), apparaît le motif
de la lutte avec le Diable[65], lié pour Grégoire comme
pour la tradition martyrologique, au martyre[66]. La hui-
tième homélie *Sur les Béatitudes* sur "Bienheureux les
persécutés/poursuivis ..." développe systématiquement
cette métaphore de la course victorieuse contre le Diable[67].

L'assimilation au martyr est aussi suggérée pour
l'acceptation des événéments: deuils[68] si éprouvants
dans ce milieu monastique non détaché des liens familiaux, maladie et mort. Nous retrouvons ici le thème de
la lutte avec le Diable: en effet pour Grégoire la mort
est à la fois attaque de l'Envie, de la Jalousie, du
mauvais oeil diabolique[69], et épreuve voulue par Dieu.
Ainsi il oppose l'attitude de la mère de Macrine, à la
mort de Naucratios, "provoquée par une machination de
l'Adversaire" – "... effondrée à terre, renversée, tel-

le un athlète de bonne race, par un coup inattendu"[70] –
à l'inébranlable résistance de Macrine, devenue alors
pour sa mère "l'éducatrice du courage"[71]. Le passage se
veut en antithèse avec celui où Grégoire décrit sa
soeur face aux morts successives de Naucratios, d'Emmélie, de Basile. C'est pour elle, en termes bibliques,
le passage de l'or au creuset, comme le feu du martyr
pour Polycarpe ou Fructuosus et ses compagnons[72]. "Comme un athlète invincible elle demeure ferme, nullement
abattue sous l'assaut de cette mauvaise nouvelle"[73].
Par sa résistance au deuil, Macrine est assimilée aux
athlètes de Dieu, les martyrs. La métaphore, déjà présente dans la *Geste des Maccabées*[74], constante dans la
littérature martyrologique[75], est abondamment utilisée
par Grégoire dans ses homélies sur Théodore, sur Etienne, sur les Quarante martyrs, en particulier avec les
allusions aux techniques de la lutte que nous avons
ici[76].

De même dans la maladie[77], Macrine qui "garde son
esprit libre dans la contemplation des réalités d'en-
haut" est assimilée à Job[78]. Job, soumis à l'épreuve de
la souffrance par le Diable, avec la permission de
Dieu, est pour Grégoire un athlète victorieux devenu
entraîneur[79]. Ses vertus de patience (ὑπομονή) et de
courage (ἀνδρεία), sont proposées à l'imitation du simple chrétien souffrant mais aussi rapprochées de la patience par excellence, celle des martyrs. On sait par
la première homélie *Sur les Quarante martyrs* que l'une
des lectures de la panégyrie lui était consacrée[80] et
dans la seconde homélie la persécution de Maximien est
décrite en référence expresse à la lecture liturgique,
comme suscitée par le mauvais oeil de "celui qui erre
par le monde" et "s'attaque aux belles choses"[81]. Les
Quarante eux-mêmes, mourant de froid, paraphrasent Job:
"Nus nous sommes entrés dans le monde, nus nous irons
vers celui qui nous y a fait entrer"[82].

Virginité, mortification, acceptation courageuse de
la souffrance, ont doté Macrine de la (παρρησία)[83], la
libre assurance devant Dieu qu'ont value aux martyrs
leur libre assurance face aux menaces et à la mort. Elle est ainsi pour Grégoire dans la *Lettre* 19, comme le
martyr intercesseur après sa mort, une sauvegarde:

"Elle avait une telle assurance devant Dieu qu'elle était pour nous une "tour de force" (Ps.60,4) et une "armure de bonne volonté" (Ps.15,13), comme dit l'Ecriture, ainsi qu'une "ville fortifiée" (Ps.30,22) et toute espèce de protection (ἀσφάλεια) à cause de l'assurance envers Dieu que lui donnait sa vie"[84].

Certes, le modèle martyrologique n'est pas unique dans la *Vie de Macrine*: le modèle angélique, celui du Christ, jouent, on l'a montré récemment[85], un rôle dans la construction de Grégoire. Mais le modèle du martyre, placé à l'ouverture, puis au coeur du récit - la rencontre de Grégoire et de sa soeur - enfin dans le finale des funérailles, oriente nettement le récit de Grégoire. Comme Basile, Grégoire a hérité de la tradition alexandrine, d'Origène en particulier, le thème des "martyrs par le témoignage de leur conscience"[86]. Louant les Quarante martyrs, Basile exhortait ainsi son auditoire d'un temps désormais privé de persécutions: "Félicite avec authenticité le martyr, pour devenir martyr de volonté (τῇ προαιρέσει), et t'en aller récompensé des mêmes récompenses qu'eux, sans persécution, sans feu, sans fouets"[87]. Basile a donné à ce thème son enracinement monastique dans les *Règles*: l'athlète du Christ lutte contre l'Adversaire, par le renoncement, l'obéissance, la mortification, une condamnation à mort constante[88]. Nous trouvons chez Grégoire le même cadre collectif, la même recherche d'équilibre et de modération[89]; chez lui cependant le réseau familial conserve sa force; très spécifique est aussi sa volonté d'intériorisation contemplative, son attention au bon usage des événements. Avec ces notes, Grégoire semble plus précisément transposer en sa vision de Macrine martyr, celle qu'Athanase donna d'Antoine, devenue après avoir cherché en vain le martyre à Alexandrie, de retour dans la solitude, "chaque jour martyr par la conscience et athlète des luttes de la foi"[90]. La présence dans la *Vie de Macrine*, comme dans l'*Eloge de Basile*, de traces d'une lecture de la *Vie d'Antoine* permettent d'avancer cette hypothèse[91].

3. *Sacerdoce épiscopal et martyr: la lutte du docteur pour la foi*

Cependant la référence au martyre est encore présente dans la *Vie de Macrine* à deux reprises, liée cette fois à Grégoire: épreuves de l'exil sous Valens[92]; travaux, luttes et fatigues de l'exil et des combats pour la foi[93]. De façon mineure en apparence, dans l'ombre, pourrait-on dire, de la moniale apparaît la figure de l'athlète épiscopal. En revanche cette figure majeure est au centre de l'*Eloge de Basile*, de l'*Oraison funèbre de Mélèce*. Elle est projetée dans la *Vie de Grégoire* le Thaumaturge, elle transparaît dans la *Vie de Moïse*.

L'*Eloge de Basile* est consacré en sa majeure partie à justifier l'enchaînement des fêtes depuis la Nativité: fêtes d'Etienne, de Pierre, Jacques et Jean, puis de Paul, enfin de Basile. Par l'évocation du plan divin de génération en génération, d'Abraham à Paul, puis par la *synkrisis* avec les saints de chaque génération, de Paul à Moïse, Grégoire démontre que "Basile n'est pas par sa vie éloigné des saints et que l'enchaînement des fêtes nous conduit à juste titre vers la panégyrie présente". Basile "pasteur et docteur"[94] succède logiquement aux apôtres et prophètes (cf. 1 *Cor.*12,28) suivant le protomartyr[95]. Une revendication de culte à rang égal domine donc. Dans cette perspective Basile est montré d'emblée, tel Moïse, armé de sa double culture, profane et religieuse: "héros ambidextre (ἀριστεὺς περιδέξιος) ... il surpasse tous ceux qui luttent avec lui ...: les hérétiques qui avancent les Ecritures, il les réfute par les Ecritures; les Grecs, il les prend au piège de leur propre culture", leur imposant une chute qui en fait "des vainqueurs et des couronnés (νικηταὶ καὶ στεφανῖται)". Il est "le combattant (ἀγωνιστής), le champion (πρόμαχος) de la libre assurance pour le Christ"[96]. On trouve là en frontispice les métaphores traditionnelles et le vocabulaire de la παρρησία que Grégoire emploie ailleurs pour les martyrs.

De même dans le prologue de l'*Oraison funèbre de Mélèce*, le dépôt du corps de l'évêque dans l'église des saints apôtres à Constantinople est justifié d'emblée:

"Les saints ont attiré à eux celui qui avait mêmes moeurs, les athlètes l'athlète, les couronnés le couronné"[97]. Plus loin seront décrits les "combats de l'athlète", sa lutte dans les sueurs répandues pour la piété"[98].

Dans la *Vie de Grégoire le Thaumaturge*, les métaphores agonistiques inaugurent la période de manifestation de l'évêque après la vision où Marie et Jean lui transmettent la foi trinitaire: il est l'athlète entraîné chez le pédotribe, se dévêtant pour le stade, après l'onction de l'ascèse et de la grâce[99]. Plus loin, ces métaphores décriront, sous Dèce, le martyre de Troadios et de ses compagnons[100]. Elles marquent ici, comme l'annonce la comparaison avec Moïse descendu de la montagne de la théognosie, le passage de la formation, de l'ascèse, de la contemplation, à la transmission.

Ces métaphores agonistiques se rattachent au thème de la lutte avec le Diable. On a vu la transposition de ce thème martyrologique dans la *Vie de Macrine*. Dans les vies d'évêques, il est exploité en trois registres d'expression différents.

L'envie diabolique, le mauvais oeil, la jalousie de tout ce qui est beau, comme l'envie de Satan face à Job, guette le bon évêque, tel Mélèce, pour lui apporter la mort[101].

Mais l'évêque rencontre l'Adversaire dès son entrée en fonction, pour toute sa vie. Grégoire le Thaumaturge, dans un passé encore dominé par les démons-divinités païennes, en représente pour Grégoire, engagé dans les "temps chrétiens", avec un recul temporel où s'exalte la puissance du saint, un éclatant exemple. Que sont les combats d'après la vision? "Il ne faut pas appeler autrement que combats et luttes toute sa vie sacerdotale dans laquelle il combattit par la foi toute la puissance de l'Adversaire"[102]. Ainsi la conversion de Néocésarée, le maintien et l'extension de la foi dans la nouvelle communauté, sont narrés de miracle en miracle victorieux de l'Adversaire[103]. La joute initiale est isolée, soulignée: "C'est par là qu'il commence ses exploits contre les démons"[104]. C'est l'expulsion des divinités oraculaires du sanctuaire auquel s'attaque d'abord Grégoire, emmenant en trophée le desservant converti par la translation du roc[105].

Entré dans Néocésarée, Grégoire guérit ceux qui "de par les démons ou toute autre attaque sont atteints d'une disgrâce physique"[106]. Prédications et guérisons convertissent de telles foules que Grégoire, d'emblée bâtit une église, miraculeuse elle aussi.

Si l'étang asséché, comme la barrière imposée aux débordements d'un fleuve, illustrent la puissance de l'évêque sur la nature, fondée sur celle de Dieu, la cessation de la dispute entre deux frères consécutive à l'assèchement de l'étang est ainsi décrite: "Par sa prière il abolit le verdict de mort porté contre eux par la stratégie du Malin"[107].

Si le choix d'Alexandre le charbonnier pour l'évêché de Comana, miraculeux entre tous[108], n'est pas décrit sous l'angle de la lutte antidiabolique, en revanche le second des miracles de vengeance, miracles éducatifs garantissant le respect de l'évêque, reprend le thème de l'Adversaire. Le jeune homme qui conteste la merveilleuse parole épiscopale, en disant voir près de lui le véritable orateur, est traité de démoniaque par le Thaumaturge. Par son souffle, il le plonge en effet dans un accès de possession. Puis sa main le restaure en son état naturel et fait s'envoler le démon ... et la représentation mensongère[109].

Au sommet de la série, les miracles du temps de persécution[110] montrent le saint pleinement victorieux. A distance, par sa prière, tel Moïse face aux Amalécites, il est une aide commune pour les luttes des martyrs. Grâce à lui, Troadios "terrasse dans sa lutte" le Diable[111]. Si son diacre rentré à Néocésarée est victorieux du démon des bains, c'est, le démon le confesse, grâce à la toute-puissante requête qu'il a formulée au départ: "Remets-moi à Dieu et aucune crainte des ennemis ne m'atteindra"[112].

Ce que l'*Oraison funèbre de Mélèce* exprime sur un mode rhétorique, la *Vie de Grégoire le Thaumaturge* sur celui du récit miraculeux, l'*Éloge de Basile* l'inscrit dans une perspective théologique d'histoire du salut. Connaissant la méchanceté du Diable, la providence divine n'a voulu laisser aucune génération sans médecin.

Abraham a été manifesté au temps de la philosophie chaldéenne, Moïse face à la sagesse démoniaque des Egyptiens, Samuel face à l'anarchie démocratique, Elie face à l'idolâtrie, Jean face aux souillures du peuple, Paul enfin, après la vision paradisiaque, "pour l'obéissance de la foi parmi tous les peuples" (*Rom.* 1,5). La manifestation de notre maître correspond à notre temps. L'idolâtrie jetée à bas, l'"inventeur du mal"[113], sous l'apparence du christianisme, a réintroduit secrètement l'idolâtrie en persuadant ceux qui ont le regard fixé sur lui d'honorer la créature, en s'imaginant qu'est Dieu un objet créé, nommé Fils. L'Apostat a fait peser son assaut sur les hommes capables de recevoir toute sa malignité, Arius, Aèce, Eunome, Eudoxe et bien d'autres. L'appui des Princes a renforcé l'erreur. Presque tous les hommes sont passés du côté dominant. Alors est manifesté (ἀναδείκνυται) Basile, comme Elie au temps d'Achab[114]. Sa sainteté s'inscrit donc dans la succession des saints de l'Ancien Testament, puis du nouveau, comme la sainteté providentielle dont l'époque contemporaine a besoin dans l'éternelle lutte contre le Malin et ce dernier avatar de l'idolâtrie: l'arianisme et ses séquelles.

Pour Basile, pour Mélèce, comme pour lui-même dans la *Vie de Macrine*, Grégoire lie le motif du martyre aux combats sacerdotaux pour la foi contre l'hérésie. En revanche les aspects ascétiques de leur sainteté, mis en valeur[115], ne donnent pas matière, comme pour Macrine à transposition martyrologique.

De Basile, Grégoire dans son *Eloge* nous donne avant la *synkrisis*, une présentation d'ensemble. Très loin d'une biographie, autour d'un centre - la résistance à l'hérésie - il amalgame les étapes de la lutte, mêle les adversaires, ne distingue pas le soutien qu'apporte Basile en 366 à Eusèbe contre Valens, son rôle comme évêque en 371 dans la résistance à Valens et au préfet Modeste, puis l'affrontement plus mineur avec le préfet du Pont: Basile, pour protéger une veuve importunée par l'assesseur d'un juge, défend les droits ecclésiastiques, épisode sans liens directs avec la défense de la foi, déclenchant l'émeute, apaisée par le "martyr non-sanglant", le "couronné sans blessures"[116]. Pour saisir ces distinctions, on doit se reporter à l'*Eloge de Ba-sile* de Grégoire de Nazianze[117]. Mais chez Grégoire, ce que l'éloge perd en précision historique, il le gagne en force idéologique: "Il s'empare du sacerdoce déjà presque détruit et il fait revivre comme une lampe dé-faillante le discours de la foi, par la grâce demeurant en lui. Et comme un phare apparaît de nuit aux errants en mer, il apparut, phare de l'Eglise, et remit tous les hommes dans le droit chemin. Il en venait aux mains avec les préfets, il s'affrontait avec les généraux, il faisait preuve d'une libre assurance (παρρησιαζόμενος) envers les Empereurs, il criait aux Eglises, à la res-semblance de Paul, il ramenait les chrétiens fort éloignés par des lettres, il échappait aux prises de ceux qui l'attaquaient, il n'offrait nulle possibilité de victoire à ses adversaires. Il était plus fort que ceux qui confisquent, car il s'était lui-même confisqué pour l'espérance du royaume. Il était délivré de la peur de l'exil, car, affirmait-il, il est une unique patrie pour les hommes, le Paradis, il regardait la terre comme un lieu d'exil commun de la nature humaine. Lui qui "mourait chaque jour" (1 *Cor.*15,31) et qui vo-lontairement partout se dépensait dans la mortifica-tion, comment aurait-il été terrifié des menaces de mort de ses énnemis, lui qui jugeait un malheur de ne pouvoir plusieurs fois imiter les combats des martyrs pour la vérité, parce que la nature est liée à une uni-que mort? A un préfet qui le menaçait de façon terrifi-ante de lui arracher le foie des entrailles, avec un sourire, il se moqua de cette menace d'homme inculte: "Merci de ton projet. En effet mon foie souffre assez fort en mes entrailles. Si tu l'ôtes selon tes menaces, tu libéreras mon corps de ce qui le peinait"[118]. L'as-cèse ici permet l'assurance de l'évêque-martyr face aux menaces, comme dans la *synkrisis*, l'ascèse de Jean fon-dant son assurance face à Hérode: "La mort pour l'un, la menace d'exil inopinément levée pour l'autre", lors de sa résistance à Valens[119].

Pour Mélèce, son exil d'Antioche sous Constance, puis ses deux exils sous Valens, l'unité de sa commu-nauté défendue malgré les efforts de captation de Pau-lin, sont ses combats: "Vénérant par dessus tout la

Sainte Trinité, il a observé cette vénération aussi dans le nombre des combats, en luttant contre trois attaques d'épreuves"[120].

Le contexte historique pour Grégoire le Thaumaturge est tout autre. L'évêque ne fait pas face au pouvoir partisan de l'hérésie, menaçant les droits ecclésiastiques, aux dangers de schisme, mais au pouvoir païen provoquant, dans la persécution de Dèce, au martyre de sang. Mais ici aussi Grégoire de Nysse souligne la spécificité du rôle épiscopal selon lui. Quel est alors le comportement du Thaumaturge? Pour sa communauté fragile, il conseille la fuite prudente et donne l'exemple[121] et est miraculeusement conservé à ses enfants[122]. Il affronte la persécution diabolique, non pas directement, individuellement, mais à distance, dans sa responsabilité d'évêque vis-à-vis du "corps commun de l'Eglise"[123], soutenant ainsi le martyr Troadios, comme Moïse soutint Israël contre les Amalécites[124], "remettant à Dieu" son diacre[125]. Enfin, la paix revenue, pour amener ses fidèles encore mal convertis, de la joie matérielle à la joie spirituelle, il institue les panégyries des martyrs[126].

Cet ultime épisode correspond à l'épisode inaugural: Grégoire se prépare à sa charge épiscopale dans les veilles où il scrute "le discours de la foi"[127]. Car, dit son biographe avec quelque souci contemporain, "il y avait aussi en ce temps-là des gens qui faussaient l'enseignement pieux, par l'habileté de leurs arguments, rendant souvent ambiguë, même pour les gens intelligents la vérité"[128]. Une vision le gratifie alors de la foi trinitaire orthodoxe exprimée en une confession[129]. Comme Moïse, il la grave pour l'enseignement des catéchumènes[130]. Désormais il aura à "transmettre les mystères divins", "à diriger tout le peuple dans la connaissance de Dieu". Ici s'insère la longue metaphore agonistique de la lutte désormais possible avec l'Adversaire, identique à celle qui, dans la *Vie de Moïse*, décrit celui-ci après le Buisson ardent[131]. A travers événements, paradigmes, métaphores, le rôle du Thaumaturge est défini comme direction dans la foi, médiation, rôle qu'il assume au plus haut degré dans la persécution. Et en cela il est une norme encore

vivante: à Néocésarée, on a encore en honneur sa pro-
fession de foi[132]; de même les générations suivantes
ont hérité de son diacre "comme un phylactère commun,
le fait de se remettre chacun par ses prêtres à Dieu.
Maintenant par toute l'Eglise et surtout chez les gens
de Néocésarée, une telle parole demeure comme un mémo-
rial ..."[133].

Un faisceau de métaphores exprime le rapport de
l'évêque à *son* Eglise, à *l*'Eglise, dans la lutte. Les
métaphores lumineuses que Basile lui-même emploie pour
la charge épiscopale[134], annoncent chez Grégoire de
Nysse son action providentielle: on l'a vu, il fait revivre comme une lampe[135] defaillante le discours de la
foi, il est pour les égarés le phare[136] de l'Eglise.
Au-delà de l'Eglise de Césarée, c'est l'Eglise de son
temps qu'illumine Basile.

Dans l'*Oraison funèbre de Mélèce*, les "combats de
l'athlète" sont décrits liés à la patience de l'Eglise
d'Antioche, selon la métaphore nuptiale: amoureuse à
première vue de son pasteur, puis séparée de lui par
ses exils, "tandis qu'il luttait dans les sueurs pour
la piété, elle demeurait patiente, gardant ses noces en
toute chasteté"[137], malgré l'agression adultère de Paulin. Pour les Pères du Concile de Constantinople, Mélèce était, dans une surimpression baroque d'images, le
général dans la guerre hérétique[138], le médecin dans la
maladie de l'Eglise[139], le luminaire[140], la lampe dont
l'éclat s'est éteint[141], le beau pilote, le sûr gouver-
nail[142] etc. ... qui menait la nef de l'Eglise à travers le triple assaut des vagues des hérétiques, et encore la tête du corps ecclésiastique: "oeil regardant
le ciel, ouïe entendant la voix divine, bouche dédiant
la sainte dédicace de la vérité"[143]. Les troubles de
Constantinople autour de Grégoire de Nazianze dissipés
par Mélèce, la lutte contre les hérétiques Macédoniens
en particulier, ne sont évoqués qu'à travers l'image,
selon les contraintes de la rhétorique, mais l'insistance est remarquable.

Grégoire définit ainsi dans l'*In diem luminum* les
fonctions sacerdotales: direction, présidence, enseignement de piété, initiation aux mystères cachés[144].
Notre réseau de métaphores privilégie les premières

fonctions, fondamentales pour Grégoire[145]. Mais la richesse des métaphores lumineuses suggère l'importance de l'enseignement. La sainteté épiscopale dans la lutte pour la foi, c'est l'éminence de qui préside, au sens fort du terme, c'est en même temps l'éminence du docteur, du didascale. Le terme, appliqué à Grégoire le Thaumaturge[146], caractérise surtout Basile, justement fêté après les apôtres, selon une interprétation diachronique de 1 *Cor*.12,28 ("Et Dieu a établi dans l'Eglise, premièrement les apôtres, deuxièmement les prophètes, troisièmement les docteurs")[147], comme le docteur révélé en notre temps pour lutter contre l'hérésie d'Arius, Aèce, Eunome et Eudoxe[148]. Διδάσκαλος, ce terme le désigne dans son *Eloge* de façon stéréotypée[149]. Mais si la didascalie de Macrine, si remarquable, connaît, en tant que moniale et femme, la clôture de l'espace monastique et familial, celle de l'évêque, avec des aspects polémiques très marqués, est tournée vers l'extérieur.

Ainsi Mélèce, comme Jésus à Cana, "emplit les jarres judaïques pleines d'eau hérétique, de vin incorruptible, en en changeant la nature par la puissance de la foi. Il a souvent dressé parmi les Antiochiens un cratère sobre, en versant à profusion la grâce de sa voix douce. Souvent il vous a proposé un festin spirituel. Par sa parole de bénédiction, il dirigeait, et ses beaux disciples servaient les foules en partageant la parole"[150], comme à la multiplication des pains. Si Basile lutte contre l'hérésie, c'est non seulement par sa résistance au pouvoir, mais en "criant aux Eglises"[151].

La parole de prédication se double de la parole écrite. Grégoire mentionne l'importance des lettres de Basile "pour le rappel des chrétiens fort éloignés"[152], et dans la *synkrisis* avec Paul, il joint pour évoquer la parole de Basile, fondée comme celle de l'apôtre sur la contemplation, "parole exprimée par lui-même et parole laissée dans ses écrits, qui se sont emparées de presque toute la terre habitée"[153]. Chez Grégoire de Nazianze, dans l'*Eloge de Basile*, au faîte de ses vertus, apparaît "la puissance de sa parole et de cet enseignement victorieux", de ses traités et homélies longuement décrits[154].

Le didascale lutte comme prédicateur, comme écrivain. La sainteté épiscopale implique donc une culture. Certes, dans la *Vie de Macrine*, celle-ci reçoit de sa mère une culture sacrée de type monastique[155], qu'elle transmet à son frère Pierre[156]. Quant à la culture profane de Basile, sa prétention fondée sur la gloire des discours est opposée à la "philosophie" que Basile, sous l'influence de sa soeur, choisit dans une humble retraite. Mais la charge épiscopale exige un entraînement à la parole et à la polémique et, dans cette perspective, la culture profane a sa valeur[157]. Dans l'*Eloge de Basile*[158], comme dans la *Vie de Grégoire le Thaumaturge*[159], leur double culture, profane et sacrée, est mentionnée, soutenue par les paradigmes d'Abraham et de Moïse. Certes la fidélité à la mère Eglise dans le temps des études est soulignée[160], ainsi que la rupture nécessaire pour une formation purement chrétienne, pour l'anachorèse[161]. Mais il y a eu passage par la Paidéia. Le thème traité de façon un peu hésitante dans ces textes, s'affirme plus nettement dans la *Vie de Moïse*: pour Moïse, type de l'évêque, en sa dernière quarantaine, selon la tradition cappadocienne[162], la nécessité de l'entraînement à la parole[163], l'utilité du savoir philosophique[164] sont marqués. Le thème du bon usage de la culture profane est traité autour de quatre symbolismes: le coffre tressé[165], la princesse égyptienne[166], Sepphora[167], les dépouilles des Egyptiens[168], en une réélaboration forte, neuve, des thèmes et symboles de Philon, d'Origène[169].

Aucun texte de Grégoire ne contredit vraiment cette profonde exigence de culture épiscopale. Certes Grégoire le Thaumaturge choisit comme évêque de Comana Alexandre le charbonnier. Mais c'est un philosophe caché et, malgré ses fautes d'atticisme, son premier discours, comme les admirables enseignements du Thaumaturge est plein d'intelligence[170]. La *Lettre* 17 aux prêtres de Nicomédie, met aussi en garde contre le danger de rechercher parmi les vertus épiscopales, origine, richesse, éclat mondain, statut social, culture rhétorique et philosophique[171]: "Si l'un de ces biens advient par hasard à ceux qui dirigent, comme l'ombre suivant l'événement, nous ne saurions le repousser.

Mais nous n'en chéririons pas moins ce qui est le plus
estimable": l'expérience et la science du gouvernement,
l'humilité et la mesure, la science sacrée, l'inspiration pneumatique[172]. Mais le rappel du modèle apostolique - des pauvres, des profanes (cf. *Actes* 4,13)[173]
s'inscrit dans une conjoncture électorale précise[174] et
le dédain des mondanités n'exclut nullement l'exigence
de science rappelée ici, comme dans une homélie *Sur le
Cantique*[175]. L'*In suam ordinationem* exalte les miracles
des ascètes purement animés par l'Esprit, mais c'est en
relation avec "les grands et beaux discours des docteurs": cette double force devrait vaincre les Anoméens[176].

La sainteté épiscopale révélée dans les luttes pour
la foi relaie donc aux "temps chrétiens" la sainteté du
martyr - laïc ou clerc, voire évêque-martyr comme
Ignace, Polycarpe, ou Cyprien, ce héros de la première
biographie chrétienne[177]. Grégoire contribue à dessiner
les traits de cette sainteté tels qu'ils apparaissent
sur le plan théorique et idéal par exemple dans le *Dialogue sur le Sacerdoce* de Jean Chrysostome[178], ou dans
les Eloges ou Vies d'évêques comme Athanase[179], Ambroise[180], ou Chrysostome[181], s'affrontant à l'hérésie, aux
adversaires chrétiens, au pouvoir politique les soutenant, ou menaçant le pouvoir épiscopal. Cette conception répond chez Grégoire aux conceptions du "charisme
de direction" et de l'ecclésiologie hiérarchique de Basile qu'ont étudiées des travaux récents[182].

Conclusions

A travers les transpositions de concepts, de termes, de métaphores relatifs au martyre, apparaissent
chez Grégoire les types qu'il en reconnaît héritiers,
avec les caractéristiques répondant à ses yeux aux be-
soins religieux du temps. Cela vaut pour les formes de
sainteté contemporaine qu'il s'essaie à promouvoir, en
partie aussi pour les figures du passé qu'il fait revivre, en en accusant les traits essentiels pour un
homme, un évêque du IVe siècle. Des figures mineures,
le quasi-solitaire comme Naucratios, la mère, la veuve
chrétienne, par exemple, demeurent dans l'ombre devant
l'éclat de l'ascétisme monastique, celui de l'épisco-

pat, luminaire de l'Eglise[183].

D'un type à l'autre, à travers les textes, des correspondances s'établissent. Des éléments importants de didascalie apparaissent autour de la figure de Macrine, didascale des siens, de sa communauté[184]. Sa direction monastique est aussi fermement marquée, au sommet du choeur des vierges, aidée par celles qui les dirigent, les veuves gravitant autour d'elles[185]. Mais didascalie et direction demeurent limitées à la famille – comportant trois évêques! – et au monastère[186]. Du côté épiscopal, l'ascèse et la contemplation dans l'anachorèse sont décrites comme un préalable, selon la seconde quarantaine de la vie de Moïse, selon le paradigme de Paul aussi[187]. Ascèse et contemplation persistent dans la vie de l'évêque et fondent sa résistance au pouvoir, selon les paradigmes d'Elie et de Jean-Baptiste, comme son enseignement et sa polémique.

Entre ces deux types d'athlète de Dieu, l'ascète et l'évêque, une hiérarchie est fortement suggérée. Comme dans la *Vie d'Antoine*[188], la respectueuse subordination de Macrine et de ses moniales au pouvoir sacerdotal est marquée, en particulier lors des rites funéraires. Ainsi le don par Grégoire de ce qu'il a préparé pour sa propre sépulture est accepté, "tant en raison du caractère sacré du sacerdoce qu'elle eut toujours en vénération, qu'en raison de (sa) parenté"[189]. Le cortège clérical est minutieusement décrit – en l'absence curieuse de mention des moines et moniales –: en tête Grégoire et Araxios, l'évêque du lieu, suivis par deux autres clercs de rang élevé, tandis que de part et d'autre du brancard s'avancent en procession diacres et clercs inférieurs[190]. Le deuil des moniales est réglé par Grégoire[191]. Le respect du clergé pour la sainte se traduit ainsi, mais encore plus l'autorité exercée sur l'ascétisme monastique jusque dans la reconnaissance de la sainteté par l'épiscopat.

Enserré dans des structures hiérarchiques institutionnelles, un réseau de sainteté se dessine. Est invitée à s'y intégrer en son lieu et fonction de pouvoir et de garant, la figure de l'empereur orthodoxe. Parmi les mérites d'Aelia Flacilla, après les oeuvres de miséricorde et leurs aspects liés à la grâce impériale, après l'humilité et l'amour conjugal, Grégoire place au sommet: "le dégoût qu'elle eut, comme envers l'idolâtrie, pour l'absence de foi des Ariens". Son orthodoxie trinitaire "l'a fait croître, s'épanouir, et a porté son âme dans le sein du père de la foi, Abraham"[192]. Les simples fidèles, eux, sont invités à tourner leurs regards vers ces phares que sont les saints. La louange la plus précieuse à leur égard est celle des actes; mais ce qui est proposé à leur imitation, en deça de leur admiration source d'obéissance, c'est la foi du saint, ses vertus[193].

La force de ces types nouveaux de sainteté se reflète dans plusieurs infléchissements apportés à la représentation du martyre. Ainsi Grégoire se plaît à enraciner le témoignage des Quarante martyrs sous Licinius, dans le christianisme de leur Légion, la Legio Fulminata, où les chrétiens, sous Marc-Aurèle, obtinrent le miracle de la pluie: "S'y joignit le choeur de nos soldats, confirmés eux aussi dans la foi par ces beaux récits et nourris dans les mêmes occupations, ils s'élevèrent à tant de sublimité qu'ils excitèrent contre eux la jalousie"[194]. L'existence d'une lignée sainte fonde la piété et le témoignage des Quarante.

D'autre part Grégoire aime à décrire cet acte ponctuel, le martyre, après une esquisse biographique. Ainsi dans l'*Eloge de S.Théodore*, il mentionne la patrie, la famille, et surtout la piété et la foi affichée du jeune conscrit avant de mettre en place les épisodes de sa passion[195]. Dans l'*Eloge des Quarante martyrs*, le portrait physique et spirituel des jeunes soldats est tracé avec insistance: "Par leur vie (βίῳ) vertueuse et leur chaste conduite (πολιτείᾳ), ils étaient remarquables et ils obtinrent comme récompense et prix d'excellence, la grâce du martyre, recevant leur accomplissement"[196]. Dans l'*Eloge d'Etienne*, toute son activité antérieure de "diacre", de polémiste animé par l'Esprit-saint est décrite comme première étape de sa lutte contre le Diable[197]. La conception du martyre même est explicitement liée à l'ascèse. On a vu que la récompense de la vie et de la conduite des Quarante est la grâce du martyre. Leur martyre lui-même est décrit, en antithèse à la chute d'Adam et Eve qui abandonnèrent

Dieu pour un fruit agréable, perdant le Paradis, comme le recouvrement du Paradis, par le renoncement pour le Christ à l'affection familiale, à la douceur du soleil, à l'amitié[198]. Cette conception apparaît avec une force particulière dans le commentaire de la Béatitude: "Bienheureux ceux qui sont persécutés ...": "La douleur remède de l'âme soigne la maladie née du plaisir par la souffrance purifiant l'âme"[199].

On notera enfin de ce même point de vue la place occupée dans les éloges des martyrs par les préoccupations dogmatiques contemporaines. Par ses paroles, par son comportement même, le martyr lutte pour l'orthodoxie: lorsqu'Etienne, plein de l'Esprit, voit la gloire de Dieu et Jésus debout à la droite de Dieu, il définit contre les Pneumatomaques, le statut trinitaire de l'Esprit[200], et il combat les Christomaques, la session du Christ ne définissant nullement un statut inférieur du Christ, mais bien la stabilité de la divinité[201].

Ainsi se lisent dans les éloges des martyrs certaines caractéristiques des types nouveaux de sainteté: conscience d'un enracinement lointain, longue durée de l'héroïsme ascétique, héroïsme essentiel des combats pour l'orthodoxie. Effet de miroir, effet de retour de cette qualification insistante de martyr par laquelle Grégoire marque, désigne à la dévotion, l'éminente sainteté monastique et épiscopale.

Nous avons étudié cette assimilation dans les termes, les noms-présages, les représentations de la mortification, de la patience, de la résistance au pouvoir, de la lutte contre les déviations de la foi, les symboles et paradigmes, les métaphores. Rien de tout cela n'est pur *topos*, mais indices d'un sens: dans la lutte des générations contre le Diable, l'ascète, l'évêque ont été providentiellement manifestés pour la victoire en ce temps, comme naguère au temps des martyrs. Une vision plus intérieure d'une part, plus "politique" d'autre part, l'une subordonnée à l'autre, sont ainsi données à comprendre de la synergie de l'homme au dessein de Dieu. Cela n'est pas sans liens, on l'a vu, avec d'autres visions contemporaines de Grégoire. Par cette approche on n'épuise pas la richesse des conceptions de la sainteté chez notre auteur. Mais

on comprend ce que Grégoire de Nysse en ses Eloges et
en ses Vies a voulu proposer, comme normes, comme modèles lointains à une Eglise unie autour de ses didascales[202].

Notes

1 Sanctus. Essai sur le culte des saints dans l'antiquité (Subs.
Hag.17), Bruxelles, 1927, p.74-121.

2 RAM 6, 1925, p.104-142.

3 "The Monk and the Martyr" in Antonius Magnus Eremita, SA, 38,
1956, p.201-228 cf. The Monk and the Martyr, Washington, 1950.

4 SC 178, Paris, 1971, Intr. p.25 cf. p.32.

5 Datation incertaine pour la V.Grég.Thaum., peut-être prononcée
après 386 cf. points communs entre Ep.17 (GNO VIII,2, p.51-58) et
PG 46,933B-940B et entre V.Moys.II,36 et PG 46,913. Mais les
points communs avec l'In Bas. sont aussi importants. J.Bernardi,
sans grande raison (année de voyages) la date de 380 in La prédication des Pères cappadociens, Paris, 1968, p.308 s. La V.Macr.
est à situer entre fin 380 et 382-383 (P.Maraval, op.cit. p.67).
L'In Bas. peut-être de janvier 381, l'In Melet. de mai 381 (cf.
J.Daniélou, "La chronologie des sermons de Grégoire de Nysse", RSR
29, 1955, (p.346-372) p.351-352, p.358). Les Eloges de martyrs
appartiennent à la même période d'après J.Daniélou: In XL Mart.III
(379), In s.Theod. (381), In XL Mart.I-II (383), In s.Steph.
(386). La V.Moys. est d'après 386 (J.Daniélou, SC 1 ter, 1968, p.
15) ou même des années 380 (R.Heine, Perfection in the Virtuous
Life, Cambridge, Mass., 1975, p.15). Plus disparates sont les
genres littéraires, les destinataires. La V.Greg.Thaum., comme
l'In Bas. sont des éloges prononcés dans une panégyrie, devant un
vaste public, le premier à Néocésarée, le second à Césarée (?).
L'Oraison funèbre de Mélèce, prononcée à Constantinople, dans
l'église des saints apôtres, où éloge avec thrène précédent une
consolation, s'adresse à un public analogue, où se distinguent les
Pères du concile et la famille impériale. Pour la V.Macr., se présentant comme une lettre, et la V.Moys. répondant à une lettre, la
tradition manuscrite hésite sur les destinataires: pour le titre

de la V.Macr., évêque Hierios (V), Euprepios (W), Eutropios (D) ou moine Olympios (S); pour le titre de la V.Moys., Pierre évêque de Sébaste (F), ou Césaire moine (K cf. II,319 en F), Olympios ascète (Sin.330). Malgrè le flottement interne, le clivage entre la nature et les destinataires de ces Vies écrites pour un milieu monastique et/ou sacerdotal, et des discours précédents est net. La destination immédiate n'exclut pas évidemment un plus vaste public, mais le point de départ est déterminant.

6 2,1-5 éd.Maraval; GNO VIII,1, p.371,24-372,1.

7 Ch.V-VIII éd.F.Boulenger, Discours funèbres (Textes et documents pour l'étude du christianisme), Paris, 1908, p.66-75.

8 V.Grég.Thaum., PG 46,900A cf. 901A.

9 Eloge de Césaire ch.III (Discours funèbres éd.Boulenger p.6-7 et LVII).

10 Cf. Conférences inéd. de P.Brown (juin 1982 Collège de France) Les saints de la Paidéia, IV Basile de Césarée.

11 Cf. Grégoire de Nazianze, El.Basile V-VIII ibid. et Grégoire de Nysse, V.Macr.20,10-11; GNO VIII,1, p.393,5-6.

12 V.Macr.2,10-12; GNO VIII,1, p.372,6-8 cf. Elena Giannarelli, La tipologia femminile nella biografia e nell'autobiografia christiana del IV° secolo, Roma, 1980, ch.II La virgo p.37 s. (Emmélie et Macrine).

13 V.Macr.3; GNO VIII,1, p.373-374.

14 Ibid.5; GNO VIII,1, p.376-377.

15 Ibid.8-9; GNO VIII,1, p.379.

16 Ibid.11 (cf. 5); GNO VIII,1, p.381,19 s. cf. E.Giannarelli op. cit. p.38.

17 V.Macr.13,15-16; GNO VIII,1, p.385,7-8.

18 Ibid.6; GNO VIII,1, p.377 cf. la version différente de Basile (Ep.223 à Eustathe de Sébaste, éd.Y.Courtonne III, p.8 s.)

19 V.Macr.12; GNO VIII,1, p.383-384 cf. E.Giannarelli op.cit. p.34.

20 V.Macr.19,6; GNO VIII,1, p.391,10. La Lettre 19 (GNO VIII,2, p.64,14) emploie le même titre qui revient constamment dans le De anima et resurrectione. Macrine est la didascale de Pierre (V.Macr.12,13; GNO VIII,1, p.383,21). Le titre lui est appliqué par les vierges (ibid.26,9; GNO VIII,1, p.400,6). Appellation d'une force insolite en ce temps où l'autorité spirituelle des femmes - et le titre de didascale pour elles - est suspecte cf. Evelyne Patlagean, "L'histoire de la femme déguisée en moine et l'évolution de la sainteté féminine à Byzance", Structure sociale, famille, chrétienté à Byzance IVe-XIe siecles, Londres, 1981, XIe étude, p.613-614.

21 El.Césaire ch.IV éd.Boulenger p.6-7 cf. E.Giannarelli, op.cit. ch.IV La mater p.72 s. Nonna dans le De vita sua de Grégoire de Nazianze (PG 37,1033 s., v.57 s.) cf. P.Brown, "The Rise and Function of the Holy Man in Late Antiquity", JRS, 61, 1971 (p.80-101) p.99 et n.239 (pédagogues, mères et pères spirituels).

22 El.Basile ch.IV,2, éd.Boulenger p.66-67.

23 Ep.204,6 aux prêtres de Néocésarée (éd.Y.Courtonne II, p.178).

24 Ep.223,3 (ibid.III, p.12).

25 Par amalgame, les grands-parents maternels semblent aussi victimes de leur témoignage pour le Christ.

26 V.Macr.20-21; GNO VIII,1, p.393-394.

27 Aucune trace chez Grégoire du thème des "saints cachés" cher à la piété monastique (cf. par ex. Hist.monach.in Aegypto 14, Hist. Laus.34) mais une vive attention à la gloire (spirituelle), prolongeant le lien entre ἀρετή et δόξα dans l'Antiquité cf. par ex. εὐδόκιμος qualifiant Macrine l'ancienne (V.Macr.2,1; GNO VIII,1, p.371,24), Macrine la jeune (ibid.1,14; GNO VIII,1, p.371,6). Basile qui a renoncé à la gloire rhétorique en recueille une autre (ibid.6,15; GNO VIII,1, p.377,21-22) cf. El.Basile, PG 46,817D; In XL Mart.II, PG 46,776A. Pour le Thaumaturge cf. PG 46,893A.

28 Sur ces aspects familiaux cf. P.Brown, The Cult of the Saints. Its Rise and Function in Latin Christianity, Chicago, 1981, ch.2: "A fine and private place" p.32 s. Les martyrs et saints dont Grégoire fait l'éloge, s.Etienne et les apôtres majeurs exceptés, sont avant tout saints du pays: pour le Thaumaturge, Néocésarée, lieu d'origine de la famille paternelle de Grégoire de Nysse, Euchaïta pour s.Théodore, Sébaste (... et Ibora!) pour les Quarante martyrs.

29 V.Macr.33,6-8; GNO VIII,1, p.406,27-407,2 cf. In XL Mart.III, PG 46,785A.

30 V.Macr.34,16-17; GNO VIII,1, p.408,13-14.

31 Ibid.13,19; GNO VIII,1, p.385,11.

32 Ibid.35,14-20; GNO VIII,1, p.409,22-410,2

33 El.Basile LXXX,5 éd.Boulenger, p.226-227.

34 Si l'on peut sur ce point ajouter foi à la Vie de Basile du Ps. Amphiloque (PG 29,CCCXVI).

35 In XL Mart.III, PG 46,784B s. cf. H.Delehaye, Les origines du culte des martyrs (Subs.Hag.20), Bruxelles ²1933, p.61.

36 In XL Mart.III, PG 46,784B.   37 Ibid.784D-785B.
38 Ibid.784BC.   39
40 PG 46,813B-816B.   Ibid.896B-900A.
41 Ibid.897A s.

42 Ibid.900A.

43 <u>PG</u> 46,824A-D. L'inauthenticité grégorienne semble probable cf.
O.Rousseau, "La rencontre de s.Ephrem et de s.Basile", <u>Or.Syr.</u>, 2,
1957, p.261-284; 3, 1958, p.73-90. Mais certains des arguments
d'O.Rousseau sont peu contraignants (Ephrem était-il aussi célèbre
avant 394?, "une main plus rude que celle de Grégoire de Nysse",
caractère très répandu de la <u>synkrisis</u> commune avec celle de l'<u>In
Bas.</u>). Et de toutes façons l'<u>Eloge d'Ephrem</u> peut être comparé à
ceux de Grégoire de Nysse.

44 <u>PG</u> 31,509A.

45 Cf. Ménandre, Περὶ ἐπιδεικτικῶν, Βασιλικὸς λόγος (<u>Rhetores
Graeci</u>, L.Spengel III, p.368 s.; <u>Menander Rhetor</u> éd.D.A.Russell et
N.G.Wilson, Oxford, 1981, p.76 s.) cf. Περὶ παραμυθητικοῦ (Spengel III, p.413; Russell-Wilson p.161; J.Soffel, <u>Die Regeln Menanders für die Leichenrede</u>, Meisenheim am Glan, 1974, p.136, p.200),
Περὶ ἐπιταφίου (Spengel III, p.420; Russell-Wilson p.174; Soffel p.148, p.215 s.), Théon, Περὶ ἐγκωμίου, <u>Rhet.Graec.</u>II,
p.109-112. Même pour les biens extérieurs et les biens corporels,
on insistera sur leur bon usage, car ce qui vient non d'un libre-
choix, mais du hasard est moins digne de louange (Théon, <u>loc.cit.</u>
p.111,16-17); mêmes remarques à propos de la <u>synkrisis</u>, partie
obligée de l'éloge (<u>ibid.</u> p.113,11-12). L.Méridier, <u>L'influence de
la seconde sophistique sur l'oeuvre de Grégoire de Nysse</u>, Paris,
1906, p.234, attribue à tort cet effacement de la lignée dans l'<u>In
Bas.</u> à un souci de convenance. Le parallélisme avec <u>V.Grég.Thaum.</u>
(cf. <u>ibid.</u> p.239-240) rend cette hypothèse improbable.

46 Ch.IV,1, éd.Boulenger p.66-67. Disqualifier les bien extérieurs
au profit des biens intérieurs n'empêche pas Grégoire de Nazianze
de mentionner les premiers avec intérêt cf. <u>ibid.</u>ch.III, p.64-65
(le Pont, la noble Cappadoce, l'éclat des deux familles), XII,
p.80-81 (l'illustre père de Basile. Si la <u>V.Macr.</u> exalte la vie
dépouillée, la pauvreté (5; <u>GNO</u> VIII,1, p.377; 6; <u>GNO</u> VIII,1,
p.377; 7; <u>GNO</u> VIII,1, p.377-378; 11; <u>GNO</u> VIII,1, p.381-382; 29;
<u>GNO</u> VIII,1, p.403) si elle évoque l'accueil des servantes, des en-
fants affamés au monastère (7; <u>GNO</u> VIII,1, p.378; 27; <u>GNO</u> VIII,1,
p.401), elle est trés sensible au statut social, à la richesse, au
renom oratoire et culturel (cf. par ex. 20-21; <u>GNO</u> VIII,1,
p.393-394) cf. E.Patlagean, "Ancienne hagiographie byzantine et
histoire sociale" in <u>op.cit.supra</u> n.20, Ve étude p.109: "L'hagiographie, fût-ce pour les répudier, construit ses récits sur les
valeurs de milieux étrangers à la pauvreté. Affirmation et négation tout aussitôt après, attitude complexe des auteurs ...".

47 V.Macr.2,33; GNO VIII,1, p.373,2; 5,5,18; GNO VIII,1, p.375,10, 23.

48 Le projet hagiographique de Grégoire de Nysse n'est nullement dénué d'orgueil familial dans la V.Macr. en particulier cf. par ex. 22,18-19; GNO VIII,1, p.395,18-19 (pour Macrine) et 14,25-26; GNO VIII,1, p.386,18-19 (pour Basile). Mais la famille et le modèle familial contribuent aux visées ecclésiastiques.

49 Ibid.2,5-34; GNO VIII,1, p.372-373, cf. E.Giannarelli, op.cit. supra n.12, p.37.

50 Actes de Paul 22; 27-38.

51 Cf. M.Viller, art.cit.supra n.2, p.107-115 (Tertullien, Cyprien, Méthode), E.Malone, art.cit.supra n.3, p.200.

52 Banquet VII,3: "Les vierges ont souffert le martyr et elles n'ont pas supporté un court instant ... des douleurs physiques mais toute leur vie, elles ont souffert et ne se sont pas lassées de soutenir le combat olympique de la pureté". Si le martyre est vécu en un temps unique, le martyre ascétique est inscrit dans la durée de la répétition quotidienne.

53 "Sa virginité a été un grand martyre avant le martyre du sang" (PG 50,745).

54 In Cant.XIV; GNO VI, p.404-405.

55 V.Macr.15,15-19; GNO VIII,1, p.387,12-16.

56 Ibid.19,11-15; GNO VIII,1, p.391,15-19.

57 Ibid.32,10-12; GNO VIII,1, p.406,19-21.

58 Cf. par ex. Beat.VI, PG 44,1272A-C; In Cant., GNO VI, p.90-91 et Kerstin Bjerre-Aspegren, Bräutigam, Sonne und Mutter, Studien zu einigen Gottesmetaphern bei Gregor von Nyssa, Lund, 1977, p.114-159.

59 GNO VIII,2, p.65,2-5 cf. tr. Maraval in V.Macr.p.270.

60 V.Macr.30,2; GNO VIII,1, p.403,21; 35,14; GNO VIII,1, p.409,22 cf. ἱερὸν κάλλος: 32,7; GNO VIII,1, p.406; ἱερὸν πρόσωπον: 34,24; GNO VIII,1, p.408. La sacralité rayonnante du corps mort de l'ascète est trace de la divinisation cf. θεοειδὲς πρόσωπον: 34,27; GNO VIII,1, p.409,1.

61 In s.Theod., PG 46,737BC.   62 Ibid.740BC.

63 Δύναμις: In XL Mart.III, PG 46,788B. Ἐνέργεια: ibid.784B.

64 V.Macr.19,24-35; GNO VIII,1, p.392,4-15. Pour ce nom du Diable cf. par ex. Eus.HE V,1,38 (martyrs de Lyon); Méthode, Banquet VIII,12; Grég.Nysse, In s.Steph.I, PG 46,704A (Lendle p.4,12-13), 704B (Lendle 6,12), 704C (Lendle 6,15), In XL Mart.III, PG 46, 760C.

65 Dans la prière finale, le thème, constant, est dominé par celui

du pouvoir de la Croix du Christ dans cette lutte (23,18-20; GNO
VIII,1, p.397,11-15). L'ascète crucifié avec le Christ par sa
crainte (23,33-34; GNO VIII,1, p.398,5-8) lui demande son aide
au-delà de la mort (23,37; GNO VIII,1, p. 398,8-12). C'est là la
transposition d'un thème essentiel des récits de martyre cf. par
ex. Eus.HE V,1,22-23, 42.

66 Cf. F.J.Dölger, "Der Kampf mit dem Aegypter in der Perpetua-Vi-
sion. Das Martyrium als Kampf mit dem Teufel", AC, 1932, III,2,
p.177-188.

67 PG 44,1292A-1301A.

68 L'affectivité familiale intense de la V.Macr. atténue la rigueur
du renoncement à la famille dans les Règles basiliennes cf. Reg.
brevius tract.189-190 (PG 31,1208C-1210A).

69 Cf. V.Macr.4,24-25 (le φθόνος et la mort du fiancé de Macrine); GNO VIII,1, p.375,4-5, 9,5-7 (la machination de l'Adversaire
et la mort de Naucratios); GNO VIII,1, p.379,22-23 cf. infra
n.101 pour Mélèce, Pulchérie et Flacilla.

70 V.Macr.9,20-22; GNO VIII,1, p.380,13-16.

71 Ibid.10; GNO VIII,1, p.380-381.

72 Ibid.14; GNO VIII,1, p.386,7-13. Allusion à Prov.17,3 cf.
Mart.Polyc.XV,2; Actes de Fructuosus 7; Orig., Exhort.Mart.XXIV
(du premier des frères Maccabées).

73 V.Macr.14,21-22; GNO VIII,1, p.386,20-21. Macrine demeure ferme
malgré sa souffrance cf. ibid.14,11; GNO VIII,1, p.386,5-6. Cette
sensibilité exprimée dans les larmes puis maîtrisée est celle de
Grégoire à la mort de sa soeur (ibid.26-27; GNO VIII,1,
p.399-401). C'est le modèle, face au chagrin désordonné des moniales. De même à la mort de Naucratios, la passion naturelle de sa
mère était ressentie, avant d'être éduquée au courage par les rai-
sonnements de Macrine (ibid.9-10; GNO VIII,1, p.380-381). Plus que
d'impassibilité, il s'agit de passibilité maîtrisée.

74 4 Mac.6,10; 17,15 et 16. Le rapport avec les Mac. est peut-être
plus direct encore cf. la lutte de la raison contre les passions,
thème stoïcien exploité par 4 Mac.6,31-35 et présent dans V.Macr.
10 (GNO VIII,1, p.380) cf. p.172 n.2 éd.Maraval. De plus Macrine
par rapport à sa mère inverse la relation de la mère des Maccabées
à ses fils.

75 Cf. par ex. Lettre des martyrs de Lyon ap.Eus.HE V,1,17,18,19,
36,38,41,43 ... G.Lomiento, Ἀθλητὴς τῆς εὐσεβείας, Vetera
christianorum 1, 1964, p.112-128.

76 Influence paulinienne cf. par ex. Eph.6,12 pour la lutte. Grég.
Nysse In s.Theod., PG 46,737A, 737D; In XL Mart.I, ibid.756C,

757C, 764B, 768B, 768D, 769A, 772A, III,780B; <u>In s.Steph.</u>I,704A
(Lendle 4,12), 708B (Lendle 14,18-19), 708D (Lendle. 16,20), 712B
(Lendle 22,4-5), 712D (Lendle 26,10), 713C (Lendle 28,18), 713D
(Lendle 30,17), 716BC (Lendle 32,9,15; 34,6-9).

77 Pacôme à Théodore souffrant d'une migraine: "Ceux qui souffrent
de tels maux patiemment et pour l'amour de Dieu seront considérés
comme martyrs confessant Dieu" (E.Amelineau, <u>Vie de Pakkôme</u>, <u>Anna-</u>
<u>les du Musée Guimet</u>, Paris, 1889, p.450).

78 <u>V.Macr.</u>18; <u>GNO</u> VIII,1, p.390.

79 Cf. <u>In Pulch.</u>, <u>GNO</u> IX, p.469,20 s. Job athlète déjà dans <u>Testa-</u>
<u>ment de Job</u> 4.

80 <u>PG</u> 46,749B.

81 <u>Ibid.</u>780BC (cf. <u>Job</u> 1,7 lié à <u>Apoc.</u>12,9).

82 <u>Ibid.</u>768C (cf. <u>Job</u> 1,21) et 786D.

83 Cf. E.Peterson, "Zur Bedeutungsgeschichte von παρρησία" in <u>Rh.</u>
<u>Seeberg Festschrift</u> I, Leipzig, 1929, p.283-297. Assurance dans le
martyre chez Grég.Nysse: <u>In XL Mart.</u>II, <u>PG</u> 46,764B, 771C, <u>In s.</u>
<u>Steph.</u>I, <u>ibid.</u>712D (Lendle 24,11), <u>In s.Theod.ibid.</u> 714A, 743B.
Assurance du martyr dans l'intercession: <u>In XL Mart.</u>III, <u>ibid.</u>
784B, <u>In s.Theod.ibid.</u> 748B.

84 <u>GNO</u> VIII,2, p.64,15-19. Les valeurs grégoriennes de la παρρησία
recouvrée après l'αἰσχύνη de la faute par l'ascèse s'inscrivent
ici dans la tradition du saint martyr proche de Dieu par son mérite.

85 Cf. éd.Maraval, p.96-97 et 97-98.

86 <u>Hom.Num.</u>10,2; <u>GCS</u> Orig.VII, p.72,21-23.

87 <u>PG</u> 31,508B.

88 <u>Ibid.Reg.fusius tract.</u> 891C, 897B, 900A, 925CD, 936C, 964C:
"Maigreur et pâleur caractérisent l'athlète des commandements du
Christ, c'est dans la faiblesse qu'il terrasse l'Ennemi", 965A,
989B; <u>Reg.brevius tract.</u> 1153C, 1161AB, 1162D-1164A, 1220AB: "Chaque jour je meurs" (1 <u>Cor.</u>15,31).

89 Cf. J.Daniélou, "Grégoire de Nysse dans l'histoire du mona-
chisme", <u>Théologie de la vie monastique</u>, <u>Théologie</u> 49, Paris,
1961, p.131-141.

90 <u>V.Ant.</u>ch.47.

91 "Le désert, une cité" dans <u>V.Macr.</u>12,34; <u>GNO</u> VIII,1, p.18 évoque
la <u>V.Ant.</u>ch.14: ἡ ἔρημος ἐπολίσθη ὑπὸ μοναχῶν. L'<u>Eloge de Ba-</u>
<u>sile</u> pour l'évêque-ascète inverse le paradoxe: "la cité, un dé-
sert" (<u>PG</u> 46,801C). Cf. <u>infra</u> n.187 pour un autre rapprochement.

92 <u>V.Macr.</u>15,6-9; <u>GNO</u> VIII,1, p.387,3-6.

93 <u>Ibid.</u>21,1-4; <u>GNO</u> VIII,1, p.394,1-4. Exil sous Valens de 375 à

378 et problèmes autour du synode d'Antioche à l'automne 379.

94 A 1 Cor.12,27, Grégoire fait repondre Eph.4,11: "... le Christ a donné aux uns d'être apôtres, à d'autres d'être prophètes ou encore évangélistes ou bien pasteurs et docteurs ..." qu'il interprète aussi diachroniquement.

95 PG 46,788C-813A. La séquence protomartyr, apôtres, docteurs, souligne aussi le thème central dans ces éloges de Grégoire de l'évêque successeur des apôtres.

96 Ibid.789BC.   97 GNO IX, p.441,6-7.

98 Ibid.p.449,3-7; 450,6-7. De plus si Mélèce après sa mort prie pour sa communauté (p.454,11-12), c'est comme intercesseur jouissant de la παρρησία comme les martyrs. Cf. Grég.Naz., Eloge de Basile LXXX,6.

99 PG 46,913B.

100 Ibid.949A,B,C, 953B, cf. la course du martyr, pour l'évêque de Comana (PG 46,936C.

101 GNO IX, p.443,12; p.446,2-6; p.447,4; In Pulch.ibid. p.462,15, 23; In Flac. p.480,5; p.481,2. Pour la V.Macr. cf. supra n.69. Sur la christianisation du thème rhétorique cf. A.Spira, "Rhetorik und Theologie bei Gregor von Nyssa", Studia Patristica IX, TU 94, Berlin, 1966 (p.106-114), p.109-110.

102 PG 46,913C.

103 Ces miracles sont souvent traités comme pure légende cf. Dict. Spir. VI, Paris, 1967 art. Grégoire le Thaumaturge p.1014-1020 H.Crouzel. Basile pourtant (De spiritu sancto 29, PG 32,207B; SC 17 bis, Paris, 1968, B.Pruche, p.510-513) utilisant l'autorité théologique de ce "luminaire", de ce "second Moïse", reconnu comme tel de son vivant, énumère déjà la plupart des miracles de notre Vie. Chez Grég.Nysse, la nature des miracles et leur répartition dans le récit permet d'y voir principalement les signes de l'activité épiscopale, victorieuse du Diable: apostolat puis gouvernement de la foi orthodoxe reposant sur la vision initiale. Cf. pour d'autres matériaux J.Derouet, "Les possibilités d'interprétation sémiologique des textes hagiographiques", RHEF 62, 1976, p.153-162 (miracles monastiques/miracles épiscopaux) et B.Flusin, "Miracle et Hiérarchie" (Vies de Cyrille et Scythopolis) in Hagiographie, Culture et Sociétés IVe-XIIe s., Colloque 1979, Paris, 1981, p.299-313.

104 PG 46,913D, 920A.   105 Ibid.913D-920A.

106 Ibid.921D. Premiers miracles qualifiés d'apostoliques en 924D (cf. pour le miracle de vengeance de 940C-941C, la comparaison justificatrice de ce "sombre miracle" avec les miracles de Pierre

- guérison/châtiment - comme pour Ananie).

107 Le miracle de l'etang asséché: ibid.924C-929A. Après les miracles apostoliques, ceux liés à la fonction d'arbitre de l'évêque
(924D: "un tribunal plus souverain"). A cette fonction se relie la
victoire sur la strategie du Malin (928C). Le miracle du fleuve
Loup contenu (929A-933B) illustre la fonction de protection épiscopale contre les fléaux naturels.

108 Ibid.933B-940B. Miracle entre tous: 937D.

109 Ibid.941C-944A.   110 Ibid.944A-953A.

111 Ibid.949AC.   112 Ibid.949C-953A.

113 Grégoire aime appliquer au diable cette épithéte du persécuteur
Antiochus (2 Mac.7,31) cf. Eccl.VIII, GNO V, p.425,9; Adv.Apol.,
GNO III,1, p.141,18-22; Or.Cat.6,9 ...

114 PG 46,796A-796D.

115 Cf. In Bas.797AB (ascèse rendant apte au martyre), 799C (parallèle avec Paul, ascèse et predication d'ascèse), 801A (parallèle
avec le Baptiste), 805A (avec Elie), 808D (avec Moïse); In Melet.,
GNO IX, p.448,11-12 (mort et mortifiaction), p.450,1 (parallèle
avec le Baptiste: incorruptibilité du corps), p.455,1-2 (vêtements
d'ascèse et au-delà); Vie de Moïse II,191-192, 193, 285-286.

116 Grég.Naz., El.Basile LVII,5, éd.Boulenger p.176-177; de même
pour sa sépulture: ..."le martyr à côté des martyrs" (LXXX,5,
p.226-227). Dans la synkrisis, Grég.Naz. évoque la liberté d'Elie
face aux tyrans, après Jonas et Daniel, les sept Maccabées: Basile
en imita la fermeté et conquit aussi la gloire (LXXIV,1-2, p.216-
217) cf. le désir d'être un Etienne (LXXVI, p.220-221). La
παρρησία de Basile s'affirme face aux magistrats de la ville
(XXXIV, p.130-131), culmine dans l'affrontement avec le préfet du
Pont (cf. note suivante), est présente dans la synkrisis (Elie).
Les métaphores agonistiques jalonnent le récit: persécution de Valens en 366 (XXXI s., p.126-127), en 371 (XLIV, p.150-151 s.),
combat entre l'athlète et le persécuteur, le préfet du Pont (LVII,
p.172-173), lutte de Jacob et lutte de Basile pour Dieu en vue
d'anéantir l'hérésie (LXXI, p.212-213)...

117 Ibid.XXX-XXXIII (366), p.122-129, XLIV-LV (371), p.150-171,
LV-LVIII (le préfet du Pont), p.170-177. Particulièrement important: L,1, p.160-161, où le lien définitionnel entre évêque et résistance est affirmé: "Personne jusqu'à ce jour, dit le préfet,
n'a tenu un pareil langage et avec tant de liberté (παρρησία) à
moi" - "C'est que ce n'est pas sur un évêque apparemment que tu
tombais, dit-il, ou bien il t'aurait parlé exactement de cette
manière, ayant les mêmes intérêts à défendre (ἀγωνιζόμενος) cf.

Ambroise Ep.20,28: "Deus permittat ut impleas quod minaris, ego enim patiar quod episcopi, tu facies quod spadones". J.Mossay, La mort et l'au-delà chez Grég.Naz., Louvain, 1966, p.44-46 relève l'assimilation de Basile à un martyr chez Grég.Naz. mais y voit surtout un lieu commun: "On peut se demander à quel titre l'évêque mérite d'être appelé un martyr après être mort paisiblement dans son lit". Pour une reévaluation de la métaphore athlètique cf. P.Brown, art.cit.supra n.21, p.94.

118 PG 46,796D-797B.   119 Ibid.804AB.

120 GNO IX, p.449,5-7 cf. p.450,4-6. Sur les exils de Mélèce sous Constance (361-362), sous Valens par deux foix (364-367, 370-371) cf. Lenain de Tillemont, Mémoires pour servir à l'histoire ecclésiastique VIII, Paris, 1713, p.347 s. Grég.Naz. de même assimile les exils d'Athanase aux luttes des martyrs "pour la vérite" Or.21 In laudem Athanasii PG 35,1113AB, 1120C-1121A, 1128A. C.Baur, Johannes Chrysostomus und seine Zeit, München, 1930 II, p.362-365, a recueilli les attestations anciennes de "Chrysostomus als Märtyrer".

121 PG 46,945CD.   122 Ibid.948AC.

123 Cf. In Melet. GNO IX, p.442,2.

124 PG 46,949AC.   125 Ibid.949C-953A.

126 Ibid.953BC (rôle pédagogique de l'évêque dans la régulation du culte des martyrs).

127 Ὁ λόγος τῆς πίστεως (PG 46,909D): l'expression semble s'appliquer au symbole transmis aux catéchumènes, pour être appris et récité par eux.

128 PG 46,909D.

129 Ibid.909D-913A. Une chaîne sacerdotale s'instaure: sur l'intercession de Marie, Jean en vêtement sacerdotal initie Grégoire au mystère de la foi qu'il transmettra à son peuple. Le donataire de la "mystagogie divine" est le disciple le plus proche de Jésus - du coeur de Jésus à "la parole de foi" cf. par ex. Grég.Naz., El. Basile (Basile comparé à Jean): "Il repose sur la poitrine de Jésus et de là il tire la puissance de la parole et la profondeur des pensées" (LXXVI, éd.Boulenger p.220-221).

130 PG 46,912C, 913B.

131 Ibid.913C, cf. V.Moys.II,36.

132 PG 46,912C cf. 913B; Bas., De spir.sancto 29, PG 32,208A, Pruche p.512-513.

133 PG 46,953A.

134 De spir.sancto 29, PG 32,205B, Pruche p.510-511 de Grégoire le Thaumaturge, ibid.30,213A, Pruche p.524-525 cf. Grég.Naz., El.Ba-

sile XXV,4, éd.Boulenger p.114-115. Mêmes métaphores dans la
V.Ephrem pour Ephrem: la lampe sur le candélabre (PG 46,820A,
citation de Matth. 5,14-15, pour Basile (821D).

135 cf. Matth.5,14-15. Image analogue chez Grég.Naz. pour Athanase
(Or.21, PG 35,1120A).

136 PG 46,796D cf. V.Moys.II,184.   137 GNO IX, p.450.

138 Ibid.p.442,1.   139 Ibid.p.442,2.

140 Ibid.p.442,15 cf. Phil.2,15.

141 Ibid.p.443,15-17 cf. Matth.25,1 s. (Vierges sages).

142 Ibid.p.444,1-10. Pourτρικυμία cf. Platon, Rép. V,472A. L'idée
est ici moins celle de trois vagues que celle de violence cf. 4
Mac.7,2. Il est donc difficile de chercher à identifier ces trois
vagues d'hérésies. A date plus haute (362), Grég.Naz. parle de
trois maladies théologiques - celle patronée par Sabellius, celle
d'Arius, celle des hyper-orthodoxes (Or.II, PG. 35,444C-445A; SC
247, J.Bernardi, Paris, 1978, p.136-137). Mais l'hérésie pneumato-
maque ne peut être absente en 381 des allusions de Grégoire de
Nysse.

143 GNO IX, p.446,11-15.

144 GNO IX, p.225,25-226,5: καθηγεμών, πρόεδρος, διδάσκαλος εὐσεβείας, μυστηρίων λανθανόντων μυσταγωγός. On retrouve ces fonctions
sans systématisation dans le Dialogue sur le Sacerdoce de Jean
Chrysostome cf. H.de Lubac, "Le dialogue sur le sacerdoce de Jean
Chrysostome", NRTh, 1978, (p.822-831), p.823-824. Pour ἱεροσύνη
"s'appliquant en sa source et en sa plénitude à l'évêque" cf.
ibid. p.823-825. Fonctions analogues chez Grég.Naz. cf. Discours
1-3, SC 247, Intr. p.45-50.

145 Cf. pour Basile: "le peuple qu'il dirigea par le sacerdoce
vers la promesse de Dieu" (parallèle avec Moïse) PG 46,809C; cf.
aussi la présentation de Samuel guérissant les Israélites en mauvais état à cause de l'anarchie les ayant amenés à une confusion
démocratique (792D). Pour Mélèce: "Il nous est dur d'être déliés
de la présidence paternelle" (GNO IX, p.441,14). V.Grég.Thaum.:
Phédime dirige l'Eglise d'Amasée (908D), il consacre Grégoire au
gouvernement de l'Eglise (909A). Pour cette conception du gouvernement épiscopal cf. J.Daniélou, "L'évêque d'après une lettre de
Grég.Nysse", Euntes docete 20, 1967, (p.85-97), p.89-90. Vocabulaire et conception proches de celles de Grég.Naz.: cf. Discours
1-3 éd.Bernardi, p.45-47, comme de celles de Jean Chrysostome,
cf. art.cit. H.de Lubac supra n.144 et A.M.Malingrey, "Le ministère épiscopal dans l'oeuvre de Jean Chrysostome", in Jean Chrysostome et Augustin, Coll.Chantilly 1974, Paris, 1975, p.75-89.

146 PG 46,937B.

147 Ibid.789A. Pour "pasteur et docteur" (allusion à Eph.4,11) et son interprétation diachronique cf. supra n.94. Le modèle paulinien est explicite: Grégoire voit dans Timothée le type de l'évêque de son temps malgrè la distorsion anachronique cf. 1 Ti.3,2. Or l'episkopos doit être διδακτικός cf. 2 Ti.2,24 (Paul de lui-même: 1 Ti.2,7; 2 Ti.1,11).

148 PG 46,796A.

149 Cf. 797D, 800A, 801A, 805A, 805C (le sacerdoce du didascale), 805D, 808B, 808D, 809A, 812A ...

150 GNO IX, p.451. Si rhétorique qu'elle soit, on notera la transposition significative des miracles de Jésus à l'activité de parole antihérétique de l'évêque. Cf. aussi p.441,8-9.

151 PG 46,797A. Basile et la parole: 789CD, 793C, 799C, 809D, 812A. Dans la V.Ephrem, celui-ci aperçoit Basile comme "la bouche de l'Eglise, le rossignol d'or des dogmes", et "par l'oeil de l'âme il voit une colombe sur l'épaule de Basile, lui prodiguant les discours d'enseignement qu'il fait passer au peuple". Dans l'In Bas. de Grég.Nysse, les aspects sacramentels présents (cf. par ex. 805C: épiclèse eucharistique, 808C: sacrifices pour la destruction des hérésies, 809C: passage de la Mer Rouge et baptème, 812A: pénitence) sont moins marqués que le rôle de la parole. La V.Ephrem accorde aussi une place majeure à la parole de ce diacre qui échappa à l'episcopat: lutte contre les hérétiques, Sabellius, Arius, Apollinaire, les Anoméens, "Novatos" (825C-828A: première vertu d'Ephrem, la foi), voies de fait et controverse victorieuse (840-841B: dernière vertu d'Ephrem, le zèle contre les hérétiques), enseignement perpètuel (833D-836C).

152 PG 46,797A cf.801A.　　　　　153 Ibid. 801A.

154 LXV-LXIX éd.Boulenger p.196-209 cf. XLI-XLIII éd.Boulenger p.144-151. Même importance accordée aux écrits d'Ephrem cf. PG 46,828A, 829C s.

155 V.Macr.3; GNO VIII,1, p.373-374.

156 Ibid.12,9-13; GNO VIII,1, p.377.

157 Cf. Conférences inédites de P.Brown citées supra n.10. Mais le consensus social faisant de la Paidéia le signe obligatoire de distinction, le rôle de l'intellectuel comme intermédiaire auprès des pouvoirs, l'idéal du μουσικὸς ἀνήρ , n'expliquent pas complétement ce puissant mouvement d'idées qui au IVe siècle préconise l'utilisation - sous contrôle - des dépouilles des Egyptiens pour la construction du Tabernacle. Cette réactualisation des thèses philoniennes recueillies par l'école alexandrine, se lie au rôle

de la parole sacerdotale dans les combats pour la foi, nos textes le montrent.

158 PG 46,789BC, 808D-809A (comparaisons avec Moïse).

159 Ibid.909C (comme Moïse) cf. 901A (comme Abraham), 905CD (l'enseignement d'Origène). Même mention de la culture sacrée et profane dans la V.Ephrem (PG 46,829AB). Pour Athanase cf. Grég.Naz., Or. 21, PG 35,1088B.

160 In Bas., PG 46,809A, cf. Moïse in V.Moys.II,12.

161 In Bas., PG 46,809AB, V.Grég.Thaum.ibid. 901C, 905C, 908BC. Le choix de vie, après la formation, est pour tous deux entre rhétorique et vie chrétienne cf. aussi V.Macr.6, GNO VIII,1, p.377 pour Basile; Grég.Naz., El.Bas.XXV éd.Boulenger p.112-113.

162 "Les trois quarantaines de la vie de Moïse, schéma idéal de la vie du moine-évêque chez les Pères cappadociens", REG, LXXX, 1967, p.407-412 cf. Moïse "exerçant sa pensée dans les sciences de l'Egypte (Act.7,22) avant d'en venir à la contemplation de l'Etre", comme Daniel à Babylone chez Basile, Aux jeunes gens III. Le choix des paradigmes bibliques dans les éloges de Grégoire est significatif. Ce sont, comme le dit Grégoire de Naziance "tous ceux qui furent mis à la tête du peuple pour légiférer, pour prophétiser, commander les armées, ou exercer tout genre de direction, tels Moïse, Aaron, Josué, Eli, Elisée, les Juges, Samuel, David, les prophètes, Jean, les douze disciples ..." (Discours II, PG 35,461B, éd.Bernardi p.158-160). Encore plus significatifs les traits retenus: préparation au gouvernement (Moïse), zèle de la foi (Elie/Achab), résistance du martyr (Elie, Jean-Baptiste) ... On comparera l'usage tout autre des paradigmes bibliques dans la V.Antonii: Job pour la tentation vaincue (24,29), Elie, l'ascète face à Dieu (7), Elie et Elisée, l'ascète face à l'évêque (91), Elisée prophète (34).

163 V.Moys.II,55.   164 Ibid.II,37-41.

165 Ibid.II,7-9.

166 Ibid.II,10-12. La princesse stérile, la fidélité à la mère Eglise, transposent la fidélité d'Abraham à Sara, la sagesse, jusque dans son union evec Agar (Philon d'Alexandrie, Congr. 73-80).

167 V.Moys. II,37-41.

168 Ibid.II,112-116. Texte majeur pour l'équivalence explicite entre Basile et Moïse.

169 Cf. Grég.Nysse V.Moys. éd.J.Daniélou, Intr. p.31-33, Philon d'Alexandrie, De congressu eruditionis gratia, éd.M.Alexandre, Paris, 1967, Intr. p.83 s.

170 PG 46,933B-940B.   171 GNO VIII,2, p.53-54.

172 Ibid.p.56-57.   173 Ibid.p.54.

174 Peut-être un candidat mondain, Gerontios, ancien diacre d'Ambroise, devenu médecin à Constantinople, candidat d'Helladios vers 390 cf. R.Staats, "Gregor von Nyssa und das Bischofsamt", ZKG, II/III, 1973, p.149-173 cf. aussi J.Daniélou, art.cit.supra n.145.

175 GNO VI, p.393 s.   176 GNO IX, p.337-338.

177 Cf. cette vie de martyr-évêque, première biographie chrétienne, in Vite dei Santi III, Vita di Cipriano, Vita di Ambrogio, Vita di Agostino, Intr.Ch.Mohrmann, testo critico e commento A.R.Bastiaensen (pour la V.Cyprien de Pontius), Milan, 1975.

178 SC 272, Paris, 1980, A.M.Malingrey: didascalie par la parole, en particulier dans la controverse et la prédication cf. IV,3-8; V,1; place donnée aux vertus de gouvernement par rapport à l'ascèse VI,6-7; guerre avec le Diable cf. II,3 et surtout l'éclatante ekphrasis du combat sur terre et sur mer de VI,12-13.

179 Grég.Naz., Or.21, PG 35,1081A-1128C. Cf. en 1086B dans l'énumération des saints - Ancien, Nouveau Testament, temps chrétiens - la promotion du type de sainteté "épiscopale": ceux qui ont gouverné le peuple ou qui se sont manifestés par la parole, qui se sont fait reconnaitre par les signes ou qui ont été accomplis par le sang".

180 Op.cit.supra n.172, p.51 s., pour la V.Ambroise de Paulin de Milan, texte de A.R.Bastiaensen, tr.L.Canali.

181 Palladius, PG 47,5-82 cf. éd. A.M.Malingrey à paraître dans SC.

182 P.Scazzozo, Introduzione alla ecclesiologia di San Basilio, Milan 1975, P.J.Fedwick, The Church and the charisma of leadership in Basil of Caeserea, Toronto, 1979.

183 Evolution analogue dans la tradition latine cf. C.Leonardi, "I Modelli dell'agiografia latina dall'epoca antica al medioevo", Convegno Roma 1977, Passagio del mondo antico al medio evo ..., Rome, 1980, p.435-476, pour la figure de l'évêque dans les affrontements "politiques" cf. p.451-460 (V.Ambroise de Paulin de Milan, V.Augustin de Possidius).

184 Cf. supra n.19-20.

185 V.Macr.16,10; GNO VIII,1, p.388,17: καθηγουμένη ; ibid.29,1: "une de celles qui dirigeaient le choeur des vierges (προτεταγμέ-νη)" (GNO VIII,1, p.402,14); ibid.28,1-8: la veuve Vettiana (GNO VIII,1, p.401-402).

186 On ne trouve pas pour Macrine ce rôle de jouteur avec les philosophes pàïens et les hérétiques attribué à Antoine en personne, bien qu'un traité comme le De anima et resurrectione lui

attribue ce rôle sur un plan abstrait.

187 In Bas., PG 46,793CD, 797C-801D. L'accès de Paul au troisième ciel et au Paradis est assimilé à la recherche théologique de Basile attestée par ses écrits et sa parole (800D-801A).

188 Ch.67, ch.91 (le testament d'Antoine) cf. M.Alexandre "A propos de récit de la mort d'Antoine", Le Temps chrétien ..., Coll. 1981, Paris, 1984, p.263-282. Pour le problème en général cf. Ph. Rousseau, Ascetics, Authority and the Church, Oxford, 1978.

189 V.Macr.29,25-28; GNO VIII,1, p.403.

190 Ibid.34,1-10; GNO VIII,1, p.407-408.

191 Ibid.34,26-34; GNO VIII,1, p.408-409. Les cris des vierges représentent une vox populi reconnaissant la sainteté de Macrine. On note de même, pour Théodore, pour les Quarante martyrs, plusieurs traits qui attestent la poussée de la "base" dans la reconnaissance des martyrs pleins de puissance. D'autant plus frappants ces signes de contrôle par le haut.

192 GNO IX, p.489.

193 V.Grég.Thaum., PG 46, 893BC, In Bas.816D-818D.

194 In XL Mart.II, PG 46,757D-760B.

195 In s.Theod., ibid.740D-741A.

196 In XL Mart.I, ibid.756BC, II,757BC; III,776B. Texte cité: 757C.

197 PG 46,705-708 (Lendle p.10-14).

198 In XL Mart.II, 764B-765B.

199 PG 44,1296D-1300C.

200 PG 46,716-717 (Lendle p.32-38).

201 PG 46,717-720 (Lendle p.38-44).

202 Je dois au grand livre d'A.Vauchez, La Sainteté en Occident aux derniers siècles du Moyen-Age, BEFAR, Paris, 1981, bien des questions, transposées en ce temps sans canonisation et à l'amitié et à la science hagiographique d'E.Pathlagean des informations précieuses, pour ce temps à l'orée de Byzance.

MARGUERITE HARL

Moïse figure de l'évêque dans l'Eloge de Basile de Grégoire de Nysse (381).

Un plaidoyer pour l'autorité épiscopale

Le discours prononcé par Grégoire de Nysse lors de la panégyrie en l'honneur de son frère Basile, au jour anniversaire de sa mort en 381[1], comporte une longue comparaison fort remarquée entre l'évêque défunt et le patriarche Moïse. Sans doute Moïse n'est-il pas, dans ce discours, le seul modèle biblique de Basile évêque, et Basile n'est pas non plus le seul évêque qui soit comparé à Moïse. Cependant l'importance de cette *synkrisis* attire l'attention et invite à poser une question: y a-t-il une raison pour que, précisément dans les circonstances historiques de la vie ecclésiastique en cette année là, Grégoire de Nysse ait particulièrement développé le thème traditionnel de Moïse modèle de l'évêque, et cela avec quelques traits bien soulignés? S'il est vrai que la *synkrisis* fait partie de la tradition rhétorique pour rehausser un discours d'éloge[2], il ne me semble pas que Grégoire en fasse seulement l'usage ornemental habituel. La comparaison entre ici dans un projet pédagogique, protreptique, qui est celui de tout le discours: Grégoire veut dire comment la communauté chrétienne doit percevoir les fonctions de l'évêque; il exprime une idéologie de l'épiscopat. Cette hypothèse de travail a guidé mon enquête pour apporter une contribution au problème posé par notre colloque: quelles relations y a-t-il, dans les biographies spirituelles de Grégoire de Nysse, entre "les conventions littéraires, la théologie et la réalité historique"? Mon but est de dégager ce qui, dans une *synkrisis* par ailleurs traditionelle, offre peut-être de significations spécifiques.

Les références à l'histoire de Moïse dans l'Eloge de Basile

La figure de Moïse intervient de trois manières dans le discours: dès le prologue pour une présentation d'ensemble de Basile en tant que "didascale"; dans une liste de modèles bibliques prouvant que Dieu envoie à chaque génération l'homme choisi pour triompher des ennemis de l'époque; enfin pour une *synkrisis* plus complète portant sur toute la vie des deux personnages. Une même idée se dégage des trois types de références: Moïse est le modèle de Basile parce que l'évêque est comme Moïse, celui qui conduit le peuple au salut en triomphant des ennemis de la vraie foi.

Au début du discours, Grégoire situe la panégyrie du jour dans la séquence des fêtes qui vont de la Nativité de Jésus à l'anniversaire de mort de Basile: cette "belle ordonnance" des fêtes, dit-il, fait venir après le Christ "les apôtres, les prophètes, les pasteurs et didascales"[3]. Basile est l'objet de la fête en tant qu'il fut notre "pasteur et didascale"[4]. Le titre de "didascale", qui sera donné à Basile tout au long du discours, est ici glosé par une première comparaison avec Moïse: "beau devant Dieu" dès sa naissance (qualificatif de Moïse dans le discours d'Etienne, en *Actes* 7,20, amplifiant un adjectif d'*Exode* 2,2), il fut à la fois nourri des Ecritures divines, comme Moïse le fut du lait maternel, et "instruit de toute la sagesse" profane, comme Moïse dans le palais de Pharaon[5]. Il put devenir ainsi un combattant ambidextre (789 B 14, περι- δέξιος). L'accent est mis tout de suite sur la préparation aux combats, avec un vocabulaire agonistique (789 B 12 - D 3).

Grégoire expose aussitôt ce qui est le thème essentiel de son discours: pour enlever toute idée de discrédit ou de pessimisme qui pourrait venir à ses auditeurs du fait de la place "seconde" de leurs "didascales" par rapport aux apôtres et aux prophètes, il affirme que, si Dieu envoie à chaque génération un homme "proclamé"[6] comme "médecin" de la maladie de son temps, il les dote tous de la grâce nécessaire pour triompher de cette maladie; quel que soit l'ordre chronologique

de la venue de ces médecins, ils sont tous égaux entre
eux; il n'y a pas moins de grâce pour ceux qui viennent
en second lieu (792 AB); si Basile, "notre didascale",
a une fête qui s'inscrit après celle des apôtres, cette
place n'est seconde que chronologiquement (789 D 3-4,
μόνον). La thèse est illustrée par six exemples (Abraham, Moïse, Samuel, Elie, Jean-Baptiste, Paul): chacun
d'eux a triomphé de la maladie de son temps (il s'agit
toujours d'errements provoqués par le diable, formes
diverses de l'idolâtrie) et aucun n'est inférieur à celui qui l'a précédé[7]. Moïse est cité pour son triomphe
sur le pouvoir magique des Egyptiens: il en "détruisit"
toute la puissance[8]. Basile, dit Grégoire, fut à son
tour "proclamé" (manifesté, consacré) "homme de Dieu"
pour notre temps, en rien inférieur à ceux qui l'ont
précédé[9]. Il a été envoyé pour triompher de la nouvelle
forme d'idolâtrie qu'est l'arianisme (796 BC).

Grégoire procède alors à une comparaison de Basile
avec chacun de ses prédécesseurs pour montrer que, par
lui, Dieu a donné au peuple chrétien une grâce égale
aux précédentes. Les quatre premières comparaisons re-
montent le cours de l'histoire du salut: Basile est
comparé d'abord à Paul (pour l'amour de Dieu, les visions, le souci des chrétiens éloignés)[10]; puis à Jean-
Baptiste (pour l'ascèse, l'inflexibilité, l'audace de
parole en présence d'un puissant)[11], à Elie (pour l'ascèse, le zèle pour la foi, le soutien du sacerdoce)[12]
et enfin à Samuel (pour la naissance miraculeuse et la
victoire sur les Philistins) [13]. Moïse est ensuite mis
à part, avec un δέ adversatif (808 D 1) et Grégoire affirme qu'il est "le modèle commun" (κοινὸν ... ὑπόδειγμα) proposé à tous ceux qui regardent vers la vertu
(808 D 1)[14]. La comparaison qui vient alors est plus
longue que les précédentes et d'un genre différent;
elle porte non pas sur quelques épisodes choisis mais
sur toute la vie, de la petite enfance à la mort (808 D
- 813 A). Basile reproduisit Moïse "dans sa vie" (808
D 6)[15].

Venant en dernier lieu[16], plus longue, portant sur
toute la vie, cette *synkrisis* joue me semble-t-il un
rôle dominant pour faire le portrait de Basile-évêque
idéal. Elle se présente en deux parties caractérisées

par des procédés rhétoriques différents. La première partie (808 D 1 - 809 C 7: 47 lignes) va de la naissance au début de la vie d'action. Elle est faite d'une succession paratactique de phrases ayant un verbe d'action en tête: ils mettent en valeur les articulations principales de la vie de Moïse; Moïse est le sujet de ces verbes et les actes équivalents sont retrouvés dans la vie de Basile. On peut reconnaître, implicites, les deux premières phases de la vie de Moïse selon la schématisation en "trois fois quarante ans"[17]. La première phase (l'enfance et les études) se termine par la rupture (renoncement à la fausse parenté: noter le verbe ἠρνήσατο en tête de phrase, cf. *Hébreux* 11,24) et par le combat en faveur du "frère" hébreu (Moïse tue l'égyptien; Grégoire donne une interprétation allégorique de l'épisode: Basile a combattu en faveur de son âme et a tué son corps, 809 B). La reprise en tête de phrase d'un verbe de départ ("il quitta l'Eqypte", κατέλιπε) ouvre la seconde quarantaine: solitude dans le désert de Madiam, temps consacré à la contemplation et couronné par l'illumination (le Buisson ardent: noter κατελάμφθη en tête de phrase)[18]. Lorsque la troisième phase de la vie de Moïse (et de Basile) est introduite, par le verbe σώζει en tête de phrase, le style change: Basile est maintenant le sujet des verbes (809 C - 812 D). La formule inaugurale de cette troisième phase précise que Basile comme Moïse a sauvé son peuple "par son sacerdoce", διὰ τῆς ἱερωσύνης (809 C 7-10): c'est donc maintenant, plus précisément, que l'on montrera dans les actes de Moïse la préfiguration des fonctions de Basile-évêque, par la transposition des actes salutaires qui vont de la traversée de la Mer Rouge à la victoire sur les Amalécites et Balaam. Grégoire traite ces derniers combats "rapidement et en raccourci" parce que, dit-il, tous ceux qui connaissent bien la vie du Saint (Basile) savent comment il a triomphé du mal (812 D 3-9)[19]. Il établit alors un dernier parallèle pour la mort des deux héros: de même que nul ne connaît le tombeau de Moïse (*Deut.*34,6), de même Basile fut enseveli sans que la richesse matérielle des funérailles éclipse le souvenir de son image morale (812 D - 813 A).

Avant d'examiner plus précisément les traits spécifiques de la comparaison faite entre Basile et Moïse,
il convient de proposer quelques remarques sur l'usage
que fait Grégoire du procédé de la *synkrisis*.

Grégoire pratique explicitement le procédé de la
comparaison, qu'il nomme une fois *synkrisis* (à propos
de Jean-Baptiste, en 801 B 5) et pour lequel il dispose
de plusieurs verbes d'usage habituel, du type "mettre
en parallèle", "mettre face à face" (par exemple παρα-
τιθέναι, 813 A 13; συμφέρειν, 801 A 9; ἀντεξετάζειν,
797 C 5; ἀντιπαραδεικνύναι, 801 A 15, B 4, etc.); ces
verbes alternant avec les formules qui déclarent que le
héros comparé aux modèles anciens "ne leur est pas inférieur" (par exemple 800 B 8, 801 B 14, etc. ...), ce
qui est l'objet final de toutes les comparaisons: la
synkrisis aboutit à l'égalité et à l'identification.

Comme le recommandent les théoriciens de la *synkrisis*, il fait appel pour les comparaisons à des héros
bien connus, que l'éloignement dans le temps a rendus
très célèbres. Il s'agit évidemment d'évoquer pour son
auditoire chrétien uniquement des modèles bibliques,
sans cesse cités dans la prédication, popularisés par
l'iconographie, souvent énumérés en des listes comme
ils l'étaient déjà dans la littérature biblique elle-
même[20]. Grégoire puise dans ce stock de personnages, de
scènes, d'épisodes, des exemples bien capables de rehausser la gloire du héros dont il parle.

Selon les méthodes de la sophistique, il introduit
les comparaisons en soulevant d'abord une difficulté
qu'il s'emploiera ensuite à résoudre: comment "oser",
dit-il, comparer Basile à ces grands personnages dont
les Ecritures ont rapporté les exploits extraordinai-
res? On lit ce procédé en tête de chaque *synkrisis*,
avec le verbe τολμᾶν pour Paul (800 D 10), pour Elie
(804 B 11), pour Samuel (808 B 8), avec des formules
plus développées pour Jean-Baptiste (801 B 1-7) et pour
Moïse (808 D 4-7)[21].

Malgré ces pratiques banales que les historiens de
la prédication cappadocienne ont eu plaisir à souligner[22], on doit surtout remarquer de profondes différen-

ces dans la fonction attribuée ici à la *synkrisis*. J'en vois deux principales.

Ce qui frappe d'abord est l'inversion de la place de la *synkrisis* par rapport à l'éloge. Alors que les théoriciens du discours épidictique d'éloge recommandent la *synkrisis* à la fin du discours pour rehausser la vertu du héros en l'amplifiant[23], ici les comparaisons précèdent l'éloge. Elles sont introduites, comme on l'a vu, par le thème théologique du prologue: tous les envoyés divins étant également pourvus de grâce, on peut les comparer entre eux pour montrer qu'aucun n'est inférieur à celui qui le précédait. Le procédé de la *synkrisis* est fondé d'entrée de jeu par cette théologie du salut et il sert à l'illustrer. La comparaison de Basile avec les "médecins" de l'humanité fêtés avant lui précède l'éloge que l'on fera de lui parce qu'elle justifie cet éloge. Une phrase de transition exprime explicitement ce rapport logique entre *synkrisis* et enkomion: "si donc notre discours a pu proclamer Basile comme très proche de chacun des grands saints auxquels sa vie vient d'être comparée, c'est de belle façon que l'enchaînement des fêtes conduit vers lui notre panégyrie d'aujourd'hui"[24]. La première partie du discours a donc eu pour objet d'établir le droit de Basile à être compté parmi les saints (le mot est prononcé en 812 D 5 et en 813 B 2), à le "proclamer" comme saint[25]. En un second temps, le discours panégyrique devra faire son éloge. Grégoire continue en effet: "mais alors (ἀλλὰ μήν: brusque introduction d'un développement nouveau!) il faut honorer sa mémoire de façon qui lui soit agréable (...) Quelqu'un va-t-il réclamer pour lui le mode épidictique et emphatique des éloges?" (813 A 10 - B 5). Ayant ainsi introduit le thème de l'éloge, Grégoire le traite selon le topos de la biographie chrétienne: il annonce qu'il ne fera pas l'éloge habituel de la patrie, la famille, les parents, etc. ... parce que le saint a pour véritable "patrie, famille, etc. ..." des réalités spirituelles (813 B - 816 C). Il fera donc l'éloge de cette autre façon là, "éloge" tout de même, puisque l'Ecriture a expressément recommandé de "faire mémoire des justes avec des éloges" (*Prov.*10,7a, μετ' ἐγκωμίων, 816 C 10)[26]. Et le discours se termine par une exhortation adressée à l'auditoire pour que les chrétiens pratiquent eux-aussi l'éloge de Basile, en imitant ses vertus dans leur vie (816 D - 818 D).

La seconde remarque concerne la nature des *synkriseis* dans notre discours. Habituellement les comparaisons du héros avec d'illustres modèles ont pour but de rehausser telle ou telle vertu du héros. Grégoire pratique ce type de *synkrisis* ailleurs, par exemple dans son *Epitaphios de Mélèce*, où l'on trouve une liste de patriarches auxquels Mélèce est comparé pour vertus réunies en lui[27]. Ici les cinq comparaisons, qui ont toutes le même contenu, ne portent pas sur des vertus mais illustrent une seule et même fonction, celle de "médecin" de l'humanité pour une génération. Ce qui change est la forme de la "maladie" à guérir; le "médecin", lui, opère de façon semblable: avec la grâce de Dieu, il détroit la maladie, il en triomphe. Les comparaisons donnent des exemples à peine variés de ces actions salutaires et les modèles sont parfois interchangeables: les exemples se confortent les uns les autres. On voit par exemple presque tous les envoyés divins remporter la victoire parce qu'ils ont une compétence tirée de leur éducation, qu'ils se sont préparés par la solitude contemplative et par l'ascèse, qu'ils tiennent une autorité et un pouvoir de la prière, de l'illumination, des miracles. Même si j'ai retenu Moïse comme figure particulièrement exemplaire de l'évêque "homme de Dieu" pour sa génération (ce qu'il est antérieurement à Grégoire, dans la tradition chrétienne) les autres *synkriseis* - avec Paul, avec Jean-Baptiste, avec Elie et avec Samuel - peuvent servir elles aussi à décrire la fonction épiscopale idéale[28]. Cette seconde remarque justifie comme la première l'objet de mon étude: sans doute est-il licite de tirer de l'*Eloge de Basile* la "doctrine spirituelle" que Grégoire de Nysse propose à tout chrétien mais il est important d'y découvrir plus précisément la description d'une fonction ecclésiale, celle de l'évêque.

D'autres remarques peuvent être proposées sur l'usage fait par Grégoire de la *synkrisis*. On notera par exemple qu'il substitue très souvent au lexique de la *synkrisis* celui de l'imitation, de la μίμησις. Visant à

montrer que Basile est "semblable" à ses modèles, il
tire cette ὁμοίωσις (809 B 11; cf. 804 B 14 et passim)
de la décision prise par Basile d'imiter, de reproduire
les actes de ses modèles et en particulier de Moïse. La
phrase d'introduction du récit parallèle des deux vies,
en 808 D 5-7, est très nette et différencie même par le
lexique cette cinquième *synkrisis* des quatre précédentes: Grégoire ne dit plus seulement que Basile est
"comparable" a Moïse. Il va montrer, dit-il que "notre
Maître a reproduit dans sa vie, autant qu'il le pouvait, le Législateur (ἐπὶ τοῦ βίου μιμούμενος)" et il
ajoute: "en quoi donc résidait la μίμησις?" Le verbe
μιμεῖσθαι (que l'on trouve une demi-douzaine de fois
dans les comparaisons) et le mot μίμησις[29] signifient
sans doute moins "imiter" (avoir la volonté de suivre
l'exemple de quelqu'un) que "reproduire", c'est-à-dire
être une nouvelle réalisation du modèle. Les équivalen-
ces sont moins dans les intentions de Basile que dans
ses actes: il réalise aujourd'hui ce que Moïse faisait
jadis. Sans doute la μίμησις est-elle d'abord pratique
spirituelle: Basile a choisi Moïse comme ὑπόδειγμα et
comme σκοπός de sa vie (808 D 3-4)[30]. Mais il n'est pas
seulement un "imitateur". Il est réellement "le législateur de notre temps", un nouveau Moïse. Exprimée en
termes de μίμησις, comprise en ce sens, la "comparaison" n'est plus un jeu gratuit, un ornement du discours: elle affirme en "l'homme de Dieu" d'aujourd'hui
la réalité même du modèle donné autrefois, sa reproduc-
tion.

Grégoire pratique ainsi ce que nous appelons la
"typologie": Basile réalise pour nous, dit-il, de nos
jours, ce que Moïse (ou les autres patriarches) faisaient "en figure", en "types"[31]. On peut en effet remarquer qu'au simple procédé de mise en parallèle de deux
épisodes - l'un du modèle, l'autre de Basile -, Grégoire substitue l'attribution à Basile des actes du modèle, interprétés symboliquement. Du premier type de
comparaison, par simple mise en parallèle formelle, on
trouve sans doute ici des exemples (ainsi: Basile s'est
opposé à Valens comme Jean-Baptiste à Hérode, 803 A).[32]
Mais le plus souvent les épisodes évoqués sont utilisés
de façon symbolique: ou bien Grégoire en montre une

correspondance "allégorique" dans la vie de Basile (ainsi: Basile tue en lui le corps comme Moïse tue l'é-gyptien, 809 AB; Basile édifie dans l'âme des chrétiens le tabernacle décrit par Moïse, 812 AB), ou bien la correspondance repose sur une interprétation typologi-que de l'épisode (ainsi: Basile "fait traverser" la Mer Rouge signifie pour les chrétiens qu'il confère le bap-tême, 809 D). Le sens de la correspondance passe par l'intermédiaire d'une exégèse, parfois explicitée. Ain-si, l'eau que Moïse tire de la pierre par un coup de son bâton préfigurait la prédication de Basile, et Gré-goire ajoute la signification typologique du bâton: "c'est-à-dire le signe de la croix touchait la bouche" (809 D 4: je reprendrai plus loin cette scène).

Cette méthode de comparaison, où les correspondan-ces sont médiatisées par l'exégèse typologique, rend la pratique de la *synkrisis* plus profondément ancrée dans les traditions chrétiennes (en matière d'exégèse, de doctrine, de spiritualité, d'inconographie) que seule-ment fidèle aux règles de la rhétorique. On dépasse ici les procédés simplement ornementaux. Il s'agit bien plutôt d'un enseignement. Cette dernière remarque sur la pratique de la *synkrisis* dans le discours de Gré-goire m'invite, comme les précédentes, à prendre au sé-rieux les comparaisons effectuées entre Basile, évêque de Cappadoce, et Moïse, conducteur du peuple hébreu dans le désert, pour dégager une idéologie de l'épisco-pat.

La figure de Moïse en dehors de l'Eloge de Basile

Cependant, pour mieux apprécier ce qui peut être spécifique de notre discours, en 381, et pour caracté-riser la conception de l'épiscopat que Grégoire veut diffuser, il convient de situer cette *synkrisis* par rapport à l'usage traditionnel de Moïse comme figure de l'évêque et par rapport aux autres enseignements que Grégoire lui-même tire de la vie du patriarche. Voici donc un bref rappel des principaux textes au milieu desquels celui de 381 doit être situé.

Dans l'oeuvre même de Grégoire et des Cappadociens plusieurs discours biographiques pratiquent la compa-

raison d'un héros avec Moïse. Les plus proches de notre
texte sont deux discours de Grégoire de Nysse (1'*Epitaphios de Mélèce* en cette même année 381, et la *Vie de
Grégoire le Thaumaturge*, dont on ne sait dire s'il est
antérieur ou postérieur à 381); le discours anonyme sur
Ephrem, de date également voisine mais incertaine, et
plusieurs discours de Grégoire de Nazianze, depuis 362
jusqu'en 382, s'il est vrai que son *Eloge de Basile*
suit d'un an celui de Grégoire de Nysse. A ce dossier
de discours cappadociens on ajoutera, en remontant dans
le temps, la tradition alexandrine qui reprend la figure de Moïse (héritée de Philon, de Clément, d'Origène)
pour en faire, chez Eusèbe, le modèle de Constantin,
et, dans une typologie ecclésiale très répandue, la figure de Pierre, évêque de Rome et de tout évêque. Je ne
peux ici que résumer en quelques mots ce que l'on trouve dans chacun de ces documents.

   1) L'*Epitaphios de Mélèce* est, comme l'*Eloge de Basile*, un portrait de l'évêque lutteur, bon général pour
la guerre, bon pilote pour la traversée des tempêtes.
Mais le genre littéraire de l'épitaphios et le fait
qu'un discours précédent a rapporté les exploits de Mélèce limite ce discours aux thèmes du deuil et de la
consolation. Il ne comporte aucune référence importante
à la figure de Moïse: Moïse n'est cité que dans une
liste de patriarches modèles des vertus et pour la vertu de "bonté", ἀγαθότης, ce qui ne caractérise pas souvent Moïse (la référence à *Nombres* 12,3, où Moïse est
qualifié de "doux", πραΰς, est assez peu importante).
Le modèle biblique dont il est dit que Mélèce fut le
μιμητής est Job: l'Eglise de Mélèce, comme le troupeau
de Job, a été ravagée par les hérétiques et cela "jusqu'à sa tête" (cf. *Job* 2,7), c'est-à-dire jusqu'à Mélèce lui-même[33].

   2) Le discours sur la *Vie de Grégoire le Thaumaturge* présente lui aussi la figure d'un évêque défenseur
de la foi; il est fait de longs récits biographiques,
et se distingue ainsi à la fois de l'*Eloge de Basile* et
de l'*Epitaphios de Mélèce*. Mais ici la figure de Moïse
est au moins aussi importante que dans l'*Eloge de Basi-*

le: elle intervient ici aussi pour des comparaisons aux différentes étapes de la vie du Thaumaturge. Trois phases principales de la vie de Moïse (et du Thaumaturge) sont fortement articulées par les transitions: "sortie" du palais de Pharaon qui indique la rupture d'avec la sagesse profane (900 B - 905 D), inauguration de la vie d'action après la période de solitude et d'ascèse, couronnée par la "mystagogie" du Buisson ardent (908 A - 913 B); Grégoire est alors un athlète, prêt à affronter les luttes qui caractériseront toute sa vie de prêtre (913 C). Moïse intervient de nouveau dans la liste de patriarches dont le Thaumaturge a reproduit les miracles (Salomon, Moïse, Josué, Elie, Elisée), cité pour deux miracles: le passage de la Mer Rouge, grâce au bâton (925 D); la victoire sur les Amalécites, grâce aux bras en croix (949 A). Les références à la figure de Moïse sont tout à fait semblables à celles que l'on trouve en 381 pour Basile, avec le même topos sur l'absence voulue de tombeau au moment de la mort (956 A). La même leçon se dégage du discours, avec un accent plus fort mis sur les miracles de l'évêque. L'épiscopat du Thaumaturge reçoit de la comparaison avec Moïse les mêmes traits principaux: solide préparation intellectuelle; phase de vie solitaire, ascétique, contemplative; conduite du peuple avec l'autorité que donnent les secours divins[34].

3) *Le discours pseudo-nysséen sur Ephrem* (PG 46, 820-849) s'apparente de très près à l'*Eloge de Basile*. Le héros, qui cependant resta diacre toute sa vie, est lui aussi présenté comme un "père" et un "maître" de doctrine (le "didascale": 828 D, 841 B, 844 D). Ici, l'éloge précède les comparaisons, selon l'ordre traditionnel: l'auteur énumère et commente 22 vertus, illustrées par des *synkriseis* avec 14 modèles bibliques! (les épisodes ne sont pas toujours les mêmes que dans l'*Eloge de Basile*). La *synkrisis* avec Moïse (ici aussi beaucoup plus longue que toutes les autres: 29 lignes au lieu de 4 ou 5) suit un schéma biographique complet, comme dans les deux discours sur Basile et sur le Thaumaturge. Ici aussi on retrouve la schématisation selon "les trois quarantaines" et des thèmes communs (par

exemple la double culture, en 840 AB; le refus d'un tombeau particulier, en 837 CD et 845 D). Comme dans l'*Eloge de Basile*, la méthode de comparaison est médiatisée par l'exégèse typologique; Ephrem est donné directement comme le sujet des verbes d'action que l'Ecriture emploie pour Moïse. La différence lexicale la plus considérable est qu'ici le héros défenseur de la vraie foi est explicitement présenté comme le tenant de "l'orthodoxie" contre les "hérétiques"[35]. On est frappé à la fois par la très grande ressemblance de ce discours avec ceux de Grégoire de Nysse[36] et par quelques divergences de détail qui en font probablement le texte d'un autre auteur. Par exemple, le sanctuaire décrit au Sinaï est le monde eschatologique (844 D)[37]; les eaux tirées de la pierre du désert sont les larmes tirées des coeurs (844 D)[38]; les cailles représentent l'envol de la pensée vers le ciel (845 A); Ephrem est appelé θεῖος ἀνήρ (840 A). Parmi les ressemblances je citerai l'emploi identique d'un mot, πολλάκις, pour dire que tel miracle accompli jadis une fois par un modèle biblique a été "souvent" réalisé, d'une autre façon, par le héros d'aujourd'hui: (845 B à propos du feu qu'Elie fait descendre du ciel; voir *infra*). Ce discours appartient sans nul doute au milieu cappadocien, peut-être plus près de Basile que de Grégoire de Nysse[39].

4) *Les discours de Grégoire de Nazianze*. Dans une bonne demi-douzaine de ses discours Grégoire de Nazianze utilise la typologie de Moïse figure de l'évêque pour faire l'éloge notamment de son père, ou de Grégoire de Nysse, ou de Basile. Lorsque Grégoire de Nysse utilise en 381 cette typologie, il ne l'invente donc pas, peut être s'en sépare-t-il sur quelque point. Une différence est en tout cas frappante: chez Grégoire de Nazianze, Moïse est presque toujours accompagné de son frère Aaron, toujours absent au contraire dans les *synkriseis* de Grégoire de Nysse. Grégoire de Nazianze se réfère explicitement aux deux versets bibliques qui associent les deux frères pour en distinguer les fonctions: *Exode* 4,16b ("Aaron ... sera ta bouche; tu seras pour lui ce qui est du côté de Dieu", τὰ πρὸς τὸν θεόν) et *Exode* 7,1 ("Je t'ai donné comme dieu de Pharaon et

Aaron ton frère sera ton prophète"), versets qui fondent la typologie ecclésiale des deux frères, déjà attestée au début du IIIème siècle dans la *Didascalie* (II
29-30), amplifiée dans les *Constitutions Apostoliques* à
la fin du IVème siècle: "Pour nous Moïse, c'est l'évêque; Aaron, c'est le diacre"[40]. Moïse et Aaron, - tous
deux rangés "parmi les prêtres" comme le disait le
Psaume 98,6, servent ensemble de modèles chez Grégoire
de Nazianze, même si parfois ils sont opposés l'un à
l'autre: Aaron a accepté de grand coeur la prêtrise,
tandis que Moïse avait montré une certaine résistance
(*Or.* 2,114, en 362, *Sur son ordination*); Moïse est entré dans la nuée, tandis qu'Aaron reste au dehors (*Or.*
32,16-17, *Sur la modération dans les discussions théologiques*, en 380)[41]. Ils sont tous les deux, ensemble,
le sujet des verbes rappelant la conduite du peuple
dans le désert, tous deux prêtres, comme Basile et son
frère Grégoire de Nysse (*Or.* 11,2, en 372); ils sont,
tous deux ensemble, le modèle dont Basile a été le μιμητής, à la fois législateur et prêtre (*Or.* 43,72,
Éloge de Basile, 382). Deux raisons expliquent peut-
être l'effacement de la figure d'Aaron dans les discours de Grégoire de Nysse sur des évêques. L'une est
que Grégoire ne veut certainement pas priver l'évêque
de la fonction de la parole réservée dans l'histoire
biblique à Aaron (et il ne saurait accepter ce que Grégoire de Nazianze suggérait de lui-même: qu'il aurait
été l'Aaron de son frère, et donc le prophète de Basile![42] L'autre est que la figure d'Aaron est à ses yeux
ambigüe: Aaron s'est compromis avec l'idolâtrie lors de
l'épisode du veau d'or. Lorsque Grégoire commentera les
mentions bibliques d'Aaron, dans sa *Vie de Moïse*, il
distinguera deux types de "frères": le bon, assimilé à
l'ange qui porte secours à Moïse (*Exode* 4,24) et le
mauvais: un de ces "frères" que l'Ecriture recommande
de tuer en nous (selon *Exode* 32,26-27). Alors qu'Aaron
était encore donné par Eusèbe de Césarée comme le modèle d'un évêque, en même temps que Melchisédech[43], toute
référence à son sacerdoce disparait dans les vies d'é-
vêques de Grégoire de Nysse. Moïse à lui seul représente à la fois celui qui ordonne les prêtres (l'évêques,
qui a le privilège de la χειροτονία) et le prêtre lui-

même. En effaçant la figure d'Aaron auxiliaire de Moïse, Grégoire de Nysse donne plus de force à celui qui est à la fois conducteur du peuple et prêtre.

5) *Les trois grands commentaires spirituels de la fin de la vie de Grégoire de Nysse: l'"épectase" de Moïse "contemplatif"*. La figure de Moïse, telle qu'elle est utilisée dans les *synkriseis* des deux discours sur Basile et sur Grégoire le Thaumaturge, semble propre à ces oeuvres là: elle n'apparaissait pas encore dans le traité *Sur la virginité*, en 371, lorsque Grégoire faisait le portrait de Basile évêque et maître spirituel (il est vrai que Basile était alors encore vivant, ce qui entraînait une certaine réserve)[44] et elle apparaîtra de façon assez différente dans les trois grands ouvrages de la fin de la vie de Grégoire, dans le traité *Sur les titres des Psaumes*, dans les discours *Sur le Cantique des cantiques*, et dans la *Vie de Moïse*. La vie du patriarche est désormais présentée, – comme celle de Paul, de David, et de l'Epouse du Cantique –, selon le schéma de l'ascension mystique, de ce que nous appelons "l'épectase": Moïse est le modèle du chrétien épris de perfection, qui tend vers Dieu en une progression qui ne prend jamais fin[45]. Le thème était absent des biographies des évêques. Dans ces trois derniers ouvrages, les rappels de la vie de Moïse ne se font plus selon la schématisation des trois quarantaines, propre à montrer la vie d'un érudit-moine-évêque. Les actes de sa vie sont au contraire "enchaînés" les uns aux autres dans une continuité progressive d'une vingtaine d'épisodes (l'ἀκολουθία spirituelle). Les hauts faits de Moïse sont récapitulés en une longue liste, chacun exprimé par un verbe, accompagné ou non d'un bref complément, montrant que le héros, qui a gravi tant et tant de degrés, est encore et toujours animé d'un plus grand désir d'aller plus loin: un désir jamais satisfait de voir Dieu[46]. On reconnaît sans doute dans ces pages des épisodes traditionnellement rapportés aux sacrements ainsi que les actes de Moïse qui préfigurent les fonctions de l'évêque (par exemple les victoires sur les ennemis et l'organisation du sacerdoce) mais les mêmes faits s'organisent selon une autre perspective: la

pointe de ces résumés biographiques vise désormais à présenter Moïse comme le contemplatif à jamais tendu son désir de "voir Dieu".

On peut à ce propos mentionner l'usage que fait alors Grégoire de Nysse, et qu'il ne faisait pas dans ses discours biographiques, du titre que Dieu attribua à Moïse, lui disant (*Exode* 7,1): "Je t'ai donné (comme) dieu de Pharaon". Ce titre était difficile à utiliser[47], bien que l'on voie les *Constitutions Apostoliques* dire qu'il fallait honorer l'évêque comme "dieu", puisque Moïse avait été appelé ainsi "en tant que roi et grand prêtre"[48]. Grégoire en fait maintenant usage, dans son discours 7 *Sur le Cantique*, à propos de l'éloge des yeux de l'épouse (*Cantique* 4,1), qui sont les yeux de l'Eglise. Il cite les patriarches qui ont été des "voyants", les "yeux" du peuple de Dieu: à côté de Samuel, d'Ezéchiel, de Michée (cité par erreur pour Amos), que l'Ecriture a nommés ὁ βλέπων, ὁ σκοπεῖν ... τεταγμένος, ὁ ὁρῶν, il range Moïse "le contemplatif" et pour cela appelé précisément "dieu", ὁ θεώμενος ὁ διὰ τοῦτο καὶ θεὸς ὠνομασμένος, le titre θεός étant rattaché par une prétendue étymologie à θεᾶσθαι[49]. Sans doute s'agit-il encore d'une fonction de l'évêque: les "yeux" de l'Eglise, dit Grégoire dans le même passage, semblables à ceux que jadis l'on appelait "des voyants"[50], ce sont "maintenant encore ceux qui prennent la place de ces personnages de jadis et reçoivent de façon appropriée le nom d'yeux pour le corps de l'Eglise"[51]. Les trois fonctions que Grégoire a définies plus haut pour les yeux (percevoir la lumière, discerner l'ami de l'ennemi, guider le chemin) sont bien celles des maîtres spirituels auxquels sont assimilés les évêques: n'être tourné que du côté de Dieu[52], distinguer l'erreur de la vérité, enseigner ce qu'il faut faire (p. 217,15-218,10). En évoquant la même étymologie, Grégoire dit par ailleurs que le titre θεός, alors même qu'il s'agit de Dieu, n'indique pas sa nature, qui est indicible, mais ce que nous concevons de lui en tant qu'il est ἔφορος καὶ ἐπόπτης καὶ διορατικὸς τῶν κεκρυμμένων[53]. Si Grégoire n'a pas utilisé ce titre de Moïse dans ses éloges d'évêques (alors qu'il aurait pu le faire puisque l'évêque est pour lui "l'oeil" de l'Eglise), peut-être est-ce à la fois parce qu'il a découvert tardivement la possibilité d'interpréter Θεός comme Θεώμενος et parce que l'évêque de 381 n'est pas pour lui de façon essentielle un contemplatif. C'est, nous l'avons vu, un lutteur, défenseur de la vraie foi.

6) *Les titres de Moïse dans la tradition alexandrine*. Si l'on remonte plus haut vers les sources alexandrines de la typologie de Moïse-évêque, on constate que plusieurs titres donnés à Moïse préparaient cette typologie. Philon avait groupé les traits de la figure de Moïse autour de quatre titres principaux, qui sont déjà une amplification des titres bibliques: Moïse est le conducteur du peuple, le législateur, le grand prêtre et le prophète.[54] Clément d'Alexandrie avait repris ces titres, auxquels il ajouta ceux de stratège, d'homme politique, de philosophe. Dans cette tradition, Moïse apparaît comme le chef parfait, selon l'idéal platonicien du philosophe roi[55]. On retrouvera les quatre titres donnés par Philon à Moïse dans la tradition ecclésiastique. Ainsi, dans les *Constitutions Apostoliques*, Moïse aux côtés de Jésus, avec Elie, lors de la Transfiguration, n'est pas seulement "le législateur", il est aussi: "le grand prêtre, le prophète, le roi"[56].

Eusèbe de Césarée donne sans doute le premier exemple important de l'identification d'un chef de l'Eglise à Moïse lorsqu'il compare la vie de Constantin à celle de Moïse: il ne se contente pas de mettre en parallèle la victoire de Constantin sur Maxence, au Pont Milvius, et la victoire de Moïse sur Pharaon, au passage de la Mer Rouge, – ce qui était peut-être un thème de la propagande impériale –, ni d'attribuer à Constantin vainqueur le titre de "libérateur", λυτρωτής, un des titres bibliques de Moïse[57]; il pratique une *synkrisis* avec plusieurs autres étapes de la vie de Moïse, et notamment souligne chez son héros comme chez Moïse la double formation reçue dans sa jeunesse[58].

Il est probable que d'autres textes intermédiaires ont enrichi la figure de Moïse, en lui attribuant d'autres titres encore. Ainsi, alors même que nous ne trouvons pas la figure de Moïse comme modèle du solitaire dans la *Vie d'Antoine* d'Athanase, une tradition d'origine monastique (syrienne?) accentue l'importance du séjour de Moïse au désert de Madiam et fait de lui le solitaire, l'ascète, le "visionnaire": il est probable que cette tradition, - qui complète heureusement chez les Cappadociens la préfiguration de l'évêque puisque celui-ci a généralement une expérience de moine -, a pris forme chez Basile de Césarée lui-même[59]. Désormais Moïse peut à lui seul donner le modèle de tous les traits de l'évêque idéal, y compris pour la fonction d'enseignement, même s'il ne semble pas recevoir lui-même le titre de "maître de la piété", διδάσκαλος εὐσεβείας[60]. Une même qualification globale est donnée par les prédicateurs cappadociens à Moïse et à l'évêque qu'ils célèbrent, l'appellation qui correspond au titre des rabbins: le grand, le maître, ὁ μέγας, ὁ πολύς[61].

Les actes de Moïse et les fonctions de Basile-évêque

Revenons à l'*Eloge de Basile* de Grégoire de Nysse: par rapport au dossier traditionnel que je viens d'évoquer, Grégoire de Nysse propose-t-il des traits nouveaux, qui seraient significatifs de l'idéologie épiscopale chez les Cappadociens en ces années là? Au moment des graves conflits doctrinaux qui ont marqué la vie de Basile et qui continuent d'empoisonner la vie ecclésiastique des Orientaux, à l'approche du Concile de Constantinople où l'on devra encore débattre de la formule trinitaire, en présence aussi des positions des "pneumatomaques", l'*Eloge de Basile* dresse-t-il une figure originale de l'évêque? Après avoir présenté Basile comme "le pasteur et le didascale", Grégoire a procédé à une amplification oratoire de ces titres par de belles périphrases: le héros de la panégyrie est appelé "l'authentique chantre de l'Esprit, le vaillant soldat du Christ, le sonore proclamateur de la proclamation salvatrice, le combattant qui prenait la première place de l'audace pour défendre le Christ" (789 C 11 - D 3)[62]. Les appellations guerrières dominent, comme il est traditionnel dans les éloges de martyrs: l'évêque est célébré comme un martyr. D'autre part l'enseignement porte à la fois sur le simple kérygme et sur la doctrine de l'Esprit: peut on trouver là un indice, bien ténu, du rôle spécifique de Basile dans les conflits doctrinaux? Ce rôle est-il illustré dans la *synkrisis* avec Moïse?

Je reprends maintenant la partie de cette *synkrisis* qui concerne la troisième phase des vies de Moïse et de Basile: celle qui fit de Moïse le conducteur et le sauveur du peuple, et que reproduit Basile "par son sacerdoce" (809 C 7 - 812 D 9: 72 lignes, contre 47 lignes pour les deux premières phases). Les épisodes cités ne sont pas traités de façon égale. Viennent d'abord cinq verbes rappelant les actions de Moïse pour la traversée de la Mer Rouge et la survie du peuple dans le désert: ces actions sont attribuées directement à Basile, sur arrière-fond de l'exégèse typologique familière aux chrétiens, selon la première *Epitre aux Corinthiens*, chapitre 10: Basile "fait passer par l'eau" (il s'agit évidemment du baptême); "par sa parole il tient comme un flambeau la colonne de feu" (sa prédication éclaire); il sauve "par la nuée de l'Esprit"; il nourrit de la nourriture céleste (l'Eucharistie); il abreuve par l'eau tirée de la pierre (je reviendra plus loin sur cette image). La séquence est-elle exactement sacramentelle? Je ne saurais l'affirmer. Elle semble bien reprendre la séquence du *Psaume* 77,13-16, auquel elle emprunte en tout cas l'image des eaux abondantes comme les abîmes de la mer; et ce psaume appartenait à la liturgie des sacrements[63]. Vient ensuite un très long développement sur la skéné dont Moïse reçut le modèle sur le Sinaï et que Basile réalise concrètement pour les pauvres (809 D 8-12) mais surtout qu'il construisit allégoriquement, "par sa parole" (812 A 1), dans les âmes des chrétiens. L'allégorie est riche en détails qui peuvent venir de la tradition d'Origène[64] ou sont propres à Grégoire. Ainsi l'interprétation du "coffre" (κιβωτός): le coeur de chacun, dit Grégoire, peut être le réceptacle des tables de la Loi, du bâton du sacerdoce et de la réserve de manne[65]. Cette allégorie plaît à Grégoire au point qu'on la retrouvera, en termes semblables, dans l'Epitaphios de Mélèce[66]. Grégoire consacre encore quelques phrases à l'interprétation "tropologique" du vêtement sacerdotal, évoquant sans doute le fait que Basile comment évêque eut la fonction non pas seulement de revêtir lui-même les ornements sacerdotaux

mais d'en revêtir les autres (812 B 11 - C 4). Enfin
sont cités les deux épisodes sur lesquels culminent les
vies de Moïse et de Basile: l'entrée dans la nuée et
les combats victorieux sur les ennemis[67]: l'entrée dans
la nuée de Basile fut pour lui la "mystagogie de l'Esprit", la révélation "du logos sur Dieu" (812 C 5-8).
Les victoires sur les ennemis, obtenues "par la prière"
(812 C 10 et D 1), furent celles du "logos véritable"
contre l'enseignement des démons. Ainsi est encore soulignée la fonction d'enseignement de l'orthodoxie, dé-
volue à l'évêque par don divin.

Cette comparaison établie entre la conduite du peuple hébreu par Moïse et la conduite du peuple chrétien
par Basile-évêque met en valeur les traits suivants:
l'épiscopat de Basile est avant tout consacré à l'enseignement de la "vraie" foi; l'illumination et les miracles y jouent un rôle pour confirmer son autorité face aux ennemis et lui donner l'"audace de parole" (la
παρρησία). Nous confirmerons l'importance de ces traits
en relevant quelques exégèses particulières, peut-être
originales.

L'évêque et la défense de la "vraie" doctrine. Dès
la première présentation de Basile comme "pasteur et
didascale", Grégoire a étroitement associé dans l'*Eloge*
"la vie et la parole" de son héros (789 B 7). Le mot
λόγος revient à la fois pour évoquer l'enseignement de
Basile ("par sa parole" Basile tenait le flambeau qui
conduisait le peuple, 809 C 12; "par sa parole" il fit
en sorte qu'un tabernacle fût construit en l'âme de chacun, 812 A 1; etc. ...) et pour nommer "la doctrine de
la foi", ὁ λόγος τῆς πίστεως (796 D 7 et 805 C 2) dont
Basile après ses prédécesseurs fut l'ardent défenseur.
A la différence de l'*Eloge de Ephrem* qui oppose explicitement "l'orthodoxie" à l'"hérésie" (voir *supra*), notre discours n'emploie que des termes discrets. La notion de "vérité" opposée à l'erreur est cependant sous-
jacente, comme on le voit par exemple lorsque Grégoire
évoque l'abandon "de la doctrine véritable" (ἀληθινὸς
λόγος) par les chrétiens contemporains de Basile, trop
facilement séduits par l'enseignement des ariens (812 C
12-13), ou lorsqu'il présente la faute des Empereurs,

analogue à celle d'Hérode, comme "une violence faite à la foi", παρανομία τῆς πίστεως (804 B 4).

Basile, "vase de la vérité". Un titre mérite à ce propos de retenir l'attention. Lorsque Grégoire fait surgir dans l'histoire du salut "l'homme de Dieu de notre génération", Basile, il lui donne aussitôt emphatiquement le titre de "grand vase de la vérité", τὸ μέγα σκεῦος τῆς ἀληθείας (796 A 3-4). L'expression est analogue au titre de Saint Paul déjà attribué à Basile au début du discours, "vase de l'élection", τὸ σκεῦος τῆς ἐκλογῆς (*Actes* 9,15: 789 B 6). Dans ces expressions le génitif indique pour Grégoire de Nysse non pas la qualité de l'objet ("vase élu", "vase véritable") mais ce que le vase tient en lui: Basile tient en lui la vérité[68]. Ce titre souligne de façon remarquable la fonction de l'évêque garant de l'orthodoxie. Basile a reçu en lui "la doctrine sur Dieu" (que les autres ne pouvaient recevoir) par la grâce de la "mystagogie de l'Esprit", analogue à l'entrée de Moïse dans la nuée du Sinaï (812 C 3-8).

Basile, la "pierre" dont la "bouche" est ouverte par "le signe de la croix". Une exégèse originale souligne le caractère miraculeux de la parole de Basile. Dans l'énoncé des actes de l'évêque qui reproduisent ceux de Moïse conducteur du peuple hébreu, la séquence sacramentelle traditionnelle fait venir, après le baptème, l'eucharistie préfigurée par la manne céleste et l'eau tirée du rocher (*Exode* 17,5-6). Cette tradition s'appuie sur l'exégèse donnée par Saint Paul, en 1 *Cor.* 10,4: "... et ce rocher, c'était le Christ"[69]. On a la surprise, ici, de voir une autre interprétation: Basile, est-il dit, ἐμιμεῖτο τὴν πέτραν, imitait (reproduisait) la pierre (il convient de traduire πέτρα par pierre, comme on va le voir), cette pierre dont "l'eau a eu un débouché par le bâton, c'est-a-dire dont la bouche fut touchée par le signe de la croix", ᾗ ποτε τῷ ξύλῳ ἀνεστομώθη τὸ ὕδωρ τουτέστιν ᾗ ποτε ὁ τοῦ σταυροῦ τύπος τοῦ στόματος ἔθιγεν[70] et Basile "abreuvait ceux qui avaient soif de cette eau-là, imitant les abîmes par l'abondance de son flot". L'eau est évidemment l'image biblique traditionnelle qui désigne la parole, l'éloquence. Mais l'élément important de cette phrase

est le jeu entre ἀναστομοῦν et στόμα. La "bouche", -
qui est l'ouverture d'une source, d'un puits, de la
"pierre" devenue fontaine -, n'est-elle pas aussi la
bouche du prédicateur? La "pierre" du désert frappée
par le bâton de Moïse, n'est-ce pas ici Basile dont la
bouche est touchée par le signe de la croix? Retrouve-
t-on l'antique tradition chrétienne, issue du mot de
Jésus en *Matthieu* 16,18, faisant de πέτρα le nom de
l'apôtre Pierre, Πέτρος, premier évêque, et de tout
évêque à sa suite? Cette "pierre" eut besoin pour être
"ouverte" d'être "touchée" par "le bâton" de Moïse, et
ῥάβδος est remplacé par ξύλον pour évoquer le "bois" de
la croix. A quoi ce geste fait-il allusion? Un autre
texte de Grégoire de Nysse utilise l'image de la pierre
frappée par le bâton de façon analogue. Dans le 12ème
discours *Sur le Cantique*, Grégoire compare toute âme
parfaite à l'épouse qui "reçoit sur elle le bâton qui
frappe (cf. *Cantique* 5,7) et reproduit la pierre dont
le prophète a dit: il a frappé la pierre et les eaux
ont ruisselé" (*Ps.* 77,20), δέχεται ἐφ᾽ ἑαυτῆς τὴν πα-
τάσσουσαν ῥάβδον, μιμεῖται τὴν πέτραν περὶ ἧς κτλ.[71].
D'autre part dans la *Lettre* 17, sur le choix d'un bon
évêque, Grégoire, assimilant l'évêque-didascale au
"jardin fermé" et à la "source scellée" du *Cantique des
Cantiques*(4,12), affirme que la grâce se répandra dans
toute l'Eglise lorsque, "par la consécration (ce jardin
s'ouvre et) l'eau de la source a un débouché", διὰ τῆς
χειροτονίας ... ἀναστομωθέντος τοῦ τῆς πηγῆς ὕδατος[72].
Le rapprochement de ces trois textes permet peut-être
de voir dans "le bâton qui frappe" la "pierre" pour en
faire une source d'eau le signe de la croix qui touche
la bouche de l'homme consacré comme évêque. Ce geste
rituel ne semble pas attesté par ailleurs. Le seul rite
bien attesté de la χειροτονία est l'imposition des
mains, quelques textes du pseudo-Denys faisant toute-
fois allusion à une onction en forme de croix, σταυρο-
ειδὴς σφραγίς, sur la tête ou le front de celui que
l'on ordonne par l'imposition de la main[73]. Le signe de
la croix sur la bouche n'évoquerait-il pas simplement
le geste de piété qui précède la lecture sainte, la
prédication ou une discussion théologique[74]? Cependant
un texte de Jean Chrysostome associe lui aussi le signe

de la croix à la χειροτονία: "apprends la force de la croix", dit l'orateur; "par elle tout s'accomplit (τελεῖται); le baptême, par la croix, car il faut recevoir le sceau; la consécration, par la croix, χειροτονία διὰ τοῦ σταυροῦ; que nous soyons en route ou chez nous ... la croix est une arme salutaire, etc. ..."[75].

Basile, assimilé à la "pierre" devenue source est l'homme consacré, le prédicateur dont la bouche "s'ouvre" pour l'enseignement. Cette interprétation rare (unique?) d'*Exode* 17 convient bien au portrait de l'évêque défenseur de la foi, que "le signe de la croix" sur sa bouche soit un geste rituel de sa consécration, ou qu'il soit son propre geste de piété au moment où il va enseigner[76].

L'illumination et la mystagogie de Basile. Deux épisodes de la vie de Moïse ont leur équivalent dans la vie de Basile, qui sont deux scènes d'illumination: l'illumination de Moïse par la lumière du Buisson ardent (κατελάμφθη τῷ φωτί, cf. *Exode* 3,2 ἐν φλογὶ πυρός) est reproduite dans la vie de Basile par la venue miraculeuse d'un éclat de lumière (φωτὸς ἔλλαμψις) alors qu'il priait de nuit et que rien de matériel n'était allumé (809 C 1-7); l'entrée de Moïse dans la ténèbre du Sinaï (*Exode* 19,16s.) a pour équivalent les "fréquentes" (πολλάκις) entrées de Basile dans la "nuée" où il recevait par "la mystagogie de l'Esprit" la révélation de la doctrine sur Dieu que les autres ignoraient (812 C 3-8). Le premier épisode est traditionnellement cité comme une préfiguration du baptême en tant que celui-ci a pour effet le φωτισμός: Grégoire lui-même, dans les récapitulations des actes de Moïse de ses derniers ouvrages, ne manque jamais de préciser que Moïse dut alors "enlever ses chaussures" (*Exode* 3,5), ce qui est un geste rituel du baptême pour signifier le dépouillement du vieil homme[77]. Rien de tel n'est précisé ici: Grégoire emploie le mot ὀπτασία (809 C 2), et non φωτισμός, et il établit un simple parallèle, sans interprétation sacramentelle. Il ne donne pas davantage de valeur sacramentelle à l'entrée dans la ténèbre, ni à la "mystagogie de l'Esprit"[78]. Les deux scènes d'illumination et de mystagogie sont d'ailleurs parfois confondues lorsque Grégoire résume à grands traits la vie de Moïse. L'essentiel est qu'elles se trouvent au début de la vie d'action. Ainsi dans l'*Eloge d'Etienne*, lorsque Grégoire récrit le discours d'Etienne sur Moïse rapporté en *Actes* 7, la transition entre la formation de Moïse (trois verbes au passif: τικτόμενος, ἀνατρεφόμενος, παιδευόμενος) et sa vie d'action (trois verbes à l'actif: "il châtie l'Egypte, sauve Israël, annonce le mystère du Christ") est-elle marquée par une "mystagogie sur la montagne" (ἐπὶ τοῦ ὄρους μυσταγωγούμενος): ce qui, en toute rigueur, ne peut être que l'épisode du Buisson ardent précédant les fléaux infligés aux Egyptiens est nommé ici comme ailleurs la mystagogie du Sinaï[79].

Les miracles de l'évêque consacré. Son audace. Son martyre. L'évêque consacré et illuminé voit sa vie occupée par les combats pour défendre "la vraie doctrine": Grégoire de Nysse présentait pareillement la vie du Thaumaturge comme une longue succession de luttes venant après l'ascèse et l'illumination (913 BC). Ces combats, dans la vie des évêques, sont accompagnés de miracles. Il y en a peu dans la vie de Basile mais, outre le miracle de la venue inexplicable de la lumiere (809 C), Grégoire cite cependant les gestes de prières qui suffisent à triompher des ennemis (812 C 10 et D 1)[80]. D'une façon plus constante, il montre que ce qui fut miracle exceptionnel dans la vie des modèles est reproduit dans la vie de Basile par sa pratique quotidienne: si Moïse fut une fois miraculeusement vainqueur des Amalécites, c'est "souvent" que Basile triompha par la prière des ennemis de l'Eglise (812 C 8s.), de même qu'il entrait "souvent" dans la ténèbre (812 C 8), ou qu'il remplaçait le jeûne exceptionnel d'Elie par une restriction continue de nourriture[81]. Grégoire donne par ailleurs sa conception de la puissance miraculeuse de l'évêque consacré: l'homme qui devient prêtre par la bénédiction, (dit-il dans le discours *In diem luminum* sur le baptême du Christ) peut être assimilé aux matériaux cultuels qui, - comme l'eau du baptême, ou l'huile, ou le pain, - sont transformés par "la sanctification venant du Saint-Esprit": après les paroles de l'εὐλογία cet homme devient "conducteur, président, maître de piété, mystagogue des mystères cachés". On reconnaît les titres de l'évêque comparé à Moïse: καθηγεμών, πρόεδρος, διδάσκαλος εὐσεβείας, μυστηρίων λανθανόντων μυσταγωγός. Cet homme désormais est capable de miracles, comme le furent le bâton de Moïse ou le manteau d'Elie[82].

Basile "combattant ambidextre" (789 BC), "soldat du Christ", "lutteur" (789 D 2-3), est comparé pour son courage d'autres modèles que Moïse, puisque les épisodes guerriers de Moïse, sont, à la fin de la *synkrisis*, traités par prétérition (812 D 3-4): Basile est comparé à Paul (crucifié au monde, mourant chaque jour, 801 A); aux martyrs, dont il a la douleur de ne pouvoir reproduire "souvent" les luttes en faveur de la vérité (797 A 12-15); à Jean-Baptiste, car il affronte les puissants avec la même παρρησία que celui-ci[83]; enfin à Elie et à Samuel.

Les actes cultuels de Basile-évêque. Le sacrifice d'Elie au Mont Carmel et la formule trinitaire. Pour ces deux derniers modèles, Elie et Samuel, la victoire sur les ennemis fut obtenue par des actes cultuels. Samuel triomphe des Philistins par des "sacrifices de paix" (cf. 1 *Règnes* 7,9), et Basile l'imita en cela: "l'un et l'autre", dit Grégoire, "offrirent à Dieu des sacrifices pacifiques, faisant le culte pour la destruction des ennemis", Basile pour la destruction des hérésies (ἐπὶ τῇ καταλύσει τῶν αἱρέσεων), Samuel pour celle des Allophyles (les Philistins) (808 C 11-14). Rien de plus précis n'est malheureusement dit sur cette forme de culte[84]. Plus riche d'enseignement est la comparaison entre la ἱερουργία de Basile et celle d'Elie au Mont Carmel.

La figure d'Elie joue dans l'*Eloge de Basile* un rôle presque aussi important que celle de Moïse. Comme Moïse, Elie donne le modèle de deux des formes de vie du moine-évêque: la vie ascétique solitaire, le combat pour triompher de l'idolâtrie. Figure sans nul doute héritée de la tradition monastique pour les leçons d'ascétisme[85], Elie est cité ici comme exemple du "zèle pour la foi"[86]. Il intervient trois fois dans ce discours: 1. Dans la liste des "médecins" envoyés pour triompher d'une maladie du temps, il est celui qui triompha de l'idolâtrie pratiquée par Achaab, et cela "par le feu divin venu περὶ τὴν ἱερουργίαν" (793 AB). 2. La venue de Basile est comparée à celle d'Elie "parce que Basile (comme Elie) reprit en mains le sacerdoce quelque peu déchu" et "ralluma le logos de la foi comme un flambeau qui était défaillant" (796 D), λύχνον ἐκλελοιπότα ... ἀναλάμψαι πάλιν. 3. Enfin dans la *synkrisis* proprement dite, après les traits de la vie ascétique communs à Elie et à Basile, vient la comparaison concernant le sacerdoce, ἱερωσύνη (805 C): "le sacerdoce de notre didascale reproduit ce qui était chez le prophète les énigmes du sacerdoce: parce qu'il a 'triplé', dans le logos de la foi, il (littéralement: le sacerdoce) a attiré le feu céleste sur les ἱερουργίαι; or 'le feu', nous savons que c'est le nom qu'emploie le plus souvent l'Ecriture pour nommer la puissance du Saint-Esprit" (905 C 1-6).

Ces trois mentions du rituel d'Elie au cours du discours ont en commun d'évoquer "le feu" (c'est à dire pour Grégoire le Saint-Esprit), deux fois associé précisément à un acte cultuel (ἱερουργία), deux fois aussi au "logos de la foi". L'idée commune est que ce "logos", représenté aussi par le sacerdoce qui aurait dû le soutenir, était défaillant (πεπτωκυίας, ἐκλελοιπότα, 796 D 6-7): Basile, comme jadis Elie, est venu "le rallumer", ἀναλάμψαι πάλιν (796 D 8). En quoi la pratique cultuelle de Basile réalise-t-elle le miracle du prophète Elie? On se rappelle le rituel du sacrifice d'Elie au Mont Carmel (3 *Règnes* 18,34): il fit verser trois fois (τρισσώσατε) de l'eau sur l'autel du sacrifice si bien que la venue du feu qui consomma les victimes apparût encore plus miraculeuse, par le paradoxe du feu absorbant toute l'eau (v. 38). L'épisode est souvent cité par les Pères comme exemple du feu divin capable de châtier et de détruire les ennemis comme il le fit alors des prêtres de Baal (en fait les prêtres de Baal furent égorgés par Elie: v.40). Dans notre discours la première des trois mentions d'Elie évoque elle aussi cet effet destructeur du feu: "par le feu divin venu sur son sacrifice, Elie guérit la maladie de l'i-

dolâtrie" (793 B 6). La seconde allusion fait référence
au sacerdoce "déchu" (les Israélites devenus prophètes
de Baal) et au feu qui s'allume lorsqu'Elie officie,
alors qu'il ne consume pas les victimes offertes par
les prophètes de Baal: le feu d'Elie est ici transposé
au "logos de la foi" que "la grâce qui est en Basile
fait briller de nouveau" (796 D 4-8). On doit voir là
une allusion à la formule trinitaire ("le logos de la
foi") remise en honneur dans sa forme orthodoxe (celle
de Nicée!) alors que de mauvais prêtres (les ariens!)
l'ont abandonnée. Lorsqu'une troisième fois Grégoire
évoque le sacrifice du mont Carmel, dans le texte cité
ci-dessus, le verbe τρισσοῦν est certainement employé
pour évoquer le formule trinitaire: on peut comprendre
que Basile a "triplé" la formule de foi en exigeant que
Père, Fils et Saint-Esprit soient nommés à égalité (la
version latine de la Patrologie Grecque n'hésite pas à
traduire: *per hoc quod tres personas in ratione fidei
tradit!*). Que veut dire alors: faire descendre ie feu
sur les ἱερουργίαι, c'est-à-dire obtenir par la formule
trinitaire la venue du Saint-Esprit sur les ἱερουργίαι?
S'agit-il de l'épiclèse eucharistique? On ne peut l'affirmer[87]. Que le verbe τρισσοῦν évoque la triple mention divine dans la formule de foi est attestée par Basile lui-même à propos du baptême. Il écrivait dans son
Homélie 13, Sur le baptême, au § 3, en donnant le sacrifice d'Elie comme une des préfigurations vétérotestamentaires du baptême: "Elie montra la force du baptême (...) en brûlant l'offrande non par le feu mais par
l'eau (...). Lorsque l'eau fut versée trois fois ...
le feu s'alluma (...). Le récit montre, que, par le
baptême (...), le feu pur et céleste s'allume dans les
âmes de ceux qui s'approchent, grâce à leur foi dans la
Trinité" (115 E). Le "triplement" est celui de la formule baptismale, "au nom du Père, du Fils, de l'Esprit". Le traité de Basile sur le Saint-Esprit mentionne lui aussi un triplement, celui de l'immersion
dans l'eau[88]. C'est en ce même sens que Grégoire de
Nysse utilise une autre fois le symbolisme du rituel
d'Elie dans son sermon *In diem luminum* sur le baptême
du Christ: le rituel miraculeux d'Elie (sa θαυμαστὴ
ἱερουργία) montre le rôle de l'eau dans le baptême,

comme le montrent aussi la traversée de la Mer Rouge et
celle du Jourdain; ici "le feu s'allume à partir de
l'eau versée trois fois" (ὕδατι ἀνήφθη τὸ πῦρ τρίτον
ἐπαντληθέντι); "là où est l'eau mystique, là se trouve
aussi l'Esprit vivifiant, sous forme du feu, celui qui
brûle les impies et illumine les croyants"[89]. La caractéristique cultuelle de Basile évêque est donc l'usage
de la formule trinitaire orthodoxe pour le baptême, et
sans doute aussi pour l'épiclèse eucharistique. Sa formule "triple" a renouvelé le miracle d'Elie: elle a
triomphé de l'arianisme en redressant le sacerdoce déchu. Le Saint-Esprit "vient" (sur le baptisé, sur le
sacrifice eucharistique) seulement si l'évêque emploi
la formule correcte, parfaitement triple. Basile a été
appelé, dès le début du discours, "le chantre de l'Esprit (789 C 11), celui qui enseigne l'Esprit[90]: on
pourrait voir là une indication extrêmement ténue du
rôle de Basile contre les pneumatomaques. L'*Eloge*, cependant, reste très pauvre en indications théologiques
précises.

*La victoire de l'"homme de Dieu" sur les ennemis. Le
pouvoir de l'évêque sur les démons.*

Basile est donc arrivé dans le cours du temps, dans
l'histoire providentielle du salut, "proclamé" par Dieu
pour être "l'homme de Dieu" de la génération actuelle
(796 A). Nul dans l'auditoire (dit Grégoire de Nysse)
ne contestera que l'on puisse le compter au nombre de
ces fameux saints du temps passé. Nul n'ignore "le but
de la proclamation de notre didascale en ce temps ci",
... τὸν σκοπὸν τῆς κατὰ τὸν χρόνον τοῦτον τοῦ διδασκά-
λου ἡμῶν ἀναδείξεως (*ibid*). Le moment historique de
l'ἀνάδειξις de Basile est celui des polémiques contre
l'arianisme. Grégoire décrit longuement la montée de
cette maladie de l'humanité, suscitée elle aussi comme
les précédentes par le diable, elle aussi forme d'idolâtrie, puisqu'elle honore comme "dieu" le Fils consi-
déré comme une "créature" (ποίημα: 796 B 1 - D 3). Le
diable apostat a trouvé les hommes qui convenaient pour
répandre cette maladie: Grégoire cite, sans aucun commentaire, quatre noms propres (Arius, Aèce, Eunome,

Eudoxe: 796 C 9) et souligne que la maladie attaqua d'autant plus facilement le Christianisme qu'elle reçut le soutien des Empereurs (796 C 12 - D 3). Rien de plus précis n'est dit de l'hérésie arienne, cette "violence faite à la foi" (804 B 4) ni des actions polémiques de Basile. Grégoire montre seulement de façon emphatique la venue providentielle de Basile, à ce moment là: "alors le grand Basile fut proclamé par Dieu ..." (796 D 3s.).

Grégoire aurait pu parler des luttes de Basile contre les ennemis de la foi lorsqu'il arrive, dans la *synkrisis*, aux derniers épisodes de la vie de Moïse, qui sont des épisodes de victoires. Il n'en fait rien. Bien mieux, ce qu'il développe alors est, d'une façon plus générale, le pouvoir qu'eut Basile, par sa prière et par sa foi, de dominer les puissances démoniaques et il commente plus précisément, non pas la victoire sur les Amalécites, mais le retournement miraculeux qui transforma les malédictions de Balaam en bénédictions (812 CD)[91]: cela eut pour équivalent dans la vie de Basile les "nombreux" complots magiques qu'il sut réduire à néant. Sans doute l'orateur veut-il évoquer pour son public des événements, - bien connus, dit-il -, où l'on vit Basile empêcher l'effet de philtres et de sorcelleries au cours de méchants complots dont les victimes ne sont pas nommées; mais la pointe de la comparaison avec l'épisode de Balaam vise surtout à suggérer qu'une force divine, à travers l'évêque, rendait "inefficace" (ἀνενέργητον, ἄπρακτον) l'oeuvre des démons parlant par "la bouche" des adversaires. Cela donne un caractère charismatique à l'action épiscopale. On dépasse la simple polémique doctrinale, par voie d'écrits, pour entrer dans le domaine des grâces divines fondement de l'autorité dans l'Eglise. D'autre part l'épisode de Balaam, puisque celui-ci se mit à bénir au lieu de maudire, permet d'illustrer ce que Grégoire avait affirmé d'emblée pour les combats de Basile: leur résultat fut non pas de détruire les adversaires mais de les convertir, d'en faire des défenseurs de la vérité (789 C 6-9).

La confrontation de notre discours avec d'autres ouvrages de Grégoire montre que le modèle de Moïse au-

rait pu illustrer une autre fonction épiscopale dont
rien n'est dit ici: la fonction de réprimande. Dans le
discours *Adversus eos qui castigationes aegre ferunt*,
de peu postérieur à l'*Eloge de Basile* semble-t-il[92],
Grégoire rappelle que le pouvoir de lier et de délier
fut accordé à Pierre, selon *Matthieu* 16,19. Et, comme
dans notre discours, ce n'est pourtant pas l'exemple de
Pierre qui est ensuite développé mais ceux, encore une
fois, de Paul et surtout de Moïse: comme ces héros, les
évêques exercent le pouvoir de réprimande au risque de
se faire détester par les fidèles, car ceux-ci suppor-
tent mal ce qu'ils appellent "l'arrogance épiscopale",
l'ἐπισκοπικὴ αὐθάδεια[93]. Ainsi Moïse: alors qu'il était
bon "pasteur" du peuple, chef plein de douceur, ("nour-
rissier, stratège, prêtre, père, sauveur", etc. ...),
son autorité fut mal tolérée par le peuple, y compris
ses frères, Myriam et Aaron; il fut en butte à la re-
bellion, à la violence, aux "murmures", aux insultes et
l'on essaya même de l'évincer du sacerdoce[94]. De même
en est-il pour tout conducteur du peuple de Dieu,
c'est-à-dire pour tout évêque. L'évocation des "complots" démoniaques dont nous venons de parler et que
Basile sut déjouer (812 D) ferait-elle allusion à des
réactions violentes provoquées par l'autorité sévère de
Basile? Notre discours n'évoque que d'un mot, à propos
de Saint Paul, la parole "didactique" qui est chargée
de "purifier" la conduite fautive des fidèles (800 A
1). Mais ailleurs ce sont bien les mots de l'"enseignement" (διδασκαλία, διδασκαλικὸς λόγος)[95] qui expriment
la fonction de réprimande: en tant que διδάσκαλος l'é-
vêque n'est pas seulement celui qui enseigne l'orthodoxie en matière de doctrines; il a également le pouvoir de sanction. Cette fonction n'est pas au premier
plan de notre discours. Si l'on peut trouver dans l'allégorie du sanctuaire une allusion rapide et évasive au
sacrement de pénitence (les "bassins" de purification
signifient que l'on peut laver les souillures de l'âme
par les larmes: 812 A 4-6), l'image que Grégoire veut
donner de Basile-évêque ne comporte pas des traits de
sévérité.

Au terme de ces analyses les conclusions ne peuvent

être que mesurées et prudentes. Le genre littéraire de l'éloge exigeait l'effacement des signes trop techniques et nous prive par conséquent de tout renseignement précis sur les institutions et même les doctrines ecclésiastiques. Ce que nous apprenons sur les fonctions épiscopales de Basile reste assez vague. Cependant, d'une certaine façon, ce discours révèle les traits de l'évêque tels du moins que Grégoire veut les imposer à l'imagination de son auditoire. La manière dont l'orateur procède à la *synkrisis* avec Moïse révèle ses intentions: il a sélectionné et réinterprété certains épisodes utiles à son projet; il en a amalgamé, ou modifié, ou souligné, certains détails; il en a éliminé des personnages secondaires pour attribuer au héros principal, - Moïse modèle de l'évêque -, des actes qui, à strictement parler, n'avaient pas été historiquement les siens. Enfin il n'a pas dit de Moïse ce qu'il en dira plus tard: que Moïse est le type du spirituel "tendu" en avant vers la vision de Dieu. Par tous ces choix, il a présenté la vie de Moïse comme celle d'un conducteur de peuple, d'un chef charismatique. Sa lecture sélective et interprétative des récits bibliques concernant Moïse nous a donné des signes de sa volonté d'enseignement.

Or c'est bien cela, justement, qui est pour nous la donnée "historique" du discours: la volonté qu'éprouve l'orateur, en cette année là, 381, d'enseigner telle conception des fonctions épiscopales. Pour donner un exemple, je serais tentée de retenir comme un signe de sa volonté d'enseignement l'interprétation d'un épisode biblique qui m'a semblé la plus originale, celle de la pierre dans le désert: l'évêque n'est pas ici comparé à Moïse qui frappe la pierre mais à la pierre elle-même; "touchée" par le bâton, elle devient source d'eaux abondantes pour le peuple; l'évêque, "touché" par la croix, est transformé sacramentellement et devient source de doctrine pour l'Eglise. L'autorité épiscopale est d'origine divine.

La volonté de Grégoire est en effet d'établir l'origine divine des fonctions épiscopales. Le but de l'exposé liminaire était de situer la "proclamation" de l'évêque dans la théologie des missions divines: l'évêque est, pour sa génération, l'homme choisi par Dieu pour transmettre les grâces nécessaires au salut. C'est Dieu, - et non l'assemblée des fidèles! -, qui le "proclame", ayant fait de lui "le vase de l'élection". La formation préparatoire de l'évêque, obtenue par une série de faveurs divines (naissance, éducation, visions), l'a rendu tel qu'il est visiblement aux yeux de tous "l'homme de Dieu". Il jouit de cette εὐδοκίμησις (797 C 1): il a la "grâce" qu'ont tous les envoyés divins (796 A 1-3), une "grâce" qui est d'abord celle de sa perfection personnelle (796 A 7s.) mais qui, présente en lui (796 D 7-8), fait aussi briller au loin la lumière de la doctrine. Il est le phare de l'Eglise, la voix puissante qui atteint les hommes les plus éloignés (796 D 9 - 797 A 2).

Cette conception de l'autorité épiscopale répond aux nécessités des circonstances historiques que nous connaissons, justement, par la correspondance de Basile lui-même. Le discours de Grégoire me paraît se situer au mieux dans la tradition directe de son frère: il en reproduit les idées, il en est largement dépendant. Je ne vois guère de thèmes de son discours que je ne puisse illustrer par des passages de l'oeuvre de Basile. L'époque est celle des troubles et des désunions à l'intérieur des Eglises, comme l'atteste la correspondance des évêques entre eux. La foi orthodoxe de Nicée a encore besoin d'être défendue. Les Empereurs ont soutenu les évêques ariens. Basile a dû s'affronter à Valens. Il a écrit contre Eunome. Il a formulé une théologie du baptême et du Saint-Esprit en soutenant contre les adversaires l'emploi liturgique de la formule trinitaire parfaite. Toute son activité épiscopale s'est déroulée au milieu des polémiques et souvent dans l'hostilité. Il n'est pas étonnant que vienne dans l'*Eloge* l'idée que la vie de l'évêque est l'équivalent "quotidien" de la mort des martyrs. L'évêque est un "martyr" de la foi. Basile a lui-même parlé dans ses lettres des "guerres" et des "tempêtes" des Eglises. Il a justifié son rôle dans ce contexte difficile: "la nuée des ennemis ne nous a pas effrayés, au contraire, car nous avons proclamé en toute assurance (παρρησία!) la vérité, fondant notre espérance sur le secours de l'Es-

prit"[96]. Il a lui-même posé l'affirmation qui donne le
thème du Prologue de Grégoire de Nysse, écrivant dans
une lettre à Amphiloque, évêque d'Iconion: "Béni soit
Dieu qui choisit dans chaque génération ceux qui lui
plaisent, qui distingue les 'vases d'élection' et qui
s'en sert pour le ministère des choses saintes"[97].
C'est lui encore qui rapportait la tradition selon laquelle on donnaît à l'illustre Grégoire le Thaumaturge
le titre de "second Moïse", parce que ce héros de la
foi avait été doué du pouvoir sur les démons, qu'il
avait reçu les charismes de l'Esprit, qu'il avait été
riche en signes et prodiges, qu'il avait été le flambeau de l'Eglise[98].

La situation des Eglises, en 381, juste avant le
Concile de Constantinople, ne s'était pas améliorée.
Grégoire répète ce qui est la pensée commune des évêques "orthodoxes": qu'il faut retrouver l'union de
tous. Son discours contient beaucoup de topoi typiques
de ces décades et de ce milieu. Mais justement: une
somme de banalités révèle une idéologie. La mise en
scène de Moïse, elle aussi banale depuis longtemps, et
notamment dans la tradition chrétienne dont héritent
les trois Cappadociens, contribue à l'oeuvre de propagande en faveur des évêques "orthodoxes". Elle propose
à l'auditoire des "images", celles mêmes que l'on pouvait déjà voir sur les murs des églises ou sur les sar-
cophages: Moïse comme conducteur d'un peuple hébreu ré-
présenté comme une armée en marche[99].

Le discours de Grégoire, tout en faisant oeuvre de
propagande pour l'autorité de l'évêque, - une autorité
charismatique mais qui pouvait paraître sévère -, prend
aussi le ton de l'encouragment et de l'exhortation: les
chefs de la communauté chrétienne, - "médecins" chargés
de guérir les "maladies", vainqueurs tout puissants sur
les forces du mal -, sont là pour une oeuvre de salut:
ils n'ont pas à détruire les hommes mais à supprimer
les idées perverses insufflées par les démons. Leur
fonction essentielle est d'accroître le nombre des sauvés, de compléter et de réunier tout le troupeau[100].
Grégoire demande à tous l'adhésion à ces chefs. A toutes les époques, dit-il, sont venues des difficultés à
l'encontre du salut; mais à toutes les époques aussi

sont venus les hommes providentiels envoyés par Dieu pour en triompher. Aujourd'hui ces hommes ne nous manquent pas plus qu'hier. Un peu plus tard dans cette année 381, dans les circonstances précises du Concile de Constantinople, il écrira ce que me semble le meilleur écho de sa volonté d'enseignement de l'*Eloge de Basile*, la meilleure formulation de son exhortation, de son appel à la confiance dans l'optimisme. Je donne ces lignes comme la conclusion de mon étude: "Quelqu'un dira peut-être que jadis les Apôtres recevaient l'aide des miracles qu'ils accomplissaient et que leur parole tirait son autorité des charismes. J'affirme, moi, que la force qui vient des actes est grande pour nous incliner à la confiance (πεϹθειν!) "... "Ne vois-tu pas les miracles semblables de la foi?" ... "Pourquoi donc n'avons nous pas confiance (οὐ πεϹθομεν!) alors que la grâce des remèdes abonde et que l'enseignement de la doctrine surabonde? ... Pourquoi ne se produit pas l'accroissement des sauvés?" Et il termine par un centon de versets psalmiques qui forment un appel à boire les eaux que le Saint-Esprit fait jaillir: "ouvre ta bouche et aspire l'Esprit" (cf. *Ps.*118,131a); "élargis ta bouche" et Celui qui possède le pouvoir des charismes la remplira (cf. *Ps.*80,11c); la Maison est emplie de biens. Les réserves sont pleines de "l'or d'Arabie" et viendront peut-être bientôt aussi "les envoyés de l'Egypte" (cf. *Ps.*71,15a et 67,32) "et les royaumes de la terre chanteront avec nous l'hymne de la victoire"[101].

Notes

1 Par commodité, en attendant l'édition critique préparée par O. Lendle pour GNO X,1, les références seront données à PG 46,787C-817D plutôt qu'à l'édition J.A.Stein, Encomium of St. Gregory, Bishop of Nyssa, on his Brother St. Basil, Archbishop of Cappadocian Caesarea. A Commentary, with a Revised Text, Introduction and

Translation, Washington 1926. Sur la datation admise, voir J.Bernardi, La prédication des Pères Cappadociens. Le prédicateur et son auditoire, Paris 1968, p.313-314.

2 Pour l'usage de la rhétorique chez Grégoire de Nysse, voir L.Méridier, L'influence de la seconde sophistique sur l'oeuvre de Grégoire de Nysse, Paris 1906, dont les analyses ont souvent été reprises, notamment par J.A.Stein, op.cit. J'emprunterai quelques remarques portant plus précisément sur notre discours au mémoire de Maîtrise que lui a consacré, à la Sorbonne, Frédéric Alpi (dactylographié, Paris, Juin 1978). Voir surtout A.Spira, cité infra n.33.

3 Cf. 1 Cor.12,28 et Eph.4,11.

4 789B1 s. Ce sont les titres habituels de l'évêque au IV ème siècle. Grégoire n'emploiera pas une seule fois le mot ἐπίσκοπος, terme technique qui ne correspond pas au genre littéraire du discours. Je note ici un autre point que je ne commenterai pas davantage: le discours de Grégoire célèbre Basile comme l'objet de la fête religieuse (la "panégyrie": 789B1 et C11), c'est-à-dire comme "le saint" que l'on fête en ce jour. Sa "panégyrie" est égale "aux fêtes des saints" (797C1-3; 813A13-15 et B2-3). Au passage, sans insistance ni définition, Grégoire range Basile parmi "les saints" (796A5), il le qualifie de "saint" (812D5; 813B2).

5 Les trois verbes συντραφέντα, συναυξηθέντα et συνακμάσαντα me semblent souligner la simultanéité des deux types de formation, plutôt que la croissance simultanée en âge et en savoir comme en 813B6-7. Le thème de la double culture sera repris en 809A1-5.

6 Importance du verbe ἀναδεικνύναι du nom ἀνάδειξις répétés sept fois dans le Prologue: pour la venue de Jésus (789A6), pour celle de Basile (792A7), pour Abraham et pour Moïse (792C1 et 10), pour Elie (793A6), de noveau pour Basile (796A13 et D4), en alternance avec ἀναφαίνεσθαι, pour Samuel (792D5), pour Elie (793B1) et pour Jean-Baptiste (793B7). Outre l'emploi de ces mots en grec profane pour la proclamation d'un personnage élu pour une fonction, ils servent chez les Chrétiens pour désigner l'élection d'un évêque (quelques références dans le Patristic Greek Lexicon. Pour Grégoire de Nysse: Vie de Macrine, GNO VIII,1, p.385,17; Vie de Grégoire le Thaumaturge, PG 46,933C; De virginitate, GNO VIII,1, p.249, 14; In sanctum Stephanum II, PG 46,729C et 733C). En étudiant ce mot dans un article intitulé "Les modèles d'un temps idéal dans quelques récits de vie. Pères Cappadociens" in Le temps chrétien de la fin de l'Antiquité au Moyen Age. Paris 9-12 mars 1981 (Colloques internationaux du CNRS No 604), Paris 1984, p.220-241: p.

223 et n.14, j'ai évoqué aussi la controverse sur le sens de ces mots lorsqu'il s'agit de l'eucharistie: simple "élévation" ou "consécration"? Un emploi intéressant d'ἀνάδειξις se lit dans les ch.35-36 du Contra Arianos IV (qui n'est pas d'Athanase: Clavis Patrum Graecorum 2230): pour donner des preuves scripturaires de l'ἕνωσις du Verbe divin et de l'homme né de Marie, l'auteur emprunte trois mots au livre des Actes, les trois pouvant désigner la façon dont s'est produite cette "union": ἀποστολή (parce que Dieu "envoya" le Verbe: Actes 10,36), χρῖσις (parce que Dieu a "oint" Jésus: Actes 10,38) et ἀνάδειξις (parce que Dieu a "accrédité", cf. ἀποδεδειγμένον, Jésus par des miracles: Actes 2,22; de fait les deux verbes ἀναδεικνύναι et ἀποδεικνύναι et les deux noms ἀνάδειξις et ἀπόδειξις se lisent, par exemple dans des papyrus ou des inscriptions, pour le même sens de "élire" et "élection"). Lorsque Grégoire de Nysse utilise de façon insistante ἀνάδειξις le mot est lourd de sens théologiques, notamment pour désigner une "mission" d'origine divine.

7 792B12-793D10. La "maladie" est évidemment une "hérésie". Voir aussi ἀπάτη en 792C6.9.14 et en 793C12, et πλάνη en 793A4.

8 Répétition d'ἐξαφανίζειν en 792C11 et D1. Il s'agit des fléaux infligés par le bâton (792CD), peut-être aussi de l'engloutissement de l'armée de Pharaon.

9 796A; cf. 800B, 800D2-3. Le titre "homme de Dieu", donné ici à Basile (796A3), est un titre de Moïse (Deutéronome 33,1), que l'on retrouve pour Timothée (1 Tim.6,11); il est employé de façon spécifique pour les évêques: références, par ex., dans l'index des Constitutions Apostoliques, in F.X.Funk, Didascalia et Constitutiones Apostolorum, Paderborn, 1905, repr.Turin 1964.

10 797C5-801A15: 92 lignes.

11 801A15-804B11: 71 lignes.

12 804B11-808B8: 101 lignes.

13 808B8-D1: 20 lignes.

14 808D1-813A10: 132 lignes.

15 Mentions de "la vie" de Basile: 797C4; 797D5; 801A9; 804B14; 812D5; 813A12. C'est également "par leur vie" que les Chrétiens imiteront Basile: 817C13. Faut-il voir dans la synkrisis avec Moïse l'exemple d'une synkrisis portant globalement sur "tout le sujet", comme le dit Ménandre, par opposition aux synkriseis "particulières" qui précèdent (voir infra n.23)?

16 Grégoire ne remontera pas plus haut dans l'histoire du salut et ne reprendra pas l'exemple d'Abraham. D'ailleurs celui-ci n'a pas été cité pour des victoires sur l'hérésie: il est seulement "sor-

ti" de la philosophie trompeuse des Chaldéens, qu'il a pu utiliser comme un "pont d'embarquement" pour s'élever jusqu'au Dieu véritable (792BC. Pour ἐπίβαθρα, cf. Plotin 1,6,1 et Platon, Le Banquet 211C, ἐπαναβαθμός). Ce thème n'entre pas dans le dessein de l'Eloge de Basile: Abraham n'est pas un modèle de l'évêque "lutteur".

17 M.Harl, "Les trois quarantaines de la vie de Moïse, schéma idéal de la vie du moine-évêque chez les Pères Cappadociens", Revue des Etudes Grecques 80, 1967, p.407-412. Ce schéma, qui vient de traditions rabbiniques, est sans doute arrivé chez Basile de Césarée par le milieu monastique syrien. Voir R.M.Tonneau, "Moïse dans la tradition syrienne", in Moïse l'homme de l'Alliance (Cahiers Sioniens 8), Paris 1954, p.245-265. Voir aussi le fragment sur Exode 3,1 d'Eusèbe d'Emèse, ap. R.Devreesse, Les anciens commentateurs grecs de l'Octateuque et des Rois, Vatican 1959, p.85-86.

18 Ces deux premières "quarantaines" d'années sont données par Basile, dans son Prologue aux Homélies sur l'Hexaéméron, comme ce qui fonde la crédibilité (ἀξιοπιστία) que l'on doit accorder à Moïse comme rédacteur du récit de la création. Elles fondent aussi le droit à l'autorité de l'évêque. Basile insiste sur les quarante ans de "loisir" consacré à la contemplation, loin du tumulte.

19 Sur l'interprétation de l'épisode de Balaam et son annexion au schéma de la vie de Moïse, voir infr. n.80.

20 Par exemple en Siracide 44-50, en 1 Macc.2,49-68 (discours de Mattathias mourant), en Hébr.11. Chaque liste est constituée selon une finalité qui lui est propre. Les Pères Cappadociens ajoutent aux figures vétérotestamentaires celles de Jean-Baptiste et de Paul (plus rarement Pierre, Jacques et Jean). La prédication de Jean Chrysostome et celle d'Hésychius de Jérusalem, par exemple, font également un fréquent appel à ces listes de modèles. Voir les remarques de M.Aubineau, Les homélies festales d'Hésychius de Jérusalem, Bruxelles 1978 et 1980, vol.I, p.LIV, "annexion des saints illustres de l'Ancienne Alliance".

21 "Pour Jean-Baptiste, c'est de l'hommage tout spécial rendu à celui-ci par l'Ecriture (Matth.11,11) que le prédicateur feint un moment d'être embarrassé; pour Elie, c'est son enlèvement au ciel sur un char de feu qui semble un temps faire problème; pour Samuel, il s'agit du prestige considérable qu'atteste à son sujet le texte biblique", etc. ... (F.Alpi). Voir déjà l'emploi de τολμᾶν en 796A2.

22 Cf. supra n.2. Plus justes me semblent les remarques de H.Delehaye (Les passions des martyrs et les genres littéraires, Bruxelles 1966, les Panégyriques, p.133-169) sur l'influence que la to-

pique subit des éléments doctrinaux chrétiens. La mauvaise réputa-
tion de ce discours de Grégoire (encombré à l'excès de rhétorique)
explique qu'il en soit rarement tenu compte dans les recherches
historiques. Ainsi P.J.Fedwick, The Church and the Charisma of
Leadership in Basil of Caesarea, Toronto 1979, ouvrage par ailleurs fort utile, et P.Scazzoso, Introduzione alla ecclesiologia
di san Basilio, Milan 1975, qui donne une étude très fouillée
d'autres textes, ne mentionnent pas la typologie de Moïse figure
de l'évêque et son importance pour l'idéologie épiscopale à l'époque des Cappadociens.

23 Les synkriseis sont faites à propos des vertus selon lesquelles
sont présentées les πράξεις, c'est-à-dire après les chapitres concernant la φύσις, l'ἀνατροφή, les ἐπιτηδεύματα, et avant l'épilogue. Ménandre recommande des synkriseis "particulières" illustrant
chaque vertu et une synkrisis générale concernant l'ensemble du
sujet. Il répète cette règle pour plusieurs genres de discours
épidictiques: Περὶ ἐπιβατηρίου (ap. L.Spengel, Rhetores Graeci
III, Leipzig 1866, p.377,31 s.), Περὶ γενεθλιακοῦ (ibid. p.412),
Περὶ προσφωνητικοῦ (ibid. p.414,31 s.), Περὶ ἐπιταφίου (ibid. p.
418 s). Voici une de ses formules: εἶτα ἐφ' ἑκάστῃ τῶν ἀρετῶν συγκρίσεις ἐργάσῃ, ἰδίαν μὲν καθ' ἑκάστην, μετὰ δὲ ταύτην ἐφ' ἁπάσαις
αὐταῖς ἀθρόαν σύγκρισιν ἐργάσῃ (p.386,10). Formules analogues: p.
420,31 et p.416,2. La synkrisis finale est faite πρὸς ὅλην τὴν
ὑπόθεσιν (p. 412,15-17).

24 813A10-15: εἰ οὖν τοιοῦτος ἀπὸ τοῦ λόγου ἡμῖν ἀναδέδεικται ὁ Μέγας Βασίλειος, ὥστε μὴ πόρρω τῶν ἁγίων εἶναι αὐτὸν διὰ τοῦ βίου
πρὸς ἕκαστον τῶν μεγάλων παρατιθέμενον, καλῶς ἡμῖν ἡ ἀκολουθία τῶν
ἑορτῶν κ.τ.λ.

25 Je donne à ἀναδέδεικται la valeur forte signalée ci-dessus n.6.
Le discours de Grégoire peut être assimilé à un tableau où l'ar-
tiste "fait apparaître" l'εἶδος de celui qu'il veut représenter,
comme le dit Grégoire en Or.in Cant. 1, GNO VI, p.28,7-13, ce qui
est une sorte de "proclamation". Pour l'analyse du discours, je me
sépare du schéma que donne J.A.Stein p.XLI.

26 Voir aussi Prov.29,2 ("lorsqu'est fait l'éloge du juste, les
peuples se réjouissent") cité par Basile dans son Eloge de Gordios
1.

27 GNO IX,1, p.449,15-450,2.

28 B.Studer me l'a fait remarquer notamment pour Paul. On peut s'é-
tonner de l'absence de Pierre, qui appartient à la liste de ceux
que l'on célèbre entre Noël et la fête en l'honneur de Basile
(789A13-14): voir infra n.76. C'est que Pierre, à la différence de

Jean-Baptiste ou de Paul, n'est pas présenté comme le "médecin" d'une des formes d'idolâtrie dont l'humanité était malade.

29 797A14; 805A12 et C1; 808C6; 809D3 et 7. Dans l'épilogue: 817A-B.

30 Faut-il interpréter à la lettre la phrase disant que Basile a pris Moïse comme modèle (808D5-6: ἐν οἷς οἷός τε ἦν τὸν νομοθέτην ἐπὶ τοῦ βίου μιμούμενον)! S'agit-il d'un choix explicité et connu de tous? Même question pour Mélèce présenté comme le μιμητής de Job (GNO IX,1, p.446,2 et infra).

31 805C2: Elie donnait les αἰνίγματα du sacerdoce.

32 Autres exemples de parallélisme ἐκεῖνος - οὗτος: les voyages de Paul de Jérusalem jusqu'à l'Illyrie, la prédication de Basile (801A3-8); la naissance de Samuel grâce à la prière de sa mère, celle de Basile par la demande de son père (808B13-14), etc.

33 GNO IX,1, p.446,11 s. Grégoire ici nomme "la guerre de l'héré-sie" (441,15-442,1), "la triple vague de l'hérésie" (444,6, cf. 4 Macc.7,2), "l'eau hérétique changée en vin" (451,3-9), le triple assaut subi par l'évêque qui honora ainsi la Trinité (449,5-7). Sur les topoi de cet Epitaphios voir A.Spira, "Rhetorik und Theo-logie in den Grabreden Gregors von Nyssa", Studia Patristica IX (= Texte und Untersuchungen 94), Berlin 1966, p.106-114. Certains ma-nuscrits ajoutent une référence à Moïse à propos de la mort de Mé-lèce présentée comme un passage de cette vie terrestre à la terre promise, comparable en cela à la traversée de la Mer Rouge (p. 455,6: ὡς Μωσῆς add. S). De fait une série de verbes, traditionn-els dans les récits de la vie de Moïse, montre Mélèce "quittant" l'Egypte, "traversant" la Mer Rouge, "conversant" avec Dieu sur la montagne, "déliant" les chaussures de son âme (ibid. p.455,6-456,1): c'est une synkrisis implicite. Sur la figure de Job comme modèle de l'évêque, voir Grégoire de Nazianze, Eloge d'Athanase (Or.21,17): Job préfigure l'évêque persécuté et défenseur de l'or-thodoxie.

34 Je résume ainsi à très grands traits ce qu'une comparaison plus précise ferait apparaître, avec nombre de détails dignes d'être remarqués mais qu'il est inopportun de signaler ici. Je n'ai pas d'arguments pour dater le discours sur la vie de Grégoire le Thau-maturge.

35 Voici par exemple le début de la synkrisis avec Moïse: "Lui aussi (Ephrem) s'enfuit loin du Pharaon démoniaque, campa dans le désert et vit Dieu - autant que cela est possible par la contem-plation. Et il accomplit des miracles, et il conduisit le peuple, portant le nom de didascale. Et il triompha des Egyptiens par la

ruse, en leur dérobant leur fortune, menant en servitude les livres hérétiques et triomphant d'eux. Et il fendit la mer en deux,
c'est à dire l'ignorance salée et non potable. Et il fit passer le
peuple, c'est-à-dire l'assemblée orthodoxe. Et il noya les Pharao-
nites, ces produits athées des hérétiques. Et il triompha d'Ama-
lec, si l'on veut bien appeler de ce nom l'un des hérétiques; de
Dieu il reçut la loi de l'orthodoxie et il nous la transmit à
tous." (844CD-845A).

36 Par exemple: même conception de la biographie comme présentation
de "modèles" proposés à la μίμησις; même citation de Prov.10,7
pour justifier l'enkomion; même topos sur le refus des éloges tra-
ditionnels; même usage d'une formule restrictive pour la contemplation; même présentation des hérésies en deux catégories anti-
thétiques, etc. Il est vrai que ces thèmes sont communs à tous les
orateurs cappadociens.

37 Cette interprétation est elle aussi traditionnelle, comme celle
qui fait du sanctuaire une image de l'Eglise ou de l'âme chrétienne (voir infra n.65-66).

38 Voir infra l'interprétation de Grégoire de Nysse, avec les notes
69-76. Ici cette interprétation peut évoquer le sacrement de pénitence, comme c'est le cas dans la Vie de Moïse (GNO VII,1, p.
126,5), non pas pour l'épisode d'Exode 17 mais pour celui de Nombres 20,2-13.

39 Je n'ai pas d'arguments pour proposer une datation.

40 Voir aussi ibid.II,26,4 et II,18,6.

41 Voir aussi Or.28,2-3 (= Deuxième Discours théologique): le théo-
logien, Grégoire lui-même, s'assimile à Moïse montant au Sinaï et
invite quelque "Aaron" à monter avec lui, à condition d'accepter
éventuellement de rester hors de la nuée. Dans l'Eloge d'Athanase
(Or.21,3-4) Moïse et Aaron sont cités ensemble dans la longue liste des "hommes de Dieu" dont Athanase a été le μιμητής. Grégoire
de Nazianze utilise souvent encore la typologie de Moïse seul, par
exemple dans l'Epitaphios de son père (Or.18,14) ou dans une lettre à Eusèbe évêque de Samosate (Ep.44). Tous ces textes sont antérieurs au discours de Grégoire de Nysse sur Basile.

42 Or.11,2: Moïse (= Basile) χρώμενος μὲν ὅσα γλώσσῃ τῷ Ἀαρών,
αὐτὸς δὲ τὰ πρὸς θεὸν ἐκείνῳ γινόμενος. La figure d'Aaron, "lan-
gue" ou "langage exprimé" de Moïse, avait été présentée par Philon
d'Alexandrie comme "seconde" par rapport à Moïse (Leg.All.III,128
et autres références commodément rassemblées dans F.H.Colson, Phi-
lo (The Loeb Classical Library) X, p.269-270). Lorsque Grégoire de
Nysse parle d'Aaron auxiliaire de Moïse il rappelle toujours (dans

la Vie de Moïse) qu'il s'agit d'une aide "antérieure" à Moïse (προγενεστέρα: GNO VII,1, p.106,7 et al.): c'est une place que lui, frère cadet de Basile, ne peut prétendre occuper!

43 Eusèbe de Césarée, Histoire Ecclésiastique X,4,23 (Paulin de Tyr, "nouvel Aaron et Melchisedech").

44 Traité de la virginité 23,6, SC 119, p.545-553 Aubineau, avec les notes, = GNO VIII,1, p.338,27 s.

45 On ne peut confondre avec l'"épectase" ni le thème de "mourir chaque jour" (797A10), ni celui de l'amour parfait, - puisque celui-ci, justement, est "le plus haut degré" de l'amour (797C14-15), la mesure que la nature humaine ne peut dépasser (800A2-7) -, ni non plus celui de la croissance qui va de la petite enfance jusqu'à "la perfection" (789B10-12 et 809A3-5).

46 Je me réfère à l'analyse des pages suivantes: In Inscriptiones Psalmorum, GNO V, p.43,23-45,4; Or.in Cant. XII, GNO VI, p.345,11-356,16; De vita Moysis, GNO VII,1, p.113,3-114,4 et ibid.p.139,10-141,5. Grégoire présente de la même façon l'"épectase" des trois modèles de l'âme qui "tend" à la perfection: David, l'Epouse du Cantique, Moïse, tous trois assimilés à Paul "tendu dáns sa course" selon Phil.3,13. Sur ce thème, outre l'ouvrage classique de J. Daniélou, Platonisme et théologie mystique. Essai sur la doctrine spirituelle de saint Grégoire de Nysse, Paris ²1954, voir du même, pour Moïse, "Moïse exemple et figure chez Grégoire de Nysse" in Moïse l'homme de l'Alliance (Cahiers Sioniens 8), Paris 1954, p. 267-282.

47 Philon lui donnait un sens relatif (Quod deterius 161- 162; De sacrificiis 9), de même les Pères Grecs antérieurs aux Cappadociens, dans les rares citations qui sont faites de ce verset (Irénée, Adv.Haer.III,6,5 et Hippolyte, Sur Daniel II,8,3, par exemple).

48 Ces mots sont une addition par rapport à la Didascalie, en II, 29. Voir aussi II,26,4.

49 Or.in Canticum VII, GNO VI, p.217,7-11 (1 Règnes 9,9; Ezéchiel 3,17; Amos 7,12). Le dossier sur θεός - θεᾶσθαι a été réuni (mais non encore publié) par J.R.Bouchet. Ce rapprochement de mots, très ancien, est fait à propos du Psaume 81,6 par Irénée (Adv.Haer.IV, 38,4: l'homme deviendra "dieu" parce qu'il "verra" Dieu). Philon d'Alexandrie rattachait, lui, le mot θεός à τίθημι: De confusione 137, De fuga 97, etc. Eusèbe de Césarée rappelait que les Grecs considéraient les astres comme des θεοί parce qu'ils "courent" (θέειν, cf. Cratyle 397CD) et parce qu'ils permettent de θεωρεῖν: Préparation Evangélique V,3,2 (cf. aussi ibid.I,9,12 et 14).

50 Le prophète comme un "voyant": Philon d'Alexandrie, Quod deus 139; De migratione 38; Quis heres 78; Origène, Hom.in Ez.2,3; Hom.in Gen.4,3, etc.

51 Or.in Canticum VII, GNO VI, p.217,13-15. Certains manuscrits ajoutent à cet endroit "ceux qui ont reçu l'ordre d'ἐπισκοπεῖν".

52 Cf.Exode 4,16 b cité supra (Moïse est, pour Aaron, "ce qui est du côté de Dieu"). C'est la définition de l'évêque idéal également dans la Lettre 17,6 (GNO VIII,2, p.53,2-4): ... τοιοῦτον ὃς ὅλῳ τῷ ὀφθαλμῷ τὰ τοῦ θεοῦ ὄψεται μόνα κ.τ.λ.

53 Contra Eunomium II,150, GNO I, p.269,1-2. Cf. Ad Ablabium quod non sint tres dei, GNO III,1, p.44,17 (toute cette page rapproche les mots θέα, θεωρός, θεός, θεᾶσθαι , avec un néologisme, θεατικῆ!); Ad Eustathium de sancta trinitate, GNO III,1, p. 13,24-14,8, où l'emploi restrictif de θεός (faculté de voir ou d'agir) est illustré par la dénomination de Moïse comme θεός.

54 Vie de Moïse II: Roi-philosophe (rappel du livre I), législateur (II,8-65), grand prêtre (II,66-186), prophète (II,187-287). A proprement parler Moïse n'a été ni Roi ni prêtre: ses titres bibliques sont "serviteur de Dieu" (θεράπων, Exode 4,10; Nombres 12,7), "homme de Dieu" (Deutéronome 33,1), "ami" de Dieu (Exode 33,11). Les même quatre titres qui structurent la Vie de Moïse de Philon sont également regroupés en De praemiis 53-56.

55 Clément d'Alexandrie, Stromates I, ch.23-28: dans cette sorte de "vie de Moïse", Clément montre qu'il fut en tous ces domaines le modèle dont s'inspirèrent les meilleurs des Grecs.

56 Constitutions Apostoliques VI,19,4.

57 Actes 7,35. Le parallélisme se lit en Vie de Constantin I,38. Voir aussi Histoire Ecclésiastique 9,9,5.

58 Vie de Constantin I,12,2-3 et I,20.

59 Texte cité supra n.18 et la n.17.

60 Ce titre caractérise l'évêque à la fin du IV ème siècle. On le lit chez Grégoire de Nysse, In diem luminum, GNO IX,1, p.226,4 (texte cité infra, n.82) et plusieurs fois dans les Constitutions Apostoliques: II,20,1 et 26,4; VI,9,4 (discours fictif de Pierre, glosant un épisode des Actes Apocryphes de Pierre). Il est nécessaire de donner à εὐσέβεια le sens de "foi orthodoxe" pour bien interpréter cette fonction de l'évêque. Cf. A Patristic Greek Lexicon s.v. εὐσέβεια D. L'expression peut remonter à 1 Tim.6,3.

61 D'un bout à l'autre du Discours sur la vie de Grégoire le Thaumaturge celui-ci est appelé ὁ μέγας, ὁ μέγας ἐκεῖνος. Quelques exemples de πολύς: pour Basile, Vie de Macrine, GNO VIII,1, p. 377,10 et p.385,16; pour Moïse, Refutatio confessionis Eunomii 69,

GNO II, p.340,25. Pour "le grand Basile", voir la note de M.Aubineau pour le Traité de la virginité (SC 119), p.56. Voir encore πολύς pour qualifier saint Paul (Vie de Moïse, GNO VII,1, p.3,14).

62 Τοῦτον οὖν ἔχομεν ... τὸν γνήσιον ὑποφήτην τοῦ πνεύματος, τὸν γενναῖον τοῦ Χριστοῦ στρατιώτην, τὸν μεγαλόφωνον κήρυκα τοῦ σωτηρίου κηρύγματος, τὸν ἀγωνιστήν τε καὶ πρόμαχον τῆς ὑπὲρ Χριστοῦ παρρησίας.. On trouvera des références à des emplois parallèles dans le Patristic Greek Lexicon. Grégoire de Nazianze associe pareillement ἀγωνιστής et κῆρυξ pour l'éloge de l'évêque de Constantinople, Alexandre, qui a défendu l'orthodoxie (Or.36,1). Le titre d'ὑποφήτης (précisé, dans le cas de Basile, par τοῦ πνεύματος) avait été associé à θεραπευτής par Eusèbe, pour célébrer l'évêque Paulin de Tyr (Histoire Ecclésiastique X,4,23); associé à διδάσκαλος dans Or.in Cant.VII, GNO VI, p.217,1.

63 Du moins les versets 13-16 et 24 donnent-ils symboliquement la séquence baptême (la nuée et la mer) - eucharistie (l'eau tirée du rocher et le pain des anges): le v.24, cité en Jean 6,31, tire de là son emploi pour l'eucharistie, comme on le voit par exemple chez Grégoire de Nazianze, Or.39,17 ou 40,6, ou chez Basile de Césarée, Homélie XIII (sur le baptême), 2.

64 Par exemple toute l'Homélie IX d'Origène sur l'Exode, reprenant Hébr.9,2-5, en particulier le § 4 (chacun peut construire en son âme un tabernacle pour Dieu).

65 812A12-B11. J'emploie le mot "coffre" (et non le terme habituel "arche") parce que Grégoire, comme d'ailleurs tous les commentateurs, insistent sur la notion de contenance. Dans la Septante ce même mot, κιβωτός, sert à la fois pour ce que nous appelons "l'arche" de Noé et "l'arche" de l'Alliance (en hébreu ce sont deux mots différents). Les trois objets contenus dans le "coffre" de l'Alliance sont ceux qu'énumère Hebr.9,4 en regroupant Exode 16,33, Nombres 17,19 et Deutéronome 10,3-5.

66 GNO IX,1, p.447,12-448,4. Certains manuscrits ont inséré ici quelques mots énumérant d'autres ornements de la skènè, mots dont A.Spira pense qu'ils viennent de Or.in Canticum I, GNO VI, p. 43,15-44,2: op.cit. ("Rhetorik und Theologie ...") p.112 n.8. Ces autres ornements de la skéné ont reçu une interprétation allégorique, ici, dans l'Eloge de Basile, en 812A. On y trouve notamment les bassins qui servent à la purification, l'eau étant celle qui coule des yeux! Il est fort remarquable que la κιβωτός soit interprétée de l'âme humaine, - serait-elle même celle de l'évêque idéal! - quand on sait que la κιβωτός a été le symbole de la Vierge Marie, après avoir été celui de l'Eglise. Le verset du Psaume

131,8 (κιβωτὸς τοῦ ἁγιάσματός σου) est d'usage liturgique pour la
fête de la Théotokos à Jérusalem au V ème siècle. Hésychius de Jè-
rusalem donne à Marie le nom de κιβωτός (de Noë), comme il lui
donne ceux de "jardin fermé" et de "source scellée" (dont je vais
avoir à parler pour l'évêque): Homélies festales d'Hésychius de
Jérusalem, M.Aubineau op.cit.t.I, Hom.V,1,16, et voir les remarques de M.Aubineau sur ces images d'inclusion p.122-124 et 127,
n.1. Mais Hésychius lui aussi utilise ce même symbolisme de la
κιβωτός pour parler de l'ensemble des vertus réunies dans l'âme du
martyr Procope (ibid. Hom.XVI,1,17).

67 812C4-D9.

68 Le sens de "réceptacle" (et non d'"instrument", selon une interprétation fréquente de σκεῦος) se voit clairement en Or.in Cant.
III, GNO VI, p.88,1-3 ou en ibid.XIV, p.403,6 où σκεῦος est glosé
par φιάλη. C'est également le sens que les Pères comprennent en
Rom.9,22-23 ("vases" de colère ou de miséricorde) et celui de
σκεῦος τοῦ πνεύματος en Epître de Barnabé 7,3 et 11,9. (le σκεῦος
est le corps de Jésus "réceptacle" de l'Esprit). Pour d'autres expressions avec ἀληθείας, voir "colonne de vérité" (1 Tim.3,15)
joint à "vase de l'élection" en Ep.17, GNO VIII,2, p.57,23. Cette
expression, qui se rapporte à l'Eglise chez saint Paul, devient un
titre des témoins de la foi, des martyrs (Basile, Ep.214,4 et voir
A.Jaubert, "L'image de la colonne (1 Tim.3,15)" in Studiorum Pau-
linorum Congressus Internationalis Catholicus 1961, Rome 1963,
p.1-8). Chez Grégoire de Nazianze, on lit "trompette de la vérité"
pour qualifier Athanase (Or.21,13), "ambassadeur de la vérité"
(Lettre 44,1, à Eusèbe de Samosate), etc. Ce ne sont là que quelques exemples qui montrent l'évêque comme garant de l'orthodoxie.

69 Supra n.63. J.Daniélou (Sacramentum Futuri. Etudes sur les origines de la typologie biblique, Paris 1950, p.169-176, et Bible et
Liturgie, Paris² 1958, p.201-208) attribue cette interprétation
aux Antiochiens, (l'autre tradition l'interprétant du baptême)
trouvant seulement chez Jean Chrysostome et Théodoret l'identification de l'eau du rocher à l'eucharistie (cf. H.Rahner, "Flumina
de ventre Christi", Biblica 1941, p.269-302 et 367-403). Voir cependant déjà Origène, Hom.in Ex.XI,2 (l'eau tirée du rocher est
l'eau qui sort du Christ en croix). Jean Crysostome, il est vrai,
identifie de façon précise le rocher à "la table" (l'autel eucharistique) qui devient "source": Huit catéchèses baptismales (SC
50, Wenger, Paris 1957), III,26, p.166. Moïse est le prêtre, il
est le modèle de l'évêque Flavien. Voir aussi Hom.26 sur Jean, §
2-4 (PG 59,261D).

70 La construction du deuxième ῇ ποτε est dure. Les manuscrits donnent des variantes (ἣ ou εἴ) pour les deux ῇ, mais O.Lendle gardera ῇ dans l'édition critique de ce texte (Lettre de F.Mann, 29.9. 82). Sur la possibilité de considérer ce relatif comme introduisant une interrogation indirecte, à la suite des précédentes ("faut-il dire comment ... le signe de la croix toucha la bouche", sc. de la "pierre"), voir A.N.Jannaris, An Historical Greek Grammar, repr.1968, § 2038 et 1446B. Les références à ἀναστομοῦν dans l'oeuvre de Grégoire de Nysse, communiquées par F.Mann, font apparaître, à côté d'emplois analogues à celui-ci, le sens de "réfréner" ("mettre un mors", cf. στομοῦν, museler), par exemple les passions. Pour un emploi concernant l'ecoulée des eaux d'un puits, voir Grégoire de Nazianze, Or.36,2: l'orateur se défend d'avoir convoité le siège de Constantinople (on est en 380); il ne se prend pas pour Moïse qui a fait apparaître une nouvelle source dans le désert mais pour les serviteurs d'Isaac qui ont "débouché" (ἀναστομοῦν) les sources bouchées par les Philistins (cf. Genèse 26,15-19): il ne fait donc que rétablir la tradition.

71 Or.in Cant.XII, GNO VI, p.367,13-16. Après un long commentaire de la "blessure" de l'Epouse "frappée par le bâton" (p.365,10 s.), Grégoire récapitule les hauts faits de l'Epouse, comme il le fait ailleurs pour Moïse (cf. supra n.46): c'est alors qu'elle est comparée à la "pierre" qui devient "source"; elle fait couler "de sa plaie" l'eau qui abreuve ceux qui ont soif de doctrine (λόγος). Cette mention de la "plaie" peut assimiler l'Epouse au Christ "frappé" (le même verbe πατάσσειν figure en Cant.5,7 et dans la prophétie de Zacharie 13,7, "je frapperai le berger", citée par Jésus comme annonce de sa passion en Matth.26,31 et Marc.14,27): l'eau et le sang sortirent de cette plaie (Jean 19,34). Mais il faut surtout noter l'assimilation de l'Epouse à ceux qui ont la fonction d'enseigner, aux évêques, donc.

72 Ep.17, GNO VIII,2, p.57,16-20. Sur cette importante lettre et la fonction épiscopale, voir R.Staats, "Gregor von Nyssa und das Bischofsamt", Zeitschrift für Kirchengeschichte 1973, p.149-173, avec le rappel de J.Daniélou, "L'Evêque d'après une lettre de Grégoire de Nysse", Euntes docete 20, 1967, p.85-98. Sur la "consécration épiscopale", voir le DACL, col.2579-2604 (1948) et J.Coppens, L'imposition des mains et les rites connexes dans le Nouveau Testament et dans l'Eglise ancienne, 1925, p.141 s.

73 Hiérarchie Ecclésiastique V,3,4, PG 3,509BC; 512A.

74 F.J.Dölger, "Beiträge zur Geschichte des Kreuzzeichens VIII", n.23, "Das Kreuzzeichen vor der heiligen Lesung, vor Rede und Dis-

putation", in JbAC 8/9, 1965- 1966, p.13-16.

75 Homélie sur l'Epître aux Philippiens XIII,1 (PG 62,277). Ce texte est cité par Dölger pour sa rubrique n°13 (ibid. JbAC 6, 1963,
p.7-34) comme exemple du signe de croix pour le renoncement à Satan. Dölger me semble n'avoir relevé notre texte dans aucune des
neuf parutions de ses Beiträge ... (JbAC, 1958-1967). Le geste de
Moïse "frappant" la pierre (Exode 17,5-6 ou Nombres 20,11) peut
cependant être assimilé à la χειροτονία. Le symbolisme du "bâton"
pour désigner la croix, et donc, ici, "le signe de la croix", est
si répandu que je ne peu admettre la traduction de J.A.Stein, op.
cit. p.45 pour ὁ τοῦ σταυροῦ τύπος τοῦ στόματος ἔθιγεν: "the blow
of a pale struck a cleft", qui, de plus, ne tient compte ni des
articles ni du sens de ἔθιγεν.

76 Sur les apôtres "sources" (de doctrine), voir l'usage que fait
Grégoire d'Isaïe 12,3 dans l'In Sanctum Stephanum II, PG 46,733B.
Voir déjà Grégoire de Nazianze, Or.21,7 (Eloge d'Athanase) sur le
sacerdoce comme "source", avec les exemples d'Ismaël (Genèse 21,
14-21) et d'Elie (fin de la sécheresse, en 3 Règnes 17,1-10). Sur
la "bouche" de ceux qui parlent au nom de Dieu, voir quelques références dans mon article "La bouche et le coeur de l'Apôtre ..."
in Forma Futuri, Studi in onore del Card.Pellegrino, Turin 1975,
p.17-42. Quant à l'assimilation de l'évêque à "la pierre" qui devient "source", je suis obligée de reconnaître que rien dans notre
texte n'évoque le rapprochement avec "Pierre" (Matth.16,18). Je
dois même souligner l'absence surprenante de la figure de Pierre
dans l'Eloge de Basile. Simplement nommé dans la liste des apôtres
dont les fêtes précèdent l'anniversaire de la mort de Basile
(789A14), il ne donne lieu à aucune comparaison (voir supra n.28).
Dans l'In Sanctum Stephanum II il figure cependant comme celui qui
fut "désigné" (ἀναδειχθείς) comme président du choeur apostolique
(PG 46,729BC) et comme "pierre" sur laquelle est fondée l'Eglise
(733C). Grégoire de Nazianze, qui donne la même liste des saints
fêtés avant la fête de Basile, procède à une rapide synkrisis avec
chaqun d'eux, ce qui vaut la mention des "clés du royaume" con-
fiées à Basile comme à Pierre: Or. 43,76. Pierre est également
nommé par Grégoire de Nysse dans son discours Adversus eos qui
castigationes aegre ferunt (PG 46,308-316) pour le pouvoir de "délier" accordé aux évêques (Matth.16,19), mais aussitôt ce sont
deux autres modèles qui illustrent cette fonction: Moïse et Paul!
Cf. infra et n.92 s.

77 Or.in Cant.IX, GNO VI, p.329,15-332,9: plus précisément p.331,
4-5: "celle qui s'est une fois pour toutes débarrassée de ses san-

dales par le baptême, car c'est l'effet propre de celui qui bapti-
se que de délier les lanières de ceux qui sont chaussés" etc. Dans
les "récapitulations" de la vie de Moïse, Grégoire situe toujours
le rite du déchaussement après la vision de la lumière, comme en
Exode 3,2-5: In Inscriptiones Psalmorum, GNO V, p.44,3-5; Or.in
Cant.XII, GNO VI, p.355,3-5; Vita Moysis, GNO VII,1, p.113,13-14.
Sur l'interprétation baptismale de la scène du Buisson ardent,
voir J.Daniélou, Platonisme et théologie mystique, p.27-32 (avec
renvoi à l'étude de F.J.Dölger sur le rite du déchaussement).

78 Cette "mystagogie" aurait pu être propre à l'évêque qui, comme
Moïse, devient le "mystagogue" de son peuple. Mais le mot a un
sens général et s'emploie aussi pour le baptême (voir P.G.L.).

79 In Sanctum Stephanum I, PG 46,713B.

80 Notons ici l'annexion par Grégoire de Nysse, au cycle des exploits de Moïse, d'une victoire qui n'appartient pas à ce patriarche au sens strict de l'histoire: à côté de la victoire sur les
Amalécites, obtenue par le geste des bras levés (812C10: voir Exode 17,8-13, qui a donné lieu à une typologie ancienne et repandue;
pour Grégoire de Nysse, voir en dernier lieu H.R.Drobner, Gregor
von Nyssa, Die Drei Tage zwischen Tod und Auferstehung unseres
Herrn Jesus Christus, Leiden 1982, p.56-57, avec une riche bibliographie p.232-234), Grégoire évoque l'épisode de Balaam (812C11-
D9). En fait, si Balaam bénit au lieu de maudire (cf. Nombres
22-23), Moïse n'y est pour rien; c'est le résultat d'une interven-
tion divine par l'intermédiaire de l'ânesse (voir 2 Pierre 2,16).
Grégoire attribue explicitement à Moïse, le mérite de cette con-
version dans la "récapitulation" de l'In Inscriptiones Psalmorum
(GNO V, p.44,27-28) et, dans sa Vie de Moïse, il présente son héros comme celui qui est "invincible à la magie", modèle en cela de
tout homme "soutenu par le secours divin" (De vita Moysis, GNO
VII,1, p.133,19- 134,20 et p.142,9-13). Trois épisodes du livres
des Nombres se trouvent ainsi annexés à la liste des hauts faits
de Moïse, qui servent particulièrement bien à montrer en celui-ci,
et par conséquent dans les évêques qui en reproduisent les fonctions, celui qui organisa, corrigea, redressa le sacerdoce: Nombres 16 (l'histoire de Corè: en fait la destruction des mauvais
prêtres "par le gouffre et le feu" est l'oeuvre du Seigneur: Nombres 16, 31-35); Nombres 22-23 (l'histoire de Balaam); Nombres 25
(en fait le héros de l'exploit contre les Israélites débauchés
avec les femmes Madianites est le prêtre Phinéas). Bien entendu,
dans les récits bibliques, Moïse est toujours l'intermédiaire par
lequel le Seigneur fait connaître ses jugements.

81 805A13-B1 (quarante jours d'ἀσιτία, toute une vie d'ὀλιγοσιτία).

82 In diem luminum, GNO IX,1, p.225,23-227,4.

83 804A1-2 et B1-6. Cf. déjà en 791A1: παρρησιαζόμενος.

84 808C10, τὸ εἶδος τῆς ἱερουργίας, repris par ἱερουργία en 808C13.
Les exemples fournis par le P.G.L. montrent le sens général de ces
mots: "accomplir les fonction de ἱερεύς".

85 Voir Traité de la virginité 6,1, avec la note de M.Aubineau,
p.339 (= GNO VIII,1, p.278,15 s.) pour les textes parallèles chez
Grégoire de Nysse et la bibliographie. Dans le Prologue du Commentaire sur Isaïe attribué à Basile et qui peut être de lui (PG
30,117-668, voir Clavis Patrum Graecorum II,2911) l'exemple d'Elie
est immédiatement associé à celui de Moïse, pour affirmer l'importance d'une préparation à la défense de la vérité par la vie solitaire et contemplative: Prologue § 7).

86 Fonction traditionelle d'Elie: Sir.48,2 et 1 Macc. 2,58 (voir 3
Règnes 19,10 et 14). Cf. In Meletium, GNO IX,1, p.449,19: Dans
l'Or.in Cant.XV, GNO VI p.454,21 s. au "zèle" d'Elie est jointe sa
παρρησία (4 Règnes 1,8-16). Elie est absent de certaines listes de
patriarches (Hébr.11, Actes 7), mais il est presque toujours présent chez les Cappadociens, notamment chez Grégoire de Nazianze
(par exemple: Or.2,52; 21,7; 28,19), chez Grégoire de Nysse (Ad
Theophilum adversus Apolinaristas, GNO III,1, p.124,3-5), comme
aussi dans les Constitutions Apostoliques (VII,37-38: le sacrifice
d'Elie au Mont Carmel), etc.

87 C'est, semble-t-il, le sens de l'épisode pour Jean Chrysostome:
De sacerdotio III,4, PG 48,642, cité et commenté par A.M.Malin-
grey, "Le ministère épiscopal dans l'oeuvre de Jean Chrysostome",
in Jean Chrysostome et Augustin, Actes du colloque de Chantilly
1974, édités par C.Kannengiesser, Paris 1975, p.75-89 (p.81). Voir
d'autre part l'emploi de τρισσεύειν pour nommer l'acte de répéter
trois fois ἄγιος (pour les trois hypostases) chez Athanase, In illud omnia mihi tradita sunt, PG 25,217D.

88 Sur le Saint Espirt XV,35 (132A), SC 17 bis, éd.B. Pruche,
p.369; XXVII,66 (188C), p.483.

89 In diem luminum, GNO IX,1, p.233,24-235,4. Sur ce texte: J.Da-
niélou, Bible et liturgie, p.146-147, avec la citation d'une phrase de la liturgie byzantine, selon F.C.Conybeare, Rituale Armeno-
rum, à propos de l'Epiphanie: "ô toi qui nous as manifesté en
Elie, par la triple effusion des eaux, la trinité des personnes de
l'unique déité ..." (On notera que, dans le beau passage de Sir.
48,1-3, montrant Elie "se dressant comme le feu et sa parole brû-
lait comme un flambeau", l'expression employée pour le sacrifice

en déforme le rituel: "il fit descendre trois fois le feu", alors que c'est l'eau qui fut versée trois fois; mais sans doute l'auteur renvoie-t-il aux deux autres descentes du feu, en 4 Règnes 1,10 et 12. Que le sacrifice d'Elie soit une figure du baptême remonte peut-être aux controverses soulevées par les Juifs, à propos de Jean 1,25: Elie, affirme Origène, ne reviendra pas pour baptiser comme le croient les Juifs, puisque, lors du sacrifice du Mont Carmel, ce n'est pas lui-même qui "verse" l'eau sur l'autel (βαπτίζειν !), il le fit faire par les prêtres; et le Christ lui aussi fit donner le baptême d'eau par ses disciples (Com.in JO.VI, 124-125).

90 Supra n.62. Et il a reçu "la mystagogie de l'Esprit" (812C6): mais tous les prophètes et tous les apôtres reçoivent la même grâce venant du même Esprit (792A4-5). Quatre épisodes bibliques fournissent des images de l'Esprit: le doigt de Dieu qui inscrit la Loi, 812B4; la nuée de l'Exode, 809D1; et deux fois pour l'histoire d'Elie: le feu du sacrifice, 805C4 et le char (les vertus de Basile, par l'effet de l'Esprit, sont pour lui le moyen de s'élever vers le haut), 808B5.

91 Voir supra n.80.

92 PG 46,308-316.

93 313A. Même mot en De Instituto Christiano, GNO VIII,1, p.70,3 dans un contexte analogue.

94 316A-C. La dernière expression évoque l'épisode de Corè, Nombres 16.

95 313C, 313D, 316B.

96 Traité du Saint-Esprit XXX,79 (traduction B.Pruche, SC 17 bis, p.529). A l'opposé de la παρρησία de Basile, on peut citer le découragement de Grégoire de Nazianze lorsqu'il est en présence des disputes des évêques (par exemple, Lettre 130) et, d'une façon plus générale, voir tout son long discours 2, un véritable traité sur le sacerdoce en forme de plaidoyer, datant de 362 (voir l'introduction à l'édition récente, J.Bernardi, Grégoire de Nazianze, Discours 1-3, SC 247, Paris 1978).

97 Ep.161,1. Sur les disputes entre évêques, voir Scazzoso (op.cit. n.22), p.24-25 (où l'on rectifiera la référence à cette lettre de Basile).

98 Traité du Saint-Esprit XXIX,74.

99 Voir C.Pietri, Roma Christiana. Recherches sur l'Eglise de Rome, son organisation, sa politique, son idéologie de Miltiade à Sixte III (311-440), 2 vol., Rome 1976, p.315-401 ("Pierre-Moïse et sa communauté") notamment p.317-320 sur la popularisation de la typo-

logie Moïse-Pierre.

100 Voir, par exemple, la Lettre 65 de Basile, à Atarbios. Grégoire
de Nysse a représenté Grégoire le Thaumaturge, au moment de sa
mort, comme soucieux des brebis qui manquent encore au troupeau
(953D). Il donne lui-même le souci de "l'accroissement du nombre
des sauvés dans l'Eglise" comme l'un des critères à observer pour
discerner le bon didascale (Antirrheticus adversus Apollinarium,
GNO III,1, p.131,12-14). Cette expression, que l'on trouvera aussi
dans le texte suivant, me semble renvoyer au récit de la première
communauté chrétienne: "Et le Seigneur ajoutait chaque jour à leur
groupe ceux qui étaient sauvés" (Actes 2,47 b).

101 De Deitate adversus Euagrium, vulgo In suam ordinationem oratio, GNO IX,1, p.337,11-338,14 et encore p.338,9-339,2. Pour la
date de ce texte, voir G.May, "Die Datierung der Rede 'In suam ordinationem' des Gregor von Nyssa und die Verhandlungen mit den
Pneumatomachen auf dem Konzil von Konstantinopel 381", Vigiliae
Christianae 23, 1969, p.38-57.

MELETIUS VON ANTIOCHIEN, DER ERSTE PRÄSIDENT DES KONZILS VON KONSTANTINOPEL (381), NACH DER TRAUERREDE GREGORS VON NYSSA

Wie die Historiker des 5. Jahrhunderts berichten[1] und auch die handschriftliche Überlieferung es bezeugt,[2] hielt Gregor von Nyssa bei den Trauerfeierlichkeiten für Meletius, Bischof von Antiochien, der kurz nach der Eröffnung des 1. Konzils von Konstantinopel, im Mai 381, verstorben war, eine Gedächtnisrede.[3] Diese Ansprache, die in den Handschriften als ἐπιτάφιος bezeichnet wird,[4] hat in der kirchen- und literaturgeschichtlichen Forschung ein verhältnismäßig reges Interesse gefunden. Weil man in ihr das Weiterleben der antiken Rhetorik in der nachklassischen Zeit gut aufzeigen kann, hat man sich einmal für ihre literarische Form interessiert. Grundlegend auf diesem Gebiet ist die Dissertation von Johannes Bauer, *Die Trostreden des Gregorios von Nyssa in ihrem Verhältnis zur antiken Rhetorik*, gewesen.[5] Ihr Verdienst besteht vor allem darin, jene Rede in den Zusammenhang mit den rhetorischen Regeln des Menander, eines griechischen Rhetors des 3. Jahrhunderts, gestellt zu haben.[6] Verschiedentlich benützt,[7] wurde diese Arbeit in neuester Zeit von Andreas Spira,[8] Joachim Soffel[9] und Anna Caimi Danelli[10] kritisch weitergeführt.[11] Dabei setzte man an ihr im besonderen aus, sie sei allzu sehr im Formalen stehen geblieben.[12] Die drei genannten Autoren bekundeten damit gleichzeitig ein zweites Interesse. Sie bemühten sich, an verschiedenen Beispielen aufzuweisen, wie Gregor von Nyssa die traditionellen Topoi der Trauerreden verchristlicht, sie vor allem zum Ausdruck christlicher Auffassungen vom Sterben und Weiterleben im Jenseits gemacht hat.[13] Schon zuvor wurde die Trauerrede Gregors

zu Ehren des Meletius sowohl formal wie inhaltlich innerhalb der christlichen Hagiographie in Betracht gezo-
gen.[14] Dabei stand speziell die Anwendung der histo-
risch-kritischen Methode in Frage.[15] Allerdings wurde
dieser besondere Gesichtspunkt schon längst zuvor mehr
oder weniger scharf von jenen ins Auge gefaßt, die sich
mit der Rede Gregors als Geschichtsquelle für die Kirchengeschichte des 4. Jahrhunderts befaßten. Von Lenain
de Tillemont (gest. 1698), einem der Väter der neuzeit-
lichen Kirchengeschichte,[16] über die Historiker vor und
nach 1900,[17] bis zur neuesten Forschung über das Konzil
von Konstantinopel[18] wurde das Bild, das Gregor von Meletius der Trauergemeinde der Kaiserstadt vorgestellt
hatte, für die Untersuchungen über jenes Konzil und
seinen ersten Präsidenten herangezogen.

Dieses vierte, kirchengeschichtliche Interesse ist
auch für die vorliegende Arbeit wegleitend gewesen. In
meinen Untersuchungen über die Bedeutung des zweiten
ökumenischen Konzils für die Geschichte der Trinitätslehre habe ich mir nämlich die Frage gestellt, wie weit
Gregor von Nyssa an dieser reichskirchlichen Synode be-
teiligt gewesen ist und wie weit er selbst, besonders
in seiner Rede über Meletius, uns darüber Aufschluß
gibt. Dabei bin ich mir allerdings von Anfang darüber
im Klaren gewesen, daß man über dem vierten die ersten
drei Interessen nicht vergessen darf. Nur wenn man die
rhetorische Bildung Gregors, mit den Topoi der Trauerreden, mit der Vorliebe für Metaphern und Beschreibungen, aber auch ihre christliche Umformung, mit der biblischen Sprache und den christlichen Idealen der Vollkommenheit gut im Blickfeld behält, kann man die Trauerrede zu Ehren des Bischofs von Antiochien kirchenge-
schichtlich voll auswerten. Man wird sich darum nicht
damit begnügen, die anderen diesbezüglichen historischen Quellen einzusehen,[19] sondern wird auch jene
Schriften berücksichtigen, die uns einen Einblick in
die literarische und theologische Kultur des Nysseners
erlauben.[20]

Freilich wird selbst eine möglichst allseitige und
gründliche Neuuntersuchung der Rede über Meletius kaum
zu umwälzenden historischen Ergebnissen gelangen.[21]
Vielleicht wird es indes möglich sein, die geschichtli-

chen Gegebenheiten, die aus ihr herausgeschält werden
können, mehr abzusichern und klarer zusammenzufassen.
Dazu mag es gelingen, an diesem Beispiel einer rheto-
risch durchgeformten Trauerrede noch einsichtiger zu
machen, wie sehr die geschichtlichen Zeugnisse an ihre
literarische Form gebunden sind. Sollte schließlich in
der vorliegenden Arbeit auch der geschichtliche Hintergrund des Konzils von 381 in ein helleres Licht rücken,
wäre dies sicher ein willkommenes Resultat.

1. *Literarkritische Vorbemerkungen*

Bevor wir uns in die kirchengeschichtliche Thematik
einlassen, mag es gut sein, einige Hinweise auf die literarische Form unserer Trauerrede vorauszuschicken.
Zuerst müssen wir uns dabei über ihr *genus litterarium*
im allgemeinen Rechenschaft geben. J. Bauer hat sie in
seiner, eingangs als grundlegend hingestellten Arbeit
als Trostrede im Sinne Menanders, als λόγος παραμυθητικός, umschrieben.[22] Diese Auffassung wurde in der Folge
ohne weitere Einschränkung von O. Bardenhewer[23] und L.
Méridier[24] übernommen. Bei aller Kritik stimmten ihr
auch A. Spira[25] und J. Soffel[26] grundsätzlich bei. So
heißt es auch in der Vorrede zu der von A. Spira be-
sorgten Ausgabe, wenn auch eher vorsichtig, "cum memi-
neris Gregorii esse orationem funebrem vel potius con-
solatoriam coram mortuo, ut ita dicam, et lugentibus
habitam Constantinopoli".[27]
Diese Bestimmung blieb jedoch nicht unwiderspro-
chen. In der neuesten Stellungnahme, in derjenigen von
A. Caimi, wird nämlich die Auffassung von der Trostrede
aus verschiedenen Gründen abgelehnt und ihr m.E. mit
Recht jene von der Grabrede, dem ἐπιτάφιος des Menander, vorgezogen.[28] Die Verfasserin bezieht sich vor allem darauf, daß die παραμυθία, der Trost, sehr kurz gehalten ist,[29] daß die meisten Handschriften von ἐπιτάφιος sprechen[30] und daß die Rede unmittelbar nach dem
Tode im Rahmen der Trauerfeierlichkeiten gehalten worden ist.[31] Dem ist beizufügen, daß in der Rede auch die
Beschreibung des Leichenzuges einen wichtigen Platz
einnimmt[32] und daß sie mit einem wenigstens kurzen Ge-
betswort schließt.[33] Ebenso ist das Zeugnis des Theodo-

ret zu beachten,[34] während der Hinweis auf den Grabge-
sang (ἐπιτάφιον), den Gregor selbst dem Hochzeitsgesang
entgegensetzt, wohl weniger sprechend ist.[35]

In bezug auf die Einteilung der Totenrede sind die
genannten Autoren ebenfalls ungleicher Meinung, auch
wenn sie alle zwei Hauptteile, Klage mit Lob und Trost,
unterscheiden.[36] Ohne weiter auf die verschiedenen Ein-
teilungen einzugehen, möchte ich folgende Aufteilung
festhalten: Die Rede wird durch einen Prolog eröffnet,
in dem Gregor auf die Bedeutung des Todes des Meletius
für diesen und die Kirche hinweist,[37] die Schwierigkeit
darüber zu sprechen betont[38] und die Anwesenden einlädt, an der Trauer teilzunehmen, selbst wenn es nicht
um ihren eigenen Bischof ginge.[39] Es folgt der größere
Hauptteil, der aus den verschiedenen Motiven des Lobes
für den Verstorbenen und den je daraus sich aufdrängen-
den Klagen besteht.[40] Für die Lobeserhebungen hält sich
Gregor jeweils an die herkömmlichen Topoi des Enkomion,
obwohl er anderswo gegen ein solches Vorgehen polemi-
siert.[41] So finden wir einen knappen Hinweis auf die
Herkunft und Würde.[42] Es schließt sich, allerdings in
stark modifizierter Form, das Lob der äußeren Gestalt
an.[43] Dann das Lob der Schönheit der Seele.[44] Es folgen
die Taten,[45] die vom Vergleich der Tugenden des Verstorbenen mit denen der atl. Gerechten unterbrochen
werden.[46] Im viel kürzeren Trostteil[47] hebt Gregor hervor, daß der Verstorbene mit Christus ins himmlische
Heiligtum eingetreten ist und dort vor Gott, in der
Herrlichkeit der Auferstehung, für die Gemeinde ein-
tritt[48] und somit aus dem Elend dieses Lebens zur Schau
Gottes übergangen ist.[49] Der Epilog besteht vor allem
aus einer eingehenden Schilderung des Leichenbegängnis-
ses[50] und schließt mit einem Segenswort und einem kurzen Gebet um die Verwandlung des Schmerzes in Freude.[51]

Bei aller Treue gegenüber den rhetorischen Gepflo-
genheiten seiner Zeit wußte indes Gregor als wohl ge-
bildeter Redner sich den besonderen Umständen der Totenfeier für Meletius anzupassen. Damit war auch gegeben, wie verschiedentlich gezeigt worden ist, daß er
sowohl die rhetorischen Lobesmotive wie die mehr philo-
sophischen Trostgründe auf die Ebene des Glaubens geho-
ben hat.[52] Er vertrat eben die christliche Auffassung

vom Tod und vom ewigen Weiterleben.

Für die historische Auswertung sind diese Bemerkungen über die literarische Eigenart der Rede Gregors zu Ehren des Meletius von mehr oder weniger großer Bedeutung, wie im folgenden noch näher aufzuzeigen ist. Vorläufig sei nur allgemein darauf verwiesen, daß es für das Verständnis der Totenfeier, im besonderen ihrer Datierung, nicht ganz gleichgültig ist, ob wir von einer Grabrede oder von einer Trostrede sprechen. Wichtiger ist freilich die Tatsache, daß die Schematisierung der Darstellung im allgemeinen und die Vorliebe für die herkömmlichen Topoi, die mehr bestimmten Idealen als konkreten Wirklichkeiten entsprechen, die Rede als geschichtliches Zeugnis stark abwerten und zudem ihre historische Interpretation sehr erschweren.[53] Schließlich darf gerade auch die christliche Umformung der rhetorischen Überlieferung nicht außer acht gelassen werden. Handelt es sich doch dabei weitgehend um die Übernahme von biblischen Metaphern und Vergleichen, die zur Einkleidung von historischen Gegebenheiten dienen müssen. Abgesehen davon, daß die Grabrede für Meletius nicht nur im Rahmen einer liturgischen Feier,[54] sondern im Zusammenhang einer Reichssynode abgehalten worden ist und darum bei weitem nicht als rein private Angelegenheit, sondern als höchst politisches Ereignis zu beachten ist. Sie war eben nicht bloß eine christliche, sondern eine eminent kirchliche Rede.[55]

2. *Die an der Trauerfeier beteiligten Personen*

Die Gestaltung der Totenreden nahm von jeher Rücksicht auf die Stellung des Verstorbenen, auf das Verhältnis des Redners zu ihm, auf die Eigenart der Trauergemeinde. Allein schon von daher können wir von der Grabrede für Meletius einige Auskünfte über diesen und vor allem über jene erwarten, die ihm die letzte Ehre erwiesen haben. Tatsächlich fehlen in ihr solche personellen Hinweise keineswegs. Es ist jedoch nicht leicht, sie zu deuten; denn dem damaligen Brauch entsprechend werden für die in Frage stehenden Personen ausschließlich fiktive Namen verwendet.[56] Gregor erlaubt uns also nur eine unvollständige Antwort auf unsere erste Frage, wer eigentlich an den Totenfeierlichkeiten für Meletius teilgenommen hat.

Beginnen wir mit demjenigen, dem die Feier gegolten hat, mit Meletius. Wenn wir von den Titeln der handschriftlichen Überlieferung absehen,[57] wird selbst er nicht mit seinem eigenen Namen genannt.[58] Hingegen wird er mit Jakob und Joseph verglichen. Der erste Vergleich ist besonders beachtlich.[59] Es geht dabei nicht einfach um die Einladung an die Gläubigen von Konstantinopel, an der Trauer für den Bischof von Antiochien teilzunehmen, wie einst auch die Ägypter um den ihnen fremden Stammvater Israels mitgetrauert haben, und zwar dreißig Tage lang,[60] sondern auch um den Hinweis darauf, daß die Patriarchen, das heißt die anwesenden Bischöfe, als die Söhne des Meletius, als des Vaters der einzigen orthodoxen Familie, anzusehen sind.[61] Zu den Patriarchen zählt natürlich auch der Bischof der anwesenden Gemeinde, "euer Vater", so daß Meletius selbst als der Vater des Vaters, das heißt von Gregor von Nazianz, und damit als Vater der Kirche von Konstantinopel betrachtet werden kann.[62] Im anderen Fall handelt es sich um den Vergleich der Überführung der Leiche des Meletius mit derjenigen des Joseph aus Ägypten ins gelobte Land.[63]

Was die Adressaten der Grabesrede angeht, sind drei Gruppen zu unterscheiden. In erster Linie wird die Kirche von Konstantinopel angesprochen.[64] Mit ihren anwesenden Gläubigen bilden die Bischöfe, die zur Synode gekommen waren[65] und zu denen sich auch Gregor zählt,[66] die eigentliche Trauergemeinde. Wenigstens indirekt richtet sich die Rede auch an die Gemeinde von Antiochien, der die Trauerbotschaft zu übermitteln ist[67] und zu der man den Toten heimbringen wird.[68] Diese dreifache Unterscheidung ist besonders für die kirchenpolitische Stellung des Meletius gegenwärtig zu halten.

Von den anwesenden Klerikern werden zwei von Gregor eigens erwähnt, weil sie als seine Vorredner über den Vater gesprochen hatten.[69] Da sie unter den biblischen Decknamen Ephraim und Manasse angeführt werden, schloß man daraus, daß sie nicht zu den "Patriarchen" gerechnet werden können, sondern als Söhne eines Patriarchen von niedrigerem Rang sein mußten, und ging selbst soweit, sie mit Flavian und Elpidius, zwei Mitarbeitern des Meletius, zu identifizieren.[70] Ob sie auch mit den Schülern gemeint sind, die später genannt werden, oder ob diese mit den Bischöfen gleichzusetzen sind, ist eine andere Frage.[71] Ich würde eher an die erste Möglichkeit denken.

Wenn man bedenkt, wie sehr Theodosius I Meletius schätzte,[72] ist man nicht überrascht, daß er auch an der Totenfeier für diesen persönlich teilnahm, und seine Gegenwart dann von Gregor besonders hervorgehoben wird.[73] Doch selbst sein Name wird verschwiegen. Hingegen ist es gut möglich, daß er mit David, der vor der Bundeslade einher getanzt war, verglichen wird.[74] Weniger wahrscheinlich jedoch ist, daß mit Salomon, der die Trauernden mit seinem Wein getröstet hatte, auch der Kaiser gemeint ist.[75]

Weiter spricht Gregor von der φιλοτιμία einer Dame, die den Leichnam des Meletius salben ließ.[76] Ob damit eine Frau höheren Ranges, vielleicht gar die Kaiserin, oder, was weniger zutreffen dürfte, die Gemeinde gemeint ist, ist nicht sicher auszumachen.[77]

Schließlich mag noch auf eine Persönlichkeit verwiesen werden, obwohl sie nicht zur Trauergemeinde gehörte. Bei der Darstellung der Taten des Meletius erinnert Gregor speziell an seine drei Exile und unterstreicht dabei die Treue der Gemeinde von Antiochien, die auch gegenüber den ehebrecherischen Versuchen eines gewissen Mannes standhaft geblieben war.[78] Manche Forscher denken bei diesem Gewissen an Paulinus, den Luzifer von Cagliari zum Bischof der eustathischen Gemeinde geweiht und ihn damit zum Gegenbischof des Meletius gemacht hatte.[79] Auch in diesem Fall gelangt man nicht zur letzten Gewißheit.

3. *Der Verlauf der Totenfeier*

Nachdem wir uns die Frage nach den Personen gestellt haben, auf die Gregor in seiner Grabrede Bezug genommen hatte, fragen wir uns weiter, wie die Totenfeier selbst verlaufen ist und was vor und nachher geschehen ist. Auch bei dieser zweiten Frage kommt uns zustatten, daß Gregor sich an die diesbezüglichen rhetorischen Regeln hielt. Eine Grabrede sollte nämlich am

Ende den Dank für die Gestaltung der Totenfeierlichkeiten enthalten[80] und ganz allgemein, wie andere Reden auch, da und dort beschreibend vorgehen.[81]

Zuerst zur Datierung der Grabrede. Nach glaubwürdigen Zeugnissen erfolgte der Tod des Meletius kurz nach der Eröffnung des Konzils von Konstantinopel, Ende Mai des Jahres 381.[82] Diese Annahme erhält bei Gregor selbst eine gewisse Bestätigung. Indem er sich nämlich fragt, ob er etwa seine Trauer verschweigen müsse, um den Hochzeitsgästen nicht lästig zu fallen, deutet er an, daß die Hochzeitsfeier, das heißt die Einsetzung von Gregor von Nazianz zum Bischof von Konstantinopel nicht lange zuvor stattgefunden hat.[83] Sein anderer Hinweis auf die dreißig Tage und Nächte, an denen man in Ägypten um Jakob getrauert hatte, wird von gewissen dahin verstanden, daß seine Grabrede selbst dreißig Tage nach dem Tode des Meletius gehalten worden ist.[84] Es ist indes nicht zu übersehen, daß der Vergleichspunkt nicht die Zeit der Trauer, sondern das Mitgefühl der fremden Leute, der Ägypter, bzw. der Gläubigen von Konstantinopel betrifft.[85] Darum ist nicht auszuschließen, daß die Grabrede schon ganz am Anfang der Trauerzeit gehalten worden ist.

Auf jeden Fall ist sicher, daß der Tod des Meletius sogleich von allen als großes Unglück empfunden worden ist.[86] Gregor spricht denn auch gleich am Anfang seiner Rede schon vom Schlag, der sie alle getroffen hat.[87] Er untermalt seine Worte mit dem Gegensatz, in dem die allgemeine Trauer mit der noch frischen Hochzeitsfreude stand.[88] Er verweist in besonderer Weise auf die Niedergeschlagenheit der Bischöfe, die mit Meletius zum Konzil gekommen waren.[89] Schließlich und vor allem schildert er den Trauerzug, an dem die ganze Stadt teilgenommen hatte, indem er ihn mit der Überführung der Bundeslade in den Tempel vergleicht.[90] Er unterläßt es auch nicht, ein paar packende Einzelheiten herauszuheben: die lange Reihe von Fackeln, das Zerreißen der Schweißtücher.[91] Vor allem schildert er mit beredten Worten die persönliche Anteilnahme des Kaisers.[92]

Das Ziel des in der Rede beschriebenen Trauerzuges ist offensichtlich die Apostelkirche gewesen.[93] Das kann man daraus entnehmen, daß der Redner sowohl am An-

fang wie gegen Ende von συσκηνία ἀποστολική spricht.[94]
So werden wenigstens die zwei Andeutungen von verschiedenen Forschern verstanden.[95] Allerdings ist die An-
spielung am Anfang der Rede nicht eindeutig. Gregor beginnt nämlich damit, daß Meletius nunmehr zu den Aposteln gehöre und stellt dabei die Gemeinschaft mit den
Aposteln parallel zur endgültigen Vereinigung mit Christus.[96] Doch kann man mit guten Gründen annehmen, daß
συσκηνία ἀποστολική für Gregor selbst einen doppelten
Sinn besitzt. Einmal bedeutet es die Gemeinschaft mit
den Aposteln im Himmel, dann aber auch die Aufbahrung
der Leiche des Meletius inmitten der Apostelgräber.
Diese Annahme läßt sich dadurch stützen, daß der zweite
Hinweis auf die συσκηνία mit den Aposteln inmitten der
Schilderung des Trauerzuges steht, den Gregor eingehend
beschreibt, um auf diese Weise die verwitwete Kirche
von Antiochien zu trösten.[97] Zudem ist die Verwandt-
schaft des Wortes συσκηνία mit den verschiedenen Wör-
tern der Wurzel σκήν-, die auch Leichnam oder gar Katafalk bedeuten können, nicht zu übersehen.[98] Die Reste
des verstorbenen Bischofs, des neuen Apostels, sollten
so bei den Reliquien der Apostel ruhen, wie einst Konstantin als dreizehnter Apostel in dieser Kirche von
den Aposteln umgeben sein wollte.[99]

Wenn diese Deutung richtig ist, haben wir auch die
Frage nach dem Ort der Grabrede beantwortet. Jedenfalls
legen die eindrücklichen Worte, mit denen Gregor Meletius gleich zu Beginn in die Zahl der Apostel einreih-
te, es nahe, daß er sie in der von Konstantin erbauten
Apostelkirche ausgesprochen hat.[100]

Schließlich ist noch daran zu erinnern, daß Meletius nicht in Konstantinopel selbst beigesetzt worden
ist. Der Kaiser ließ vielmehr seinen Leichnam später in
feierlicher Weise nach Antiochien überführen,[101] wo er
in der Kirche des heiligen Babylas bestattet worden
ist.[102] Gregor selbst kündet diese spätere Überführung
in seiner Grabrede mehr als einmal an. Er spricht nämlich vom Sarg, den sie an Stelle der Lade den Antioche-
nern zurücksenden werden.[103] Dazu spielt er auf die
Überführung des neuen Joseph in das Land des Segens
an.[104]

4. Die Persönlichkeit des Meletius

Wenn so viele Menschen, die Gläubigen von Konstantinopel, die zahlreichen dort versammelten Bischöfe, seine Mitarbeiter, der Kaiser in eigener Person um den verstorbenen Oberhirten von Antiochien trauerten und ihm ein so feierliches Leichenbegängnis veranstalteten, muß dieser eine anziehende und bedeutende Persönlichkeit gewesen sein. Gregor hebt dies denn auch in seiner Grabrede klar heraus. Gewiß hält er sich in seinen Lobesbezeugungen im Rahmen, den die antike Rhetorik für die Motivierung der Beklagung des unglückseligen Todes eines großen Mannes abgesteckt hatte. Ebenso sicher ist es, daß er dessen herben Verlust aus der Sicht des christlichen Glaubens beklagte. Trotzdem ist gewissen, mehr konkreten Zügen seines beredten Zeugnisses der historische Wert keineswegs abzusprechen.

Äußerlich ist Meletius ein Mann gewesen, der Ruhe und Milde ausstrahlte.[105] Wie Gregor hat sich auch sein Freund Gregor von Nazianz ausgesprochen.[106] Theodoret wird sich in seiner Kirchengeschichte diesem Urteil anschließen.[107]

Mehr Wert legt Gregor allerdings darauf, den "Vater aller" als einen Mann Gottes zu schildern. Dazu vergleicht er ihn mit der Bundeslade.[108] Dieser Vergleich erlaubt ihm herauszustellen, daß Meletius die Geheimnisse Gottes kannte, die Menschen mit himmlischer Speise nähren konnte, im Heiligen Geist auf den Willen Gottes ausgerichtet war und in der Reinheit des Herzens frohen Mut bewahrte. In einem weiteren Vergleich mit den Gerechten des Alten Bundes vertieft Gregor diese Schilderung.[109] Indem er auf die Sanftmut eines David, die Einsicht eines Salomon, die Güte eines Moses, die Vollkommenheit eines Samuel, die Keuschheit eines Joseph, die Weisheit eines Daniel, den Glaubenseifer eines Elias, die körperliche Unversehrtheit eines Johannes, die unübertreffliche Liebe eines Paulus sich beruft, kommt er zur Feststellung, daß so viele Güter in der Seele eines einzigen Menschen vereint waren.[110]

In einer Zeit, in der man wie kaum in einer anderen um die Rechtgläubigkeit kämpfte, war es natürlich gegeben, vor allem den Einsatz des Meletius für den rechten

Glauben zu würdigen. In diesem Sinn stellt Gregor ihn als den Stammvater der Orthodoxie hin und gibt damit zu verstehen, daß die in Konstantinopel zur Synode versammelten Bischöfe den Oberhirten von Antiochien als die Stütze ihres Glaubens verehrten.[111] In gleicher Weise erwähnt er unter den Taten vor allem, daß Meletius für den rechten Glauben dreimal ins Exil gehen mußte.[112] Weiter erinnert er daran, daß jener für die Wiederherstellung der Orthodoxie nach Konstantinopel gekommen war.[113] Für ihn ist eben der Bischof von Antiochien der einzige, der die Kirchen durch die Wirrnis der Häresie hindurchführen könnte.[114] Ihn würde man nun in den Zeiten der Not, des Krieges und der Krankheit als Berater, Führer und Arzt so dringend nötig haben.[115] Von da aus gesehen, wundern wir uns nicht mehr, daß Gregor vom Anfang seiner Rede an Meletius zu den Aposteln rechnet, in denen er vor allem die Diener des Wortes sieht.[116]

Dieses Lob Gregors für die Rechtgläubigkeit des Meletius findet seine Bestätigung in manchen zeitgenössischen Zeugnissen. Die östlichen Bischöfe, die mit Basilius von Cäsarea zu Meletius hielten, zweifelten nicht daran, daß dieser, auch wenn er vor seiner Bischofsweihe Acacius, Gregor von Laodizäa und anderen nicht-nizänischen Bischöfen nahegestanden war, sich seither zum Vorkämpfer des nizänischen Glaubens gemacht hatte.[117] Selbst der Westen versagte ihm seine Anerkennung nicht. Liberius hatte mit ihm die Glaubensgemeinschaft aufgenommen.[118] Trotz aller Widerstände von Seite des Petrus von Alexandrien, von Epiphanius und Hieronymus, die ihm Paulinus vorzogen, anerkannte selbst Damasus mindestens seit 379 die Rechtgläubigkeit des Meletius.[119] Das Gleiche gilt vom kaiserlichen Bevollmächtigten Sapor, der ihm und nicht Paulinus die arianischen Kirchen übergeben hatte,[120] und vor allem von Kaiser Theodosius selbst, der nicht gezögert hatte, ihm den Vorsitz des Konzils von Konstantinopel anzuvertrauen.[121] Diese weitgehende Anerkennung der Orthodoxie des Meletius steht letztlich auch hinter der Tatsache, daß er nicht bloß von Gregor, sondern auch von andern den Titel eines Apostels bekommen hat.[122]

Schließlich verdient festgehalten zu werden, wie Gregor am Ende seiner Grabrede den Trost, der jeder

Klage den Grund entzieht, darin sieht, daß Meletius
seine Vollendung in der Auferstehung Christi und in der
unmittelbaren Gottesschau bereits gefunden hat und darum auch immer in der Kirche mit seiner fürbittenden
Hilfe gegenwärtig bleibt.[123] Sein letzter Makarismos
ist damit gleichsam zu einer Kanonisation des verdien-
ten Bischofs von Antiochien geworden.[124]

5. *Die kirchenpolitische Stellung des Meletius*

Auch wenn die Persönlichkeit des Verstorbenen
selbst, seine Ausstrahlung auf die Leute, seine morali-
sche Autorität den Redner am meisten interessieren, da
er gemäß altem Brauch den unglücklichen Weggang eines
angesehenen Mannes beklagen und über seinen unermeßli-
chen Verlust hinwegtrösten soll, kann er in seiner
Grabrede von den Taten des Toten nicht schweigen. Im
Gegenteil, gerade an den Taten läßt sich in besonderer
Weise ermessen, was er jenen bedeutet hatte, die nun um
ihn in Trauer sind. Auch Gregor hat diese Aufgabe geschickt wahrgenommen. Damit hat er jedoch auch zum Ausdruck gebracht, welche Stellung Meletius in der damaligen Kirche eingenommen hat.

In erster Linie ist Meletius für Gregor der Bischof
von Antiochien. Gerade darum drückt er vorab den Gläubigen dieser Kirche sein Mitgefühl aus und sucht sie in
ihrer Verlassenheit zu trösten.[125] Aus dem gleichen
Grund beschließt er die Charakterisierung des Verstorbenen mit dem Hinweis auf die wohlwollende Liebe seiner
Gemeinde zu ihm.[126] Vor allem bildet deswegen das dreifache Exil des Meletius den Mittelpunkt der Darstellung
seiner Taten.[127]

Weil indes Antiochien über jene Gebiete den Vorrang
besaß, die am Konzil am besten vertreten waren und zudem die Frage der Besetzung des Bischofsstuhles der
Hauptstadt des östlichen Reiches noch nicht geregelt
war, sondern vielmehr zu oberst auf der Traktandenliste
der Synode stand, war es eine ausgemachte Sache, daß
Meletius auch zum ersten Präsidenten dieser Bischofs-
versammlung geworden ist. Das wird denn auch in den
zeitgenössischen Quellen mehr oder weniger klar bezeugt.[128] Es ist darum nur natürlich, daß diese zweite

Tatsache auch in der Grabrede Gregors stark zur Geltung kommt. So verstehen wir, warum dieser auch die Kirche von Konstantinopel eindringlich zur Trauer einlädt. Zu ihr war ja Meletius auf seiner letzten Reise gekommen, um ihr einen neuen Bischof zu geben und um damit seine letzte Tat zu vollenden.[129] Dabei unterläßt Gregor es nicht, daran zu erinnern, wie Meletius oft der Eucharistiefeier vorstand und mit seinen Schülern das Wort Gottes erklärte.[130] Vor allem unterstreicht er die allen gemeinsame Trauer, da für ihn Meletius der Vater aller Bischöfe und damit auch der Kirche von Konstantinopel gewesen ist.[131] Endlich beklagt er im Hinblick auf die προστασία πατρική, daß der von der Häresie bedrohten Kirche der Berater, Führer und Arzt so sehr fehlen wird.[132]

Diese Vorrangstellung des Meletius hebt Gregor vor allem mit dem Bild des Hauptes hervor.[133] Es wurde zwar darauf hingewiesen, daß er im fraglichen Abschnitt nicht nur den Topos von der Schönheit des Leibes (τὸ εἶδος τοῦ σώματος) aufgenommen, sondern ihn vergeistigt und verchristlicht hat.[134] Er hätte damit Meletius als einen Mann gepriesen, "der schon während seines irdischen Lebens auf dem Weg der Mystik das erlangt hat, was sonst nur im Leben der Seligen nach dem Tod möglich ist: die Wahrnehmung Gottes".[135] Man hat jedoch nicht beachtet, daß Gregor diesen Topos nicht bloß verchristlicht, sondern auch verkirchlicht hat. Es geht ihm nämlich darin nicht einfach um eine Beschreibung der geistlichen Persönlichkeit des Meletius, sondern um seine kirchliche Stellung. Er spricht ja von "unserem Haupt". Was er darum von den Sinnen sagt, die in diesem Haupte ihr Zentrum besitzen, bezieht sich auf die Kirche. Diese hat in seinem Tod den Blick für das Himmlische verloren, kann nicht mehr auf die göttliche Stimme lauschen, nicht mehr die Wahrheit künden, wird nicht mehr von der leutseligen Rechten bewegt.[136]

Die Bedeutung dieses kirchlich umgeformten Topos kommt uns erst voll zum Bewußtsein, wenn wir uns gegenwärtig halten, daß Basilius und andere die Kirche von Antiochien als Haupt der Kirche des Ostens betrachten. Wenn sich der Bischof von Cäsarea sowohl bei Athanasius wie bei den Bischöfen des lateinischen Westens so sehr

für die Einheit in dieser Kirche einsetzt, dann vor allem deswegen, weil für ihn deren Gesundung wie vom
Haupt auf den Leib übergreift.[137] In diesem Bewußtsein
bittet er denn auch Meletius, im Namen der Orientalen
eine Delegation nach Rom zu senden.[138] Im übrigen fand
die Anerkennung des Primates von Antiochien ihren Nie-
derschlag auch in der Kirchengeschichtsschreibung des
5. Jahrhunderts.[139]

Es ist freilich nicht zu verkennen, daß Basilius
etwas übertreibt, wenn er sich fragt, was denn die Kirchen des Erdkreises gegenüber der von Antiochien vor-
aushätten.[140] War doch die Vorrangstellung dieser Kirche auf die zivile Diözese des Oriens beschränkt.[141]
Immerhin ist zuzugeben, daß das Konzil von Konstantinopel, auf dem bei der Eröffnung nur gerade die Kirchen
Kleinasiens vertreten waren,[142] durch seinen ersten
Präsidenten sich auch mit den Kirchen des Westreiches,
vor allem mit dem Apostolischen Stuhl von Rom, in der
Gemeinschaft des Glaubens befand.[143] Von da aus ist
auch die Feststellung moderner Autoren zu werten, für
die Meletius als Führer der Jungnizäner gilt.[144] Seine
führende Stellung beim Abschluß der arianischen Kontroverse würde allerdings besser damit umschrieben, daß
mit ihm sich nicht nur jene Interpretation des nizänischen Glaubens im Osten durchsetzte, die sowohl die
arianisierende wie die sabellianische Verkürzung des
Taufglaubens ablehnte, sondern daß in ihm auch die
Übereinstimmung dieser Auffassung mit dem Glauben der
lateinischen Kirche ihren Garanten fand.[145]

6. *Die geschichtliche Bedeutung des Konzils von Konstantinopel*

In den bisherigen Ausführungen über die für Meletius abgehaltene Trauerfeier und über seine Stellung als
erstem Konzilspräsidenten wurde die Frage nach der kir-
chengeschichtlichen Bedeutung des zweiten ökumenischen
Konzils bereits verschiedentlich berührt. Es mag jedoch
gut sein, diese Bedeutung, wie sie in der Grabrede Gregors zum Ausdruck kommt, abschließend noch weiter zu
präzisieren.

Wie aus den zeitgenössischen Zeugnissen zu ersehen

ist, erwartete man von der von Theodosius einberufenen Synode die Antwort auf drei Fragen: die Regelung der Besetzung des Bischofsstuhles von Konstantinopel, die volle Wiederherstellung der Orthodoxie im Hinblick auf die Einheit des Reiches und die Bereinigung der anhängigen Jurisdiktionsprobleme.[146] In der Rede Gregors selbst finden wir dazu nur Anspielungen. Er erinnert daran, daß Meletius seine letzte Reise angetreten hat, um in Konstantinopel die Kirche mit ihrem neuen Bischof zu vermählen.[147] Er beklagt sich ferner darüber, daß die Kirche mit dem Tod des Meletius denjenigen verloren hat, der ihr in der Zeit der Beratung, der Auseinandersetzung mit der Häresie und der Schwäche hätte beistehen sollen.[148] Weiter spricht er auch die Befürchtung aus, die Kirche hätte nun niemanden, der sie durch die Wirrnisse der Häresie hindurchführen könne.[149] Die Frage nach der Neuaufteilung der kirchlichen Sprengel scheint hingegen nicht zur Sprache zu kommen.

Wie weit die drei Erwartungen erfüllt worden sind, ist eine andere Frage. Wohl wurde Gregor von Nazianz vom Kaiser mit der Zustimmung des Konzils zum Bischof der Reichshauptstadt eingesetzt. Doch wurde dieses Ergebnis, zu dem Meletius entscheidend beigetragen hatte, vor allem durch die Schwierigkeiten, die nach dessen Tod bei der Neubesetzung von Antiochien auftraten, wieder in Frage gestellt und dann auch durch die Demission Gregors von Nazianz wieder rückgängig gemacht. Die Glaubenseinheit wurde wenigstens hinsichtlich der Trinitätslehre, aber noch nicht der Christologie durch das neugefaßte Glaubenssymbol (DS 150), den Tomos und den ersten Kanon der Synode[150] sowie die kaiserliche Approbation bekräftigt.[151] Schließlich wurden in den weiteren Kanones die kirchliche Gesetzgebung, besonders in bezug auf die Zuständigkeit der Bischöfe, weiter entwickelt.[152] Allerdings war man noch weit von einer endgültigen Regelung dieser Fragen entfernt. Die Patriarchats-Verfassung war erst im Entstehen begriffen.[153] Im besonderen konnte man auch das Schisma von Antiochien noch nicht überwinden.[154] Es ist indes nicht zu erwarten, daß wir über alle diese Fragen in der Grabrede Gregors schon wichtige Aufschlüsse bekommen. Wurde sie doch schon zu Beginn der Synode gehalten. Immerhin liegt es nahe, in der Rede zu Ehren des Meletius auch eine Propaganda für Gregor von Nazianz zu sehen.[155] Jedenfalls schimmert darin durch, daß Gregor von Nyssa die Einsetzung seines Freundes als Bischof von Konstantinopel als glücklich betrachtete.[156] Was die Orthodoxie angeht, mag es auffallen, daß Gregor über die Versuche, die Mazedonier für den vollen nizänischen Glauben zu gewinnen, nichts verlauten läßt.[157] Auf der anderen Seite bestehen keine genügenden Gründe, den rechten Glauben, für den nach Gregor Meletius sich mit so viel Eifer eingesetzt hatte, auf die kappadokische Trinitätsformel und die Gottheit des Heiligen Geistes einzuschränken. Mußte doch der Bischof von Antiochien seit 362 mit der Anwesenheit von Apollinaristen in seiner Gemeinde rechnen.[158] Vor allem hatte er 379 mit seiner Synode der Verurteilung von apollinaristischen Irrtümern durch Damasus von Rom zugestimmt.[159] Damit soll freilich keineswegs behauptet werden, das christologische Dogma hätte gleich am Anfang des Konzils, ja nicht einmal bei dessen Abschluß, den gleichen Stand wie das trinitarische Dogma erreicht.[160] Gregor selbst wurde offensichtlich erst 382 mit der apollinaristischen Frage voll konfrontiert.[161]

Auch wenn die Grabrede für Meletius uns nur wenig Aufschluß über die Bedeutung des Konzils von Konstantinopel gibt, so ist mindestens zuzugeben, daß man ihr eine gewisse kirchen-politische Note nicht absprechen kann. Indem Gregor die rhetorischen Regeln, die in der nachklassischen Zeit nur mehr in den mehr privaten Totenreden eine Anwendung gefunden hatten, der Lage der Kirche und der Synode von Konstantinopel anpaßte, die ihr väterliches Haupt verloren hatten, gab er in etwa den ursprünglich politischen Charakter wieder zurück.[162]

Es mag wohl sein, daß man die Ergebnisse dieser Untersuchung als eher dürftig findet. Eigentlich neue historische Erkenntnisse über das Konzil von Konstantinopel und seinen ersten Präsidenten bringt sie denn auch kaum. Vielleicht kann sie jedoch helfen, die bisherigen Kenntnisse besser zu werten. So dürfte die Annahme, der Leichnam des Meletius sei in die Apostelkirche überführt worden, und Gregor habe seine Totenrede in dieser

konstantinischen Basilika gehalten, gesicherter erscheinen. Vor allem sollte man aus meiner Untersuchung
lernen, so hoffe ich wenigstens, wie behutsam gerade
historische Zeugnisse rhetorischer und hagiographischer
Art interpretiert werden müssen.

Anmerkungen

1 Socrates, H.E.V,9: MG 62,581C; Theodoret, H.E.V,8: MG 82,1209B
(ohne Namen).

2 A.Spira, GNO IX, 441-457.

3 Hier zitiert nach der kritischen Ausgabe von A.Spira, GNO IX,
Leiden 1967, p.441-457. Vgl. MG 46,852A-864B.

4 Vgl. GNO IX, 441.

5 J.Bauer, Die Trostreden des Gregorios von Nyssa in ihrem Verhältnis zur antiken Rhetorik, Diss. Marburg, 1892.

6 Vgl. A.Spira, Rhetorik und Theologie in der Grabrede Gregors von
Nyssa, in Stud.Patr.9 (TU 9) Berlin, 1966, 107.

7 Vgl. O.Bardenhewer, Geschichte der altkirchlichen Literatur, III
(1923), 206; L.Méridier, L'influence de la Seconde Sophistique sur
l'oeuvre de Grégoire de Nysse, Paris, 1906.

8 A.Spira, art.cit.

9 J.Soffel, Die Regeln Menanders für die Leichenrede in ihrer Tradition dargestellt, herausgegeben, übersetzt und kommentiert, Meisenheim am Glan, 1974.

10 A.Caimi Danelli, Sul genere letterario delle orazioni funebri di
Gregorio di Nissa, Aevum 53, 1979, 140-161.

11 Vgl. weiter, J.Bernardi, La prédication des Pères Cappadociens,
Paris, 1968; R.C.Gregg, Consolation Philosophy. Greek and
Christian Paideia in Basil and the Two Gregories, Cambridge Mass.,
1975.

12 Vgl. A.Spira, art.cit., 107 f.

13 Vgl. A.Spira, art.cit., 110-114; J.Soffel, op. cit., 85-89;
A.Caimi, art.cit. 144 f.

14 Vgl. H.Delehaye, Les Passions des martyres et les genres littéraires, Bruxelles, 1921; P.Maraval, Grégoire de Nysse, Vie de

s.Macrine (SC 178), Paris, 1971.

15 Vgl. H.Delehaye, op.cit., 233 ff.: abschliessendes Urteil über den geschichtlichen Wert der Lobreden auf die Märtyrer.

16 L.S.Lenain de Tillemont, Mémoires pour servir à l'Histoire ecclésiastique des six premiers siècles, VIII, Bruxelles, 1719, 573-632.

17 F.Loofs, Meletius, RE³ XII (1903), 552-558; Ensslin, Meletius, PWK 15,1 (29) (1931) 500 ff. - In diesen beiden Artikeln ist die ältere Literatur verzeichnet. Vgl. besonders G.Rauschen, Jahrbücher der christlichen Kirche unter dem Kaiser Theodosius dem Grossen (378-395), Freiburg, 1897; F.Cavallera, Le schisme d'Antioche (IVe-Ve siècles), Paris, 1905. - Vgl. weiter, E. Schwartz, Zur Kirchengeschichte des 4.Jh., ZNW 34, 1935, 129-213, bes.196-213; R.Devreesse, Le Patriarcat d'Antioche depuis la paix de l'Eglise jusqu'à la conquête arabe, Paris, 1945, bes. 17-38.

18 A.M.Ritter, Das Konzil von Konstantinopel und sein Symbol, Göttingen, 1965 (fundamental). - Vgl. auch, P.P.Joannou, Die Ostkirche und die Cathedra Petri, Stuttgart, 1972.

19 Vgl. besonders Gregor von Nazianz, Carm.hist. XI, 1506-1524: MG 37,1137 ff; XI,1572-1583: MG 37,1138 f; Theodoret, H.E.V,8: MG 82,1209-1212; Socrates, H.E.V, 8 f.: MG 62,576-584; Sozomenos, H.E.VII,3-10: MG 62,1421-1441.

20 Vgl. besonders die drei epitaphischen Kapitel des Menander, nach der kritischen Ausgabe von J.Soffel, op.cit., 126-153.

21 Vgl. vor allem L.S.Lenain de Tillemont, op.cit.; F.Loofs, art. cit.; A.M.Ritter, op.cit., wo die allgemein angenommenen Ergebnisse leicht zugänglich sind.

22 Vgl. J.Bauer, op.cit., 42-51.

23 Vgl. O.Bardenhewer, op.cit. III,206.

24 Vgl. L.Méridier, op.cit., 251.

25 A. Spira, art.cit., 107.

26 J.Soffel, op.cit., 82-89; 197 f.

27 GNO IX, 345.

28 A.Caimi, art.cit., 142 ff.

29 Vgl. dazu auch die Tabelle bei J.Soffel, op.cit., 229.

30 Vgl. GNO IX, 441; 457.

31 Vgl. Menander, 419,11: ed.Soffel 144. - Der Hinweis von A.Caimi, art.cit., 143, auf das Fehlen des Topos der Zukunft ist weniger beweiskräftig. Gregor betont immerhin, daß sie niemanden mehr hätten, der sie durch die Wirrnis der Häresie führen würde (GNO IX, 453, 11 f.).

32 GNO IX, 456,5-457,1. - Vgl. Menander, 422,1 f.: ed. Soffel 152.

33 GNO IX, 457,6-9. - Vgl. Menander, 422,2 ff.: ed. Soffel 152.

34 Theodoret, H.E.V,8: MG 82,1209B: 'Meletius wurde von allen Rede-
gewaltigen ταῖς ἐπιταφίοις τελειωθεὶς εὐφημίαις'.

35 Vgl. GNO IX, 443,1.

36 Vgl. J.Bauer, op.cit., 42 f.; L.Méridier, op.cit., 255 ff.;
A.Spira, art.cit., 109 (vgl. auch die Aufteilung in der kritischen
Ausgabe); A.Caimi, art. cit., 141 f. (Vergleich mit der Einteilung
von Bauer).

37 GNO IX, 441,4-442,3.

38 GNO IX, 442,3-444,12.

39 GNO IX, 444,12-445,13.

40 GNO IX, 445,14-454,2.

41 Vgl. In s.Ephraem: MG 46,824AB; In laudem Basilii: MG 46,813B.
Vgl. dazu A.Caimi, art.cit., 152 f.

42 GNO IX, 445,18f. - Es folgt ein Vergleich mit Hiob.

43 GNO IX, 446,11-18. - Zur Umformung des Topos, vgl. J.Soffel,
op.cit., 85 ff.; A.Caimi, art.cit., 144 f.

44 GNO IX, 447,10-448,4.

45 GNO IX, 449,2-10; 450,4-451,11.

46 GNO IX, 449,11-450,3.

47 GNO IX, 454,3-456,5.

48 GNO IX, 454,3-455,2.

49 GNO IX, 455,2-456,5.

50 GNO IX, 456,5-457,6.

51 GNO IX, 457,6-9.

52 Vgl. A.Spira, art.cit., 109-114; J.Soffel, op.cit., 87 ff.;
A.Caimi, art.cit., 145.

53 Vgl. H.Delehaye, op.cit., 233 ff.

54 Vgl. A. Spira, art.cit., 109, mit Hinweis auf GNO IX, 452,9-12.

55 Diese kirchliche Ausrichtung der Rede Gregors wurde bisher kaum
beachtet. Vgl. etwa A.Spira, art.cit., 111: über das Haupt im pau-
linischen Sinn.

56 Vgl. H.Delehaye, op.cit., 208 ff.

57 GNO IX, 441-457.

58 Vgl. jedoch die Erklärung des Namens des 'Meletios' bei Gregor
von Nazianz, Carm.hist.XI,1521: MG 37,1135A.

59 GNO IX, 445,1-13.

60 Hinsichtlich der Dauer der Trauer, vgl. die in der Ausgabe von
A.Spira zitierten Bibelstellen: Gen. 50,7-11; 50,3; Num.20,29;
Dt.34,8, und dazu J.Bauer, op.cit., 34 f.

61 Wie weit der Ausdruck "Patriarchen" schon einen technischen Bei-
klang hat, ist schwer auszumachen. Jedenfalls findet man die

hierarchische Bedeutung dieses Wortes, und zwar im Zusammenhang mit dem Konzil von Konstantinopel, bei Socrates, H.E.V,8: MG 67,577C; 580A.

62 G.Rauschen, op.cit., 97 f., vertritt gegen die gewöhnliche Auffassung die Meinung, Gregor wolle sagen, Meletius sei der Vater des orthodoxen Glaubens.

63 GNO IX, 456,2 f.

64 Vgl. GNO IX, 442; 442,18 f.; 444,12-16 etc.

65 Vgl. GNO IX, 445,9 f.

66 Vgl. GNO IX, 443,1-3.

67 Vgl. GNO IX, 446,19; 448,13; 449,1; 456,5 ff.

68 GNO IX, 456,1 ff.

69 GNO IX, 445,14 ff.

70 Vgl. F.Cavallera, Le schisme d'Antioche, 222; A.M. Ritter, Das Konzil von Konstantinopel, 54[3].

71 GNO IX, 451,8 f.

72 Vgl. A.M.Ritter, op.cit., 41 f., mit Bezug auf Theodoret, H.E. V,7: MG 82,1208CD.

73 GNO IX, 456,17 f.

74 Vgl. GNO IX, 456,8-11.

75 Vgl. GNO IX, 457,2 ff.

76 GNO IX, 448,5-10.

77 Vgl. die Hochschätzung Gregors für die Kaiserin in der Trauerrede In Flacillam Imperatricem, GNO IX, 480,21-481,2.

78 Vgl. GNO IX, 450,8 ff.

79 Vgl. L.S.Lenain de Tillemont, Mémoires, 598; F.Cavallera, op. cit., 225 Anm.1; A.M.Ritter, op.cit., 56 Anm.5.

80 Vgl. Menander, 422,1 ff.: ed. Soffel 152.

81 Vgl. H.Delehaye, Les passions des martyres et les genres littéraires, 214-222; P.Maraval, in SC 178, 107 f., im besonderen E.Marotta, Similitudini ed ecphraseis nella Vita di S.Macrina di Gregorio di Nissa, VetChr 7, 1970, 265-284.

82 Vgl. Socrates, H.E.V,8: MG 67,577A, und dazu L.S. Lenain de Tillemont, Mémoires, 626; G.Rauschen, Jahrbücher, 95; 252; A.M.Ritter, op.cit., 53[5].

83 Vgl. GNO IX, 443,4-9.

84 Vgl. J.Bauer, Die Trostreden des Gregorios von Nyssa, 35.

85 Vgl. GNO IX, 445,1-8.

86 Vgl. A.M.Ritter, Das Konzil von Konstantinopel, 53.

87 GNO IX, 441,10-14.

88 GNO IX, 442,18-443,20.

89 GNO IX, 445,8-13.

90 GNO IX, 456,1-457,2.
91 GNO IX, 456,11-16. - Für die Wertung dieser Einzelheiten vgl.
J.Kollwitz, Bestattung, B. Christlich, RAC 2 (1954) 208-219; P.Ma-
raval, in SC 178, 68-89.
92 GNO IX, 456,17 f. - Vgl. 456,8-11.
93 Vgl. L.S.Lenain de Tillemont, Mémoires, 627; A.M. Ritter, op.
cit., 54.
94 GNO IX, 441,9 f.; 456,15.
95 Vgl. den ausdrücklichen Hinweis bei A.M.Ritter, op.cit., 54².
96 GNO IX, 441,10: καὶ τῆς πρὸς τὸν Χριστὸν ἀναλύσεως.
97 GNO IX, 456,5-457,2.
98 Vgl. GNO IX, 456,8: περὶ τὴν τοῦ σκηνώματος πομπήν : Vie de
S.Macrine, 33, 24.29: SC 178, 250 f.; De Virginitate, 4: GNO VIII
1, p.270,25 ff.: 2 Cor.5,4;271,1 ff.; 317,22 ff. - Zu σκῆνος im
Sinne von Katafalk, vgl. R.Krautheimer, Zu Konstantins Apostelkirche in Konstantinopel, JbAntChr, Ergänzungsband 1, 1964, 225, mit
Bezug auf die Vita Constantini 4,60.
99 Vgl. R.Krautheimer, art.cit., 224-229: zur Geschichte der Apostelkirche im vierten Jahrhundert; P.Stockmeier, Herrscherfrömmig-
keit und Totenkult - Konstantins Apostelkirche und Antiochos
'Hierothesion', JbAntChr, Ergänzungsband 8, 1980, 105-113, bes.
108 f.: über den Begriff ἰσαπόστολος. - Besonders zu beachten sind die beiden von R.Krautheimer, art.cit., 229, zitierten
Texte von Socrates, H.E.I,40: MG 67,180B, und Sozomenos, H.E.
II,34: MG 67,1032C, laut denen Konstantin die Apostelkirche erbaut
hätte, damit dort die Kaiser und Bischöfe bei den Aposteln begra-
ben werden könnten.
100 Vgl. GNO IX, 441,4-10.
101 Vgl. Sozomenos, H.E.VII,10: MG 67,1441AB. - Dazu L.S.Lenain de
Tillemont, Mémoires, 628 f.; F.Cavallera, Le schisme d'Antióche,
226 f.; A.M.Ritter, Das Konzil von Konstantinopel, 54.
102 Vgl. Sozomenos, loc.cit. - Vgl. Joh.Chrysostomos, De s.Meletio,
MG 50,519B.
103 Vgl. GNO IX, 447,10 ff.
104 Vgl. GNO IX, 456,1 ff.
105 Vgl. GNO IX, 449,11-15. - Dazu L.S.Lenain de Tillemont, Mémoires, 575; A.Spira, art.cit.: Stud.Patr. 9, 111.
106 Gregor von Nazianz, carm.hist.XI,1515 ff.: MG 37,1134A. - Vgl.
1576 f.: MG 37,1139A.
107 Theodoret, H.E.V,3: MG 82,1201BC.
108 GNO IX, 447,10-448,4.
109 GNO IX, 449,15-450,1. - Der Hinweis auf Paulus gehört nach

A.Spira nicht zum authentischen Text.

110 GNO IX, 450,1. - Vgl. den gleichen Gedanken in der Grabrede für Flacilla: GNO IX, 478,14 f.

111 GNO IX, 445,9-13. - Vgl. A.M.Ritter, op.cit., 56.

112 GNO IX, 450,8-13. - Vgl. zur Frage des dreifachen Exils, F.Cavallera, Le schisme d'Antioche, 328-333 (Chronologie des Meletius); R.Devreesse, Le Patriarcat d'Antioche, 20-25; A.M.Ritter, op.cit., 55 Anm.1.

113 GNO IX, 450,16-451,11.

114 GNO IX, 453,7-12.

115 GNO IX, 441,14-442,2.

116 GNO IX, 441,4-9. - Nach C.Pietri, Roma Christiana, Roma, 1976, 1612, wäre Meletius nicht nur von Gregor von Nyssa, sondern auch von Hieronymus und Theophilus von Alexandrien Apostel genannt worden. Leider läßt sich die Feststellung nicht verifizieren. Immerhin sind die Hinweise auf den Gebrauch des Aposteltitels in diesem Abschnitt über "La titulature apostolique du Pape" auch für unseren Text interessant.

117 Vgl.Basilius, Ep.67: MG 32,428AB; Gregor von Nazianz, carm. hist.XI,1522 ff.: MG 37,1135A; 1611: MG 37,1141A. - Vgl. besonders auch das Zeugnis von Epiphanius, der eher auf der Gegenseite stand: Haer. 73,28: MG 42,457AB; 73,34: MG 42,465D ff., sowie Socrates, H.E.III,25: MG 67,452B ff. - Vgl. dazu L.S.Lenain de Tillemont, Mémoires, 630.

118 Vgl. F.Cavallera, Le schisme d'Antioche, 229; P.P.Joannou, Die Ostkirche und die Cathedra Petri, 14.

119 Vgl. F.Cavallera, op.cit., 229 ff.; P.P.Joannou, op.cit., 190; 210.

120 Vgl. Theodoret, H.E.V,3: MG 82,1201D. - Dazu F.Cavallera, op. cit., 215 f.; P.P.Joannou, op.cit., 261.

121 Vgl. F.Cavallera, op.cit., 219 f.; A.M.Ritter, Das Konzil von Konstantinopel, 41-44.

122 Vgl. Anm.116. - Dazu In Bas.: MG 46,798B-792A.

123 Vgl. GNO IX, 454,4,10. - Dazu auch Basilius, Ep. 89,1: MG 32,469C: Bitte an Meletius, für sie zu beten.

124 Vgl. Menander, 421,15 ff.: ed.Soffel 152 f.: "Es ist nicht nötig, zu klagen, denn der Verstorbene lebt bei den Göttern oder hält sich im Elysischen Gefilde auf." - Vgl. ähnliche Texte bei J.Soffel, op.cit., 245 f.

125 Vgl. GNO IX, 447,8-10.

126 Vgl. GNO IX, 450,3. - Dazu 448,13 ff.: Rachel, die den "Mann" beklagt.

127 Vgl. GNO IX, 449,4-7; 450,5 f.; 450,8 ff.

128 Vgl. Gregor von Nazianz, carm.hist.XI,1509-1514: MG 37,1134A; Sozomenos, H.E.VII,7: MG 67,1429BC. - Dazu A.M.Ritter, op.cit., 44 Anm.1, sowie schon L.S.Lenain de Tillemont, Mémoires, 624 f.

129 Vgl. GNO IX, 450,14-18. - Dazu Gregor von Nazianz, carm.hist. XI,1525: MG 37,1135A; Theodoret, H.E.V,8: MG 82,1209AB, sowie L.S.Lenain de Tillemont, Mémoires, 625; F.Cavallera, op.cit., 221[2]; A.M.Ritter, op.cit. 49[3].

130 GNO IX, 451,7 ff.

131 Vgl. GNO IX, 445,7-13.

132 GNO IX, 441-442,2. - Vgl. A.M.Ritter, op.cit., 54.

133 GNO IX, 446,11-18.

134 Vgl. Anm.43. - Dazu, J.Daniélou, Platonisme et théologie mystique , Paris, 1944, 235-266: "Les sens spirituels".

135 J.Soffel, Die Regeln Menanders für die Leichenrede, 87.

136 Gregor umschreibt die Stellung des Meletius auch mit zwei anderen Bildern. Er nennt ihn die "Rechte" und die "süsse Stimme". Vgl. GNO IX, 453,17-454,2.

137 Vgl. Basilius, Ep.66,2: MG 32,425BC. - Dazu L.S. Lenain de Tillemont, Mémoires, 606 ff.; P.P.Joannou, op.cit., 177-181.

138 Basilius, Ep.89: MG 32,469B-472B. - Vgl. Ep.92,1: MG 32,477, wo Meletius in der Andresse des Briefes der Orientalen an die Bischöfe von Italien und Gallien an erster Stelle steht.

139 Vgl. Theodoret, H.E.V,9: MG 82,1212-1218D: Ep.synodica des Konzils von Konstantinopel, wo in der Erklärung von can.2 von "der ältesten und wahrhaft apostolischen Kirche von Antiochien in Syrien" die Rede ist (1271B = Conc.oecum.docum.25,38 ff.); Socrates, H.E.V,8: MG 67,581A: es ist die Rede von den πρεσβεῖα der antiochenischen Kirche, die Meletius zugesprochen worden waren und die weiterhin zu wahren sind.

140 Vgl. Basilius, ep.66,2: MG 32,425B.

141 Vgl. Ep.synodica von Konstantinopel: Conc.oecum.docum. 25,38-26,6. - Dazu Socrates, H.E.V,8: MG 67,580A-581A.

142 Vgl. A.M.Ritter, Das Konzil von Konstantinopel, 39 f.: über die Zusammensetzung des Konzils nach den verschiedenen Bischofslisten.

143 Vgl. Ep.synodica von Konstantinopel: Conc.oecum.docum. 25,1-14: Hinweis auf den Tomus der Synode von Antiochien von 379, sowie auch Theodoret, H.E.V,23: MG 82,1249C: über die communio fidei Flavians, des Nachfolgers des Meletius mit den anderen Kirchen. - Vgl. zur Bedeutung der Synode von Antiochien, F.Cavallera, Le schisme d'Antioche, 212 f.; R.Devreesse, Le Patriarcat d'Antioche, 34 f.; P.P.Joannou, Die Ostkirche und die Cathedra Petri, 226-229;

A.M.Ritter, op. cit., 31 f.

144 Vgl. W.Schneemelcher, Meletius, RGG³ 4 (1960) 845.

145 Vgl. zur Kritik des Begriffes "Jungnizänismus", A.M.Ritter, Zum Homoousios von Nizäa und Konstantinopel, in Festschrift für C.Andresen, Göttingen, 1979, 404-423.

146 Vgl. Gregor von Nazianz, Carm.hist.XI,1525 ff.; Theodoret, H.E.V,8: MG 82,1212A; Socrates, H.E.V,8: MG 67,576BC; Sozomenos, H.E.VII,7: MG 67,1429B. - Dazu, G.Rauschen, Jahrbücher, 98 ff.; A.M.Ritter, Das Konzil von Konstantinopel, 117 f.

147 GNO IX, 450,15-18. - Vgl. A.M.Ritter, op.cit., 49.

148 GNO IX, 441,14-442,2.

149 GNO IX, 453,7-12.

150 Conc.oecum.docum.21-27.

151 Vgl. A.M.Ritter, op.cit., 128 f., mit Cod.Theodos. XVI,1,3.

152 Conc.oecum.docum. 27-31.

153 Vgl. A.M.Ritter, Das Konzil von Konstantinopel (381) in seiner und in unserer Zeit, TheolPhil 5, 1981, 321-334, besonders 327-330.

154 Vgl. R.Devresse, Le Patriarcat d'Antioche, 36 ff.; A.M.Ritter, Das Konzil von Konstantinopel, 56-68.

155 Nach A.M.Ritter, op.cit., 56 Anm.5, war Gregor von Nazianz durch Krankheit daran verhindert, an der Leichenfeier für Meletius teilzunehmen und selbst die Trauerrede zu halten.

156 Vgl. GNO IX, 445,11 ff.; 450,16 ff.

157 Vgl. A.M.Ritter, op.cit., 79 f.

158 Vgl. E.Mühlenberg, Apollinaris, TRE 3 (1978) 363,21 ff.

159 Vgl. L.S.Lenain de Tillemont, Mémoires, 619 f.; P.P.Joannou, op.cit., 218 ff. - Gregor von Nyssa hatte ebenfalls an der Synode von Antiochien teilgenommen, die auch gegenüber den Apollinaristen Stellung bezogen hatte, wie er selbst bezeugt: Vita S.Macrinae: GNO VIII,1, p.386,22 ff.

160 Nach A.M.Ritter op.cit., 121, wurde Kanon 1, der auch eine Verurteilung der Apollinaristen einschließt, erst in einer späteren Phase des Konzils aufgestellt. Vgl. auch Sozomenos, H.E.VII,9: MG 67,1436B. Doch auch dann blieb die Stellungnahme noch rein negativ. Vgl. dazu E.Mühlenberg, Apollinaris, TRE 3 (1978) 364, 16-33.

161 Vgl. E.Mühlenberg, Apollinaris, TRE 3 (1978) 364, 44-50, mit Hinweis auf Ep. 3, die 382 datiert wird.

162 Diese politische Motivierung wird fürderhin die byzantinische Grabrede charakterisieren. Vgl. H.Hunger, Die hochsprachliche profane Literatur der Byzantiner (Hdb.Alterstumswissensch. XII/V,1), München, 1978, 132-145.

MARTIN ESPER

ENKOMIASTIK UND CHRISTIANISMOS
IN GREGORS EPIDEIKTISCHER REDE
AUF DEN HEILIGEN THEODOR

Die folgenden Ausführungen wollen, ausgehend vom
historischen Hintergrund und dem besonderen Aufbau dieser Rede, den Nachweis erbringen, daß Gregors Rede auf
den heiligen Theodor als ein Musterfall christlicher
Adaptation eines Lehrstückes paganer Rhetorik anzusehen
ist.

A) *Historischer Hintergrund*

1. *Zur Person des Heiligen*
Genau 111 Heilige dieses Namens genießen christliche Verehrung.[1] Der älteste in dieser Reihe ist jedoch
zweifellos jener Theodor, auf den Gregor v. Nyssa sein
Enkomion hält, Theodoros *tiro* resp. νεόλεκτος, Märtyrer
in der Christenverfolgung während der sich dem Ende zu-
neigenden Ära Diokletians in den Jahren 306-311. Maximinianus, Offizier unter Diokletian, adoptiert von ihm
unter dem Namen Galerius Valerius Maximinianus mit dem
Recht der Nachfolge, traf mit Diokletian 303/304 in Ni-
komedia zusammen; es kam zur Herausgabe von Edikten,
die das Kultopfer auch für Christen zwingend vorschrie-
ben. Die Unvereinbarkeit des kultischen Opferzwanges
mit dem christlichen Glauben zwang die Christen zur Alternative, entweder vom Glauben abzufallen oder den Tod
zu erleiden. Maximinianus hat im östlichen Reichsteil,
wie später Licinius im westlichen, peinlich genau auf
die Anwendung dieser Edikte gedrungen, insbesondere
während seiner Herrschaft als Augustus in den Jahren
306-311.[2]
Anlaß zur Verwechselung bietet lediglich das Martyrium des Theodoros *dux* resp. στρατηλάτης, der unter Licinius mehr als ein Jahrzehnt später enthauptet worden

ist.[3] Somit ist es auch erklärlich, daß es zur Kontamination in der Überlieferung gewisser ἀριστεῖαι der Heiligen gekommen ist, wie etwa dem Drachenkampf; auch wurden schon früh Kirchen gebaut, die dem Andenken beider Theodori dediziert waren; die bekannteste unter ihnen ist wohl die Kirche im Monasterium Vatopedi auf dem Athos.[4]

Ort seines Martyriums ist Amaseia, die Hauptstadt des ehemaligen Königreiches Pontus; seine Grabeskirche liegt in Euchaita, einem Flecken etwa eine Tagesreise von dieser Stadt entfernt; er wird mit dem heutigen Aukhat identifiziert.[5]

In Kleinasien zogen beständig zahlreiche Wallfahrer aus Stadt und Land insbesondere zur jährlichen Festfeier nach Euchaita, das eben wegen seiner berühmten Grabeskirche auch den Namen Theodoropolis getragen haben soll.[6]

Die griechische Kirche begeht sein Fest bis auf den heutigen Tag am 17. Februar, die lateinische am 9. November; die unterschiedlichen Daten lassen sich mit der Translation seiner Reliquien und der damit verbundenen Weihe neuer Kirchen im Westen erklären, als im 12. Jahrhundert für den ursprünglichen Ort seiner Verehrung die Tage gezählt waren.[7] So kam es auch bekanntlich im 13. Jahrhundert zur Darstellung seiner Legende auf einem Glasgemälde des Chores der Kathedrale zu Chartres.[8]

2. *Die Zeit der Rede*

Gregor hält diese Rede in der Basilika zu Euchaita, eben an dem Fest des Heiligen. Er weist dabei auf Skytheneinfälle hin. Die Feinde sind zwar zunächst abgewehrt, aber sie bedeuten noch immer eine Gefahr.[9] Man wird hierbei an den ersten Gotenkrieg 367-369 unter Valens denken dürfen und an die Kriegswirren des folgenden Jahrzehnts an der unteren Donau, die erst nach dem Tode des Valens mit den Friedensverträgen in den Jahren 379-382 ihr vorläufiges Ende fanden.[10]

Gregor erwähnt, daß der Krieg im vergangenen Jahr unter dem Beistand des heiligen Theodor zum Stillstand gebracht sei.[11] Hierbei läßt sich an eine siegreiche Schlacht der oströmischen Soldaten in dieser Epoche denken, die im Zeichen des Kreuzes unter Anrufung des

heiligen Theodor geführt wurde. In der Schlußepiklese
bittet Gregor dagegen um weitere persönliche Sicherheit
im Falle größerer Bedrängnis. Die Eidololatrie und Hae-
resie dürfe nicht weiter ihr Haupt erheben.[12]

Man darf diesen allgemeinen Hinweis vielleicht so
verstehen – man kann hier aus stilistisch geforderten
verallgemeinerten Aussagen der Epideiktik ohnehin nur
Schlüsse aus dem Bereich des εἰκός ziehen – , daß Gregors Auseinandersetzung mit den Arianern noch nicht zu
seiner Absetzung geführt hat, da Valens noch alle Hände
voll zu tun hatte mit der Sicherung der Grenzen; somit
ist als terminus ante quem das Jahr 376 festzusetzen.

B) Die Gliederung der Rede

I *Prooemium*[13]
   Fragen an die Zuhörer nach dem Grund bzw. dem Urhe-
   ber dieser Versammlung;
   Lob der Teilnehmer mit begründendem Hinweis auf die
   jüngste Leistung des Heiligen
   Synkrisis
   Darlegung der Bedeutung eines heiligmäßigen Lebens;
   Appell an die Zuhörer, gemäß der Erkenntnis dieses
   Gutes auch zu leben

II *Lob des Ortes*[14]
   Die gegenwärtige Seinsweise des Heiligen
   1. Seinsweise seiner Seele (als Praeteritio)
   2. Seinsweise des Leibes
      a) Die Grabeskirche und ihr Bilderschmuck;
         Hinweis auf den Nutzen dieser vorgestellten
         Bilderbibel
      b) Das Grab selbst;
         die Berührung des Schreines gilt als höch-
         stes Geschenk
   Synkrisis
   in Form einer Analogia entis mit antithetischer
   Darlegung der Lebensweise der Unbesonnenen und
   der Besonnenen

III *Lob des Geladenen*[15]
   Seine Lebensweise und das Drama seines Martyriums

a) Die erste Verhandlung
   1. Frage der Richter nach dem Grund für die Verweigerung des Opferkultes
   2. Standhaftes Bekenntnis mit Berufung auf Christus den Gottessohn
   3. Betroffenheit der Richter
   4. Verspottung der Gottessohnschaft
   5. Der Spott fällt auf die Spötter zurück
   6. Die Richter räumen in vorgetäuschter Menschlichkeit Theodor Bedenkzeit ein
   7. Theodor nützt die Bedenkzeit keineswegs im Sinne der Richter; er zündet stattdessen den Tempel der Göttermutter an und stellt sich selbst

b) Die zweite Verhandlung
   1. Die Richter wechseln ihre Taktik; im Falle seines Opfers soll ihm die Oberpriesterwürde offeriert werden
   2. Begründende Ablehnung des Angebots: Beurteilung der Oberpriester, insbesondere der Kaiser, in ihrer Oberpriesterwürde als Köche und Schlächter
   3. Die Richter lassen ihre Maske der Menschenfreundlichkeit fallen und ordnen die Folter an
   4. Theodor erträgt unter Psalmengesang die Folterqualen
   5. Theodors Vision im Gefängnis; wundersamer Gesang und Lampenschein
   6. Bei der Überprüfung findet der Gefängniswärter alle schlafend
   7. Nach weiteren vergeblichen Versuchen, Theodor umzustimmen, ergeht das Urteil: Tod auf dem Scheiterhaufen
   Synkrisis
   Abschließende Beurteilung des Martyriums durch Gregor; Lehrstück für das Heil des Christen

IV *Epilogos*[16]
   1. Rückgriff auf das Prooemium
      Die Festversammlung ist zur Ehre Gottes und zum Gedächtnis an den siegreichen Kampf des Heili-

gen zustande gekommen
2. Die große Schlußepiklese
   Gebet um den Beistand des Heiligen
   a) Bitte um das Gelingen des Festes
      1. Der Heilige soll die Festversammlung leiten
      2. Er soll sich von der Festfreude überzeugen
      3. Er soll sich daher über seine Leiden freuen
   b) Bitte um allgemeine Sicherheit
      1. Bitte für das Vaterland angesichts der noch nicht gebannten Skythengefahr
      2. Bitte um Frieden, damit die heiligen Stätten nicht von der Barbarei verwüstet werden und das christliche Leben nicht zum Erliegen kommt
      3. Bitte um weitere persönliche Sicherheit und die Sicherheit der Kirchen überhaupt
   Synkrisis
   Theodor soll in Gemeinschaft mit Petrus, Paulus und Johannes Beistand leisten, damit Götzendienst und Irrlehren nicht erstarken und die Kraft des Wortes nicht verdorrt
   Schlußdoxologie

C) Enkomiastik

Seine Trauerreden baut Gregor nach dem Muster kaiserzeitlicher Rhetorikhandbücher auf, wie sie in den peinlich genauen Vorschriften Menanders Gestalt angenommen haben in dem Abschnitt seines Werkes, der vom λόγος παραμυθητικός handelt.[17]

Wie ist nun der Aufbau der vorliegenen Rede zu erklären? Méridier und nach ihm der Bollandist Delehaye haben versucht, im Aufbau dieser Rede die Stoffanordnung wiederzufinden, die Menander im λόγος βασιλικός, der Lobrede auf den Kaiser, vorschreibt. Doch sehen sich beide Forscher gezwungen, viele Abweichungen vom dort vorgegebenen Schema hinnehmen zu müssen.[18] Natürlich muß Gregor das vorgegebene Schema eben nicht immer peinlich genau einhalten. Doch bevor man hierfür den jeweils besonderen Umstand einer Rede und Gregors Christianismos hervorkehrt, sollte man sich nicht geschlagen geben und nach weiteren Vorlagen aus der paganen Literatur suchen.

Natürlich tritt Gregor nicht sklavisch den vorgegebenen Fußstapfen einfach nach. Jedoch kann sein Christianismos die pagane Tradition auch nicht einfachhin verachten. Imitierend und variierend mißt er sich mit ihr, wobei er sich nicht in der Exhibition seiner Redekunst erschöpft und damit in der puren Ergötzung seiner Zuhörer.[19] Gemäß seiner Forderung, daß dem Wort des Redners die Tat des Zuhörers folgen soll, durchwirkt er seine Reden diatribenhaft; mit seiner katechetischen Predigt innerhalb der Enkomiastik übersteigt er diese tradierte Literaturgattung.

Auf die kunstvollen Fügungen des Satzbaues, wie Isokola, Homoioteleuta, steigende Glieder, Parallelismus, Chiasmus, Antithesen, den Klauselrhythmus (unter Beachtung des Meyerschen Gesetzes, wie P. Maas seinerzeit erkannte)[20] will ich nur in Form dieser Praeteritio eingehen.

Das Schlüsselwort bei Menander und, wie zu zeigen sein wird, auch bei Gregor für die Anlage des epideiktischen Prooemiums ist die αὔξησις, die Mehrung des Ruhms für den Gepriesenen, womöglich noch mit Beispielen, die die Unfaßbarkeit des Ruhmes unterstreichen.[21] In drei sich jeweils übersteigernden Fragen zielt Gregor immer genauer auf den Urheber dieser festlichen Versammlung, um dann erst, mit Berufung auf den christlichen Glauben, die Antwort zu geben, natürlich ohne Namensnennung des Gepriesenen; das hätte als plump gegolten. Die Vielzahl der Leute mit ihrem Eifer, und das zu einer Zeit, wo man doch lieber zu Hause bliebe wegen der Unwirtlichkeit des Klimas, und die Hervorhebung des friedlichen Charakters dieser Versammlung unter Anführung der jüngsten Leistung des Heiligen,[22] all das sind Punkte, wie sie allesamt Menander mit den Begriffen αἰτία, καιρός, παράδειγμα bei der Gestaltung eines epideiktischen Prooems zu bedenken gibt.[23] Man darf somit das Prooemium geradezu als eine αὔξησις κατ' ἐξοχήν bezeichnen.

Wie bereits Aristoteles diagnostizierte, hat sich

der Panegyrikos in erster Linie auf das παρόν zu kaprizieren.[24] Gregor trägt dem Rechnung, indem er nach dem Prooem nun auf die gegenwärtige Seinsweise des Heiligen eingeht. Das geht allerdings nur hinsichtlich der Seinsweise seines Leibes; parenthetisch bemerkt Gregor, daß von der Seinsweise der Seele nichts Genaues auszumachen sei. Ganz zwanglos ergibt sich somit die Gelegenheit, die Schönheit der Grabeskirche mit ihren Malereien und Mosaiken von den ἀριστεῖαι des Heiligen zu beschreiben. Die Malerei an den Wänden versteht zu sprechen und bietet mit ihrer ψυχαγωγία den Zuschauern den größten Nutzen. Daß Gregor einen Blick für die Architektur und Ausstattung einer Kirche hatte, wissen wir aus *Ep.*25; ein Beitrag zu diesem Colloquium befaßt sich ja mit diesem Text. Anblick und Berührung des Schreins mit den sichtbaren Gebeinen des Heiligen üben auf die Wallfahrer jedoch die höchste Wirkung aus. [25]

Wir werden diese ganze Partie als ἔκφρασις im Sinne Menanders verstehen dürfen, die nichts anderes bezwekken soll, als den Ruhm der ἀριστεῖαι weiter zu vergrößern. Mit der anschließenden Darlegung der Lebensweise der Unbesonnenen und der Besonnenen entspricht Gregor der Forderung Menanders, möglichst jedem Sinnabschnitt der epideiktishen Rede eine Synkrisis folgen zu lassen – natürlich wieder im Sinne der αὔξησις. Der ursprüngliche Zweck der συγκρίσεις erfährt bei Gregor jedoch eine christliche Metamorphose, wie gleich dargelegt wird. Als Axiom hierbei darf gelten, daß bei Gregor niemals ein Lehrstück paganer Rhetorik unverändert in den Christanismos übergeht, wie das natürlich auch für die Philosophie zu gelten hat.

Bis hierher ließe sich noch gut mit den Begriffen Menanders aus seinem λόγος βασιλικός, dem Enkomion auf den Kaiser, arbeiten; der weitere Aufbau der Rede verbietet es jedoch. Es ist nicht mehr das Schema Menanders mit den Schlüsselbegriffen πατρίς, γένος, φύσις, ἀνατροφή, παιδεία, ἐπιτηδεύματα, πράξεις, τὰ τῆς τύχης, auch nicht in der Form der Praeteritio, dem Gregor hier folgt, wie Delehaye darzulegen versucht.[26] Diese Rede ist eben kein bloßes Enkomion im Sinne des λόγος βασιλικός Menanders, der sich zum Ziel setzt, immer neues, immer größeres Lob des Adressaten zu bewirken. Gerade die äußerst genaue Differenzierung der epideiktischen Redekunst bei Menander hilft hier weiter: Wir haben es in dieser Rede mit einem christlich adaptierten λόγος κλητικός zu tun, einer Einladungsrede an eine hohe Persönlichkeit zu einer πανήγυρις resp. einer ἱερομηνία, die zur Ehre Gottes stattfindet.

Zum Aufbau und Stil des λόγος κλητικός bemerkt Menander:[27] "Wenn Du eine hohe Persönlichkeit zu einer Festversammlung lädst, wirst Du, wie es sich gehört, im Prooemium die Ursache für sein Kommen und die Einladung an ihn nennen: Die Stadt hat schon lange Boten geschickt und sehnt sich vorbehaltlos nach ihm und will natürlich täglich Anteil haben an den ihm zukommenden Vorzügen. Besonders aber jetzt, da die Stadt ein Fest begeht und nach einem bedeutenden Augenzeugen für das, was sich da abspielt, verlangt. Dann wirst Du die Festversammlung preisen, von der die Einladung ausgeht. Damit der Geladene über die Voraussetzung der Festversammlung informiert ist, mußt Du ein wenig weiter ausholen. Nach dem Lob auf die Versammlung wirst Du sagen, daß sie einem Gott oder einem Heros gewidmet ist. Nach dem Lob der Festversammlung wirst Du ein Enkomion auf die Stadt halten, wenn Du etwas Altehrwürdiges von ihr zu bieten hast, und dann ist es unumgänglich, ein Enkomion auf die geladene hohe Persönlichkeit zu halten. Denn zuerst muß man die Festversammlung preisen. Denn diese geht allem voraus.[28] Deshalb muß man auch damit anfangen, dann ist die Stadt, und dann der Geladene an der Reihe; überall sollst Du jedoch auf die Festversammlung hinweisen. Die Rede von ihr soll mehr Gewicht haben, weil es ja auch nicht einfach eine Einladung ist, sondern eben eine zu einer Panegyris ... Schließlich sagst Du noch: Das Fest ist bereitet - Du allein fehlst noch."[29]

Die Gliederung unserer Rede stellt sich somit, getreu dem Muster Menanders, wie folgt dar:

I   Ursache für die Versammlung; Preis der Versammlung; ihr Eifer[30]
II Hervorhebung des Orts, an dem diese Versammlung stattfindet[31]
III Preis des Geladenen; er gipfelt in der ἔκφρασις

seiner glorreichen Tat[32]

IV   Abschließende Bitte um das Erscheinen des Geladenen
und seinen weiteren Beistand[33]

Damit ist auch der philologischen Interpretation der
Weg gewiesen. Wir haben das Muster eines λόγος κλητικός
vor uns, ein nicht zu unterschätzendes Faktum für die
Erhellung der speziellen Redeformen Menanders und deren
Entwicklung in der Folgezeit. Hervorzuheben sind hier-
bei:

a)   Die Verquickung von Lob und Bitte
b)   deren stetige αὔξησις durch παραδείγματα, συγκρίσεις, ἐκφράσεις, häufig in antithetischer Junktur
c)   Die Übergänge zwischen den einzelnen Abschnitten
werden überwiegend durch συγκρίσεις gebildet, wobei
Gregor insbesondere zu diatribenhaften Einschüben
neigt, bevorzugter Ort für den Christianismos.

Zur durchgängigen Struktur dieser Rede als λόγος
κλητικός sei statt vieler Einzelbeobachtungen hier nur
folgendes bemerkt: Die Festversammlung ist, nach Gregors Worten, von Theodor selbst hervorgerufen worden;
seine stetige Verehrung ist das Werk seiner ἀριστεῖαι,
die ja auch noch sinnenfällig in der Grabeskirche gegenwärtig sind. Für die Quellenforschung sei angemerkt,
daß H. Useners Satz: "Die ersten und wesentlichsten
Träger der Legenden waren die Bilder der Märtyersze-
nen",[34] hier eine eindeutige Bestätigung findet. Gregor
kann viele Taten aus dem Leben Theodors demnach hier
übergehen. Er greift lediglich das Thema der Passion
auf und geht dabei natürlich auf die mündliche Tradition zurück. Die Gestaltung dieses Dramas jedoch, insbesondere der Wortwechsel, ist sicher Gregors Werk. Er
folgt in der stilistischen Gestaltung und der Charakte-
ristik Theodors ganz der αὔξησις-Vorstellung Menanders,
wie sie in seiner Vorschrift vom ἀπίστως[35] zum Ausdruck
kommt; allerdings ist ἀπίστως subjektiv zu verstehen.
Wir können uns wirklich nicht vorstellen, daß Theodor
derart geschliffen und zugespitzt gesprochen hat. Die
aristotelische Forderung nach dem εἰκός auch in der Gestaltung epideiktischer Reden mußte unberücksichtigt
bleiben; für einen Heiligen gelten diese Maßstäbe eben

nicht. Theologische Erwägungen Gregors haben hier den Ausschlag gegeben, Theodor so und nicht anders sprechen zu lassen.

Nach einem derartigen Lob greift Gregor im Schlußabschnitt der Rede auf die eingangs bereits angedeutete Ursache für die Festversammlung zurück: Theodor hat sie einberufen. Da die Teilnehmer diesem Ruf gefolgt sind und in einer Festfeier das Gedächtnis seiner Leistungen begehen, ist es nur folgerichtig, ihn nun dafür auch seinerseits zu rufen.[36]

Da nun hohe Herren immer stark beschäftigt zu sein pflegen, zählt Gregor alle möglichen derzeitigen Beschäftigungen Theodors auf im fast unmerklichen Widerspruch zur eingangs erfolgten Bemerkung, daß man über Theodors Seinsweise bei Gott keine Aussagen machen könne. "Magst du dich in der Höhe aufhalten, in einem bestimmten Teil des Himmelsgewölbes herumschlendern, oder in der Phalanx der Engelchöre beim Herrn stehen oder ihn mit den Mächten und Gewalten wie ein treuer Sklave kniefällig verehren, erbitte dir doch ein wenig Freizeit, komm als unsichtbarer Freund zu denen, die dich hier verehren! Nimm die Festfeier in Augenschein, damit du den Dank Gott gegenüber verdoppelst, weil dir für ein einziges Leid und ein einziges frommes Bekenntnis so großer Lohn zuteil wurde! Gerate ins Jauchzen über das Vergießen deines Blutes und die Pein des Feuers! Wie viele du hattest als Zuschauer deiner Hinrichtung, so viele Verehrer deines Ruhmes hast du jetzt."[37] Ist das überdehnter Gebrauch metaphorischer Rede und wirkt damit nach Aristoteles eher wie ein "kalter Witz"?[38] Oder ist das bloß abgestimmt auf die Denkweise seiner Zuhörer? Oder zeigt Gregor hier christlich unbeschwerten Umgang mit dem Heiligen und Göttlichen, wie es auch in der paganen Literatur an derartigen Beispielen nicht mangelt? Wichtig ist jedenfalls, daß Theodor mit allen Mitteln dazu gebracht werden soll, dem Fest beizuwohnen.[39] Deshalb kann Gregor nun auch die Schlußepiklese anfügen: Theodor mag sich erneut als treuer Nothelfer in der derzeitigen Bedrängnis bewähren. Gregor beendet die Rede im gläubigen Vertrauen auf die Bewältigung der Zukunft nicht ohne eine versteckte σύγκρισις der Leistungsbereitschaft Theodors mit der eines Petrus, Pau-

lus und Johannes[40] und läßt damit die Schlußdoxologie
folgen.

D) *Christianismos*

In gebotener Zurückhaltung möchte ich zu Gregors
Christianismos folgende Bemerkungen machen, soweit sie
mit dem Textbefund auch weiterer Schriften Gregors in
Einklang stehen.

1. *Verquickung des Christianismos mit der paganen Tradition*

Die Verwendung des epideiktischen Genos qualifi-
ziert jeden behandelten Gegenstand in der Alternative
καλόν - αἰσχρόν. Der christlichen Sache wird somit un-
eingeschränktes Lob zuteil, der paganen ebenso uneinge-
schränkter Tadel. Auch christliche epideiktische Reden
müssen somit parteiisch sein. E.g. seien angeführt:
Theodor ist fromm; die Tyrannen sind böse. Theodor erscheint als Vorkämpfer gegen den Arianismus.[41] Die
scheinheiligen Mienen der Tyrannen und ihre überra-
schenden Offerten einerseits, die unstillbare Sehnsucht
Theodors nach dem Martyrium und seine ebenso überra-
schenden Repliken andererseits. Die Brandstiftung Theodors setzt Gregor als seine Antwort auf Julians Rede
für den Kybelekult. Inwieweit die christliche Epideiktik dieser Zeit in antike, für sie naturgemäß nicht ab-
streifbare Fesseln verstrickt ist, mag hierbei besonders sinnenfällig werden.

2. *Die christliche Adaptation tradierter Bildungsgüter*

Gregor reklamiert den paganen λόγος κλητικός für
die christliche Verkündigung und nimmt ihm damit die
historisch eindeutig festlegbare Zielsetzung; er objek-
tiviert ihn geradezu. Zielt der pagane λόγος κλητικός
darauf ab, einen hohen Herrn zum Kommen zu bewegen mit
allen weltlichen Mitteln der Schmeichelei, so leuchtet
hinter dem christlich adaptierten der Ruhm dessen auf,
dem aller weltliche Ruhm verdankt wird. Christus ist
schließlich der Urheber aller δόξα. Durch diese theologische Aussage bekommen auch die συγκρίσεις in den
Übergängen der Redeabschnitte ihren parainetischen Cha-

rakter. Nicht mehr die historische Einmaligkeit des Heiligen mit seinen Lebensdaten und seinem Bildungsgang ist für Gregor von Bedeutung, um damit dem Hörer einen Genuß besonderer Art zu bereiten. Vielmehr geht es Gregor in dem λόγος κλητικός an den heiligen Theodor darum, ihn den Festteilnehmern als Wegbereiter zu Christus herauszustellen. Daher muß sich im Tun, nicht im bloßen Hören dieser Logos vollenden. Leuchtet Christus als Urheber jeder δόξα in seiner Rede auf, so nimmt Gregor im λόγος κλητικός den Dienst eines Heiligen für eine persönliche Sicherheit auf dem Weg zu Gott in Anspruch.[42] Aus dem λόγος κλητικός wird somit ein λόγος ἐπικλητικός. Theodor soll sich als Führer auf dem Weg des Menschen zum ἀρχέτυπον resp. zur ἀποκατάστασις erweisen.

Wird in den exegetischen Schriften ein Analogon zu dem zur Deutung vorliegenden Text aus dem Erfahrungsbereich des Interpreten selbst gesucht, um damit dem Adressaten der Deutung eine Hilfe für die Vervollkommnung seines Lebens zu geben, so schlägt Gregor hier den umgekehrten Weg ein: Ein zunächst außerbiblischer Vorgang wird in einem biblischen wiedererkannt und bekommt damit seine herausragende Bedeutung.

3. *Die Begrenztheit theologischer Aussagen in den Reden*
Soweit ich sehe, hat ὁ κλητὴρ τῆσδε τῆς πανηγύρεως hierauf als erster hingewiesen.[43] Was in den Reden naturgemäß verkürzt und oft genug nur angedeutet werden kann bis zur Gefahr von Verfälschung und Unverständnis, ist in den großen und kleinen theologischen Schriften ausgeführt. Ich führe an für diese Rede:

a) Die arianische Kontroverse um das ἐμπαθῶς[44]
b) Die Rede von der Analogie der Gegensätze[45]
c) Das pagane Philosophem von der Erkenntnis des Gleichen durch das Gleiche[46]
d) Das Problem der leiblichen Identität der Menschen[47]
e) Die vorgestellte Disjunktion von Leib und Seele[48]

Werden diese Komplexe in seinen theologischen Schriften ungleich subtiler angegangen, so kann im vorliegenden Text Gregor natürlich nicht der diesem literarischen Genos mit Notwendigkeit anhaftenden Vereinfachung entraten.

Anmerkungen

1 J.Stadler/J.Ginal, <u>Vollständiges Heiligenlexikon</u>, Augsburg 1859, Bd.5, s.v. "Theodorus".

2 H.Delehaye, <u>Acta Sanctorum</u>, Nov.IV, Brüssel 1925, 11.

3 Siehe Anm.1; p.469 f.

4 <u>Bibliotheca Sanctorum</u>, Roma 1969, XII 238-241; cf. Anm.2, Delehaye.

5 <u>Ibid.</u>; cf. Anm.2: <u>commentarius praevius</u> 11-27; H.Delehaye, Euchaita et la légende de saint Théodore, in <u>Mélanges d'hagiographie Grecque et Latine</u>, Bruxelles 1966, 275-280 (<u>Subs.Hag.</u>42).

6 Cf. Anm.4 und 5.

7 Cf. Anm.2, Delehaye, <u>commentarius praevius</u> 26 f.

8 Die ganze Legende Theodors ist in 38 Abteilungen auf einem Glasfenster des Chores dargestellt.

9 <u>De s.Theod.</u>, <u>PG</u> 46,737A-748B; für die gesamte Rede muß einstweilen noch der Mignetext herangezogen werden; mit dem Erscheinen der textkritischen Edition in <u>GNO</u>, Leiden (Brill), ist jedoch in naher Zukunft zu rechnen. Für den 3. Abschnitt der Rede (Passio, siehe Gliederung) sind <u>Acta Ss.</u>, Nov.IV, Brüssel 1925, 27-29 (ed.Delehaye) beizuziehen.

10 Nach dem Tod des Valens in der Schlacht von Adrianopel am 9. August 378; Gregor kehrte aus der Verbannung zurück, zu der er im Jahre 376 auf Betreiben des arianisch gesinnten Valens verurteilt worden war.

11 <u>De s.Theod.</u>, <u>PG</u> 46,737A.

12 <u>Ibid.</u>748C; zur Chronologie der Reden überhaupt siehe J.Daniélou, La chronologie des sermons de Grégoire de Nysse, <u>Rev.Sc.Rel.</u>29, 1955, 346-372.

13 <u>De s.Theod.</u>, <u>PG</u> 46,736C-737B.

14 <u>Ibid.</u>737B-740D.

15 <u>Ibid.</u>740D-745D; Delehaye, <u>Acta Ss.</u>, Nov.IV, Brüssel 1925, 27-29.

16 <u>De s.Theod.</u>, <u>PG</u> 46,745-748D.

17 Menander, <u>Rhet.Graeci</u> III, rec.L.Spengel, Leipzig 1856, 413,5-414,30; Nachdruck: Frankfurt a.M. 1966; siehe J.Bauer, <u>Die Trostreden des Gregorios von Nyssa in ihrem Verhältnis zur antiken Rhetorik</u>, Marburg 1892.

18 Menander, <u>Rhet.Graeci</u> III 368-377; Wiedergabe des Schemas cf. unten. H.Delehaye: <u>Les passions des martyrs et les genres littéraires</u>, Bruxelles 1921, 197, 200-201, kapriziert sich auf Menanders Schema für den Aufbau des LOGOS BASILIKOS, findet aber die Rede Gregors für den Thaumaturgen instruktiver. L.Méridier, <u>L'in-</u>

fluence de la seconde sophistique sur l'oeuvre de Grégoire de Nysse, Rennes 1906, 242 f. läßt es dabei bewenden, es handele sich bei dieser Rede um einen Panegyrikos nach dem Muster eines sophistischen Enkomions.

19 BIOS und LOGOS dürfen nicht auseinanderklaffen; darin ist Theodor beispielhaft. Das zeigt sich insbesondere in dem Drama seiner Passion (PG 46,740D). Die herausragende Leistung Theodors darf also nicht als artifizielles Spiel Gregors mißverstanden werden. Zur Gratwanderung christlicher Autoren, insbesondere Gregors, zwischen Sein und Schein in der Anwendung rhetorischer Regeln cf. J.Soffel: Die Regeln Menanders für die Leichenrede, Meisenheim 1974, 82 f. (Beiträge zur Klass. Philologie Heft 57).

20 P.Maas:(Sitzungsberichte der Berliner Akademie der Wissenschaften 1912), 997; W.Meyer, Der akzentuierte Satzschluß in der griechischen Prosa vom 4. bis zum 16. Jh., Göttingen 1891.

21 Menander, Rhet.Graeci III 368-369,17; zu ἀπίστως siehe unten und Anm.35.

22 De s.Theod., PG 46,736C-737A.

23 Cf. Anm.21; Menander, περὶ κλητικοῦ 424,3-425,21.

24 Arist., Rhet.1338b18 (I 3).

25 De s.Theod., PG 46,740A/B; Berührung der Reliquien, z.B. der Schädelkalotte des durch seine Wunderheilungen berühmten Mönches Jerondojannis aus dem 18.Jh. im Kloster Kapsas im Südosten Kretas durch ein Loch in der Grabplatte, das gewöhnlich durch ein Tuch den Blicken entzogen ist. Erinnert sei auch an eine bestimmte Devotionalienpraxis mit Testat entsprechend folgendem Wortlaut: Venerabilis archiconfraternitatis vinculorum sancti Petri -- Testor ego infrascriptus hanc catenulam tetigisse sacra vincula B.Petri Principis Apostolorum, quae in hac Eudoxiana Basilica religiose asservantur. In quorum fidem etc. Romae ex Canonica S.Petri ad Vincula die 1° Augusti 1876 D. Augustinus B. (Privatbesitz).

26 Cf. Delehaye, op.cit.200.

27 Die Besonderheit des Textes mit seinem Gemisch von wörtlichen Vorschlägen für Redewendungen und Anweisungen zum Redeaufbau stellt Soffel, op.cit.99 klar heraus. In der vorliegenden Übersetzung sind diese Stilbrüche geglättet.

28 Mit Aristoteles gesprochen: Sie gehört zum παρὼν χρόνος (cf. Anm.24).

29 Menander, Rhet.Graeci III 424,3-23; 425,6-8.

30 De s.Theod., PG 46,736C-737B.

31 Ibid.737B-740D.

32 Ibid.740D-745D; cf. Gliederung, Anm.15.

33 Ibid.745D-748D.

34 H.Usener, Beiträge zur Geschichte der Legendenliteratur, in Jahrbuch für prot.Theologie XIV (1887) 222; Nachdruck in Kleine Schriften III, Osnabrück 1965, 76.

35 Menander, Rhet.Graeci III 368,22.

36 De s.Theod., PG 46,745D: καλέσαντα γάρ σε ἀντικαλοῦμεν.

37 Ibid.745D-748A.

38 Arist., Rhet.1406b5-19.

39 Menander, Rhet.Graeci III 424,26-425,6: Die Erwartungshaltung der Festteilnehmer darf ebensowenig enttäuscht werden wie der Gott, dem das Fest gilt.

40 De s.Theod., PG 46,748C.

41 De s.Theod., PG 46,741C-D.

42 Ibid.748B.

43 A.Spira, Rhetorik und Theologie in den Grabreden Gregors v. Nyssa, in Studia Patristica, IX, Oxford 1963, 112.

44 Cf. Anm.41: ἐμπαθῶς μὲν ὁ ἐμὸς θεὸς οὐκ ἐγέννησεν.

45 Ibid.740C-D: διὰ τοῦτο πιστεύσωμεν ἐκ τῶν φαινομένων τοῖς ἀοράτοις... .

46 Ibid.740B: ὅπως ἐστὶ πολυπόθητον ... ἴσασιν οἱ πεπειραμένοι.

47 Ibid.740B: ἐν μὲν γὰρ καὶ τὸ αὐτὸ σῶμα πάντων ἀνθρώπων.

48 Ibid.737A-C.

CHRISTOPH KLOCK

Architektur
im Dienste der Heiligenverehrung
Gregor von Nyssa als Kirchenbauer (ep. 25)

Der 25. *Brief* Gregors von Nyssa, gerichtet an Amphilochius von Ikonium, zählt wegen seiner Beschreibung der in Nyssa gerade im Bau befindlichen Märtyrerkirche mit Recht zu den bedeutendsten und kostbarsten
Dokumenten der frühchristlichen Kunst- und Architek-
turgeschichte.[1] Es mag angemessen sein, auch einen
solchen Text auf unserem Kolloquium heranzuziehen,
denn er zeigt uns (um einen Gedanken aus dem Eingang
des Briefes abzuwandeln), wie Gregor nicht nur im Wort
– λόγος – ein heiliges Leben darstellt, sondern auch
im Werk – ἔργον – durch den Bau einer Kirche ver-
sinnbildlicht.
Die Kirche ist, wie Gregor angibt, ein μαρτύριον
(79,10), ein Memorialbau. Welche Reliquien dorthin
verbracht werden sollten, erfahren wir nicht. Es wäre
verlockend, auch hier wieder an die vierzig Märtyrer
von Sebaste zu denken, die in Gregors Familie so hoch
verehrt wurden[2], und man mag sich daran erinnern, daß
Gregors Mutter Emmelia für ihre Kirche in der Nähe des
pontischen Ibora deren Reliquien erwerben konnte.[3]
Doch bleibt dies reine Spekulation.

Zur Typologie des Baues

Für den christlichen Memorialbau, wie auch für den
Grabbau im engeren Sinne[4], war die Kreuzform naturgemäß eine maßgebliche Entwurfsgrundlage.[5] So entstanden
vielerorts kreuzförmige Zentralbauten; eines der be-
rühmtesten Beispiele des 4. Jh. ist die Johanneskirche
in Ephesos. Etwa zur gleichen Zeit wie Gregor baute
Meletius in Antiochia ein Martyrion für den 353 von
Julian aus Daphne verjagten Babylas, in dem er 381

auch selbst bestattet wurde: beide Heilige übereinander in einem gemeinsamen Sarkophag.[6] Sein Nachfolger Flavianus besorgte große Teile der Mosaikausstattung. Von diesen Entwürfen unterscheidet sich Gregors Projekt durch die Gestaltung des Baumittelteils: in Nyssa sind die vier Kreuzarme ohne Zusammenhang miteinander an ein zentrales Oktogon angesetzt. Gregors Martyrion repräsentiert damit einen der frühen Vertreter des sogenannten Kreuzoktogons. Seinen monumentalen Ausdruck fand dieser Typus hundert Jahre später in der Kirche des älteren Symeon Stylites im syrischen Kalaat Seman, die gewissermaßen um die Säule des Heiligen herumgebaut wurde.[7] Reine Oktogone wiederum, auch für die heidnische Antike geläufige Bauformen[8], den Christen zudem sichtbarer Ausdruck der Symbolik des Achten Tages[9], wurden als Baptisterien[10], aber auch als Gemeindekirchen errichtet. Die Hauptkirche Antiochias aus konstantinischer Zeit[11] besaß ebenso einen achteckigen Grundriß wie die Kirche von Nazianz, von der wir durch Gregors von Nazianz Rede auf den Vater Kenntnis haben.[12] Erhalten sind uns die bedeutendsten Vertreter des Typs, HH Sergios und Bakchos in Konstantinopel[13] und S. Vitale in Ravenna[14], beide aus der Ära Justinians. Es scheint mir übrigens sicher, daß auch Gregors Bau, trotz relativ bescheidener Abmessungen, im kleinen Nyssa als Gemeindekirche diente.[15]

Angesichts des katastrophalen Verlusts an Bausubstanz und des Denkmälerschwunds selbst in unserem Jahrhundert wird die Bedeutung des 25. *Briefes* als wertvolle Quelle für die Architekturlandschaft Kappadokiens um so deutlicher. Denn die Kirchenbauten in Nyssa und Nazianz sind überhaupt nur literarisch faßbar, die um 600 errichteten Oktogone von Sivasa[16] und im lykaonischen Binbirkilise (die Kirche 8, die so große Ähnlichkeit mit Gregors Bau aufweist)[17], sind heute zerstört. Von beiden Kirchen standen zu Anfang unseres Jahrhunderts noch bedeutende Reste, die glücklicherweise auch photographiert werden konnten[18], so daß für eine moderne Baubeschreibung und Rekonstruktion die Voraussetzungen immerhin relativ günstig sind.

Der nicht ganz einfache und leider nur in einer einzigen Handschrift überlieferte Text des Briefes[19] wirft eine Reihe schwieriger Probleme auf, die vordringlich Fragen der Abmessungen, der Innengliederung und einer eventuellen Überkuppelung des Zentralraumes betreffen. Eine erste ausführliche Analyse verdanken wir Bruno Keil, der den Brief neu edierte, erstmals ins Deutsche übersetzte, kommentierte und als literarisches Dokument im Rahmen der antiken epistolographischen Tradition würdigte.[20] Es wurde jedoch bald deutlich, daß Keil aufgrund von Mißverständnissen und willkürlichen Konjekturen wesentliche Stellen der eigentlichen Baubeschreibung fehlinterpretiert hatte. Einige Irrtümer wurden bald von August Heisenberg[21] und Adalbert Birnbaum[22] berichtigt. In neuerer Zeit haben Samuel Guyer[23] und Cyril Mango[24] unserem Text recht ausführliche Darstellungen gewidmet. Der entscheidende Schritt zum exakten Verständnis gelang jedoch erst Marcell Restle, dem anerkannten Experten der kappadokischen Architektur und Malerei.[25] Restle diskutiert alle im Text auftretenden Probleme und führt zu sicher gültigen Lösungen. Seine Behandlung dient als Grundlage für unseren Durchgang durch den Text, zumal da, wo ich eigene Vermutungen, vornehmlich zur Textgestaltung, zu äußern wage.[26] Die Interpretation kann sich der strengen und sachgemäßen Gliederung Gregors anvertrauen.[27]

Interpretation des Briefes

I. *Die Einleitung*

§1 ἤδη μοι πέπεισμαι κατορθώσασθαι κατὰ θεοῦ χάριν |
(10) τὴν ἐπὶ τῷ μαρτυρίῳ σπουδήν. Θελήσειας· πέρας
τὸ σπουδα- | ζόμενον ἕξει τῇ δυνάμει τοῦ θεοῦ ἔρ-
γον ποιῆσαι δυναμένου | τὸν λόγον ἦ ἂν εἴπῃ. ἐπει-
δή, καθώς φησιν ὁ ἀπόστολος, | Ὁ ἐναρξάμενος ἔρ-
γον ἀγαθὸν καὶ ἐπιτελέσει, παρακλήθητι | καὶ ἐν
τούτῳ μιμητὴς γενέσθαι τοῦ μεγάλου Παύλου καὶ |

(15) εἰς ἔργον ἡμῖν προαγαγεῖν τὰς ἐλπίδας καὶ
§2 τεχνίτας ἡμῖν | τοσούτους πέμψαι ὥστε ἱκανοὺς πρὸς
τὸ ἔργον εἶναι. γέ- | νοιτο δ' ἂν ἐκ συλλογισμοῦ
τῇ τελειότητί σου γνώριμον εἰς | ὅσον μέτρον ἅπαν
τὸ ἔργον συλλογισθήσεται· οὗ χάριν | φανεράν σοι
ποιῆσαι πειράσομαι πᾶσαν τὴν κατασκευὴν | (20) διὰ
τῆς τοῦ λόγου γραφῆς (79,9-20).

(§ 1) Nun bin ich überzeugt, meine Bemühungen um die Märtyrerkirche
mit Gottes Gnade zu einem glücklichen Ende zu führen. So wolle
denn: seine Vollendung wird haben, worum wir uns bemühen, durch die
Kraft Gottes, der das Wort zur Tat machen kann, wo immer er es
spricht. Da doch, wie der Apostel sagt, Wer ein gutes Werk begonnen
hat, es auch vollenden wird, laß dich bitten, auch darin ein Nach-
ahmer des großen Paulus zu werden und unsere Hoffnungen zum Werk
voranzutreiben und uns so viele Arbeiter zu schicken, wie dem Werk
angemessen sind. (§ 2) Es mag aber aus einer Planbeschreibung deiner Erhabenheit klar werden, auf welches Maß das gesamte Bauwerk
berechnet sein wird; darum will ich versuchen, dir die Gesamtkon-
struktion durch eine Beschreibung deutlich zu machen.

Der Briefanfang[28] erhellt die besondere Situation,
in der Gregor sich befindet, und das Anliegen seines
Schreibens: die Bitte um Hilfeleistung, um Zusendung
von Arbeitskräften für den schon begonnenen Kirchen-
bau. Es besteht Einigkeit darüber, daß wenigstens ein
im wesentlichen zustimmender Brief des Amphilochius
vorausgegangen ist: eine Ansicht, die nicht nur sachlich, sondern auch durch die Formulierung gerechtfer-
tigt wird. So ist es sicher, daß Gregors pointiertes
θελήσειας eine ähnliche Formulierung des Amphilochius
zurückspielt.

Die Bitte Gregors um Arbeitskräfte, hinreichend an
Zahl und Qualifikation, bestimmt die Disposition des
Ganzen. Alle die Kirche betreffenden Beschreibungen,
Materialangaben, technischen Hinweise ordnen sich diesem einen Punkt unter, werden aus ihm entwickelt, zu
ihm zurückgeführt.[29] Die mehrfach wiederholte Bitte,
mit Komplimenten an Amphilochius verwoben, gliedert
den Brief, ist sein Leitmotiv, bestimmt die Abfolge
der einzelnen Argumente.[30] Die Entscheidung aber, wie
viele Handwerker benötigt werden und zu welchen Be-

dingungen, obliegt dabei dem Adressaten. Der absichtlich vage gehaltene Wunsch ist freilich ein epistolographischer Topos. Ähnlich bestellt der Sophist Stagirius aus Caesarea bei Gregor nicht so und so viele Dachbalken, sondern viele hunderte[31]; Gregor schickt ihm dann so viele, wie Kämpfer bei den Thermopylen gefallen sind (also 300), und schließt mit dem launigen Hinweis, mehr könne Stagirius wohl auch kaum bezahlen.[32]

Überhaupt wäre es reizvoll, die Brieftopoi eingehender zu untersuchen, doch müssen hier wenige Andeutungen genügen: das Spiel mit den Begriffen λόγος und ἔργον in der Einleitung, die Witzelei, es handele sich um 'ein sorgfältiges Geplauder', im Anschluß an die Ekphrasis.[33] Im Schlußteil des Briefes fehlt nicht der augenzwinkernde Hinweis auf die Armut des Bischofs, die seinen Möglichkeiten Grenzen setzt[34] - die Stelle zeigt, daß Gregor nicht nur als Bauherr der Kirche auftritt (das wäre keineswegs ungewöhnlich), sondern sie auch, zumindest teilweise, finanziert. Gregor von Nazianz betont ausdrücklich, daß sein Vater den Bau der Kirche fast ausschließlich aus eigenen Mitteln bestritten habe.[35] Die Ausstattung der vielen neuen Bischofssitze des kleinasiatischen Raumes im 4. Jh. mit repräsentativen Kirchengebäuden scheint vordringlich eine Aufgabe der Bischöfe gewesen zu sein, die, wie wir wissen, fast alle aus der vermögenden und gebildeten Oberschicht kamen[36], vergleichbar den Liturgien in einer antiken Polis.

Noch ein Wort zur Abfassungszeit. Restle stellt überzeugend die herkömmliche Datierung auf 380 in Frage mit dem Hinweis, daß die finanzielle Problematik des Kirchenbaues gut auf die 376 erhobenen Vorwürfe der Verschwendung von Kirchengeldern paßt, von der Basilius im 225. Brief spricht.[37] Der terminus post quem ergibt sich daraus, daß Amphilochius seit 373 Bischof von Ikonium war. Wie lange der Bau dauerte, wissen wir nicht. Aus dem 6. Brief, der gewöhnlich auf 378 datiert wird[38], scheint hervorzugehen, daß die Kirche bereits fertig ist.[39] Das legt eine Datierung unseres Briefes auf 373-375 nahe; meines Erachtens ist der frühestmögliche Ansatz der beste. Ist er richtig, so haben wir in *Ep*. 25 eine der frühesten Schriften Gregors in Händen.

II 1. *Grundriß und Aufbau*

Einige Bemerkungen seien vorausgeschickt. Jede Ekphrasis evoziert die Frage nach dem Verhältnis zwischen der subjektiven Sicht des Beschreibenden und der objektiven Realität des Beschriebenen. Selten genug lassen sich Beschreibungen am erhaltenen Objekt überprüfen, wie etwa Prokops Ekphrasis der Hagia Sophia im ersten Buch *De aedificiis*[40]; oft stellt sich die Frage, ob überhaupt die Natur der Kunst Vorbild war. So sind Philostrats *Eikones* immer wieder für literarische Fiktion gehalten worden, während die Verteidiger einer real existierenden Bildergalerie in Neapel sich nur langsam Anerkennung verschaffen konnten.[41] Gregors Beschreibung stellt eine interessante Variante dar: die Kirche ist noch längst nicht fertig, die Ekphrasis daher ein Produkt der Vorstellungskraft ihres Autors, das sich aber an einer nicht mehr allzu fernen Wirklichkeit messen lassen muß. Insofern ist Präzision der literarischen Vorlage noch weit mehr gefordert als bei den anderen Ekphrasistypen.

Dem fiktiven Standpunkt des Beschreibenden kommt dabei größte Bedeutung zu. In seiner Interpretation des *20. Briefes* hat Friedrich Müller gezeigt, wie das subjektive Erleben Gregors organisierendes Prinzip der Beschreibung wird: der Blickwinkel verengt sich mehr und mehr von den Hängen des Halystals über Vanota zum Park der Villa, ihrer Fassade, der großen Halle mit dem Fischteich, dem Speisesaal.[42] Eine ähnlich bewußte Bewegungsrichtung bestimmt auch die Beschreibung unserer Kirche: der Betrachter stellt sich in das Zentrum der Anlage. Gregor führt uns von außen nach innen, verweilt bei der Gestaltung des Innenraumes. Schließlich geht der Blick in einer steten Aufwärtsbewegung bis unter die Spitze des Daches. Literarisches Spiel ist es dann, wenn Gregor später die Beschreibung der Steinmetzarbeiten so gliedert, daß der Leser unauffällig wieder aus der Kirche herausgeführt wird.[43]

§3 σταυρός ἐστι τοῦ εὐκτηρίου τὸ σχῆμα τέσσαρσιν, ὡς
| εἰκός, οἴκοις ἀπανταχόθεν ἀναπληρούμενος· ἀλλ᾽
οὐ καταλαμ- | (23) βάνουσιν ἀλλήλας αἱ συμβολαὶ
τῶν οἴκων, ὥσπερ ὁρῶμεν |(80,1) πανταχοῦ ἐν τῷ
σταυροειδεῖ τύπῳ γινόμενον. ἀλλ᾽ ἔγκειται | τῷ
σταυρῷ κύκλος ὀκτὼ γωνίαις διειλημμένος (κύκλον
δὲ | διὰ τὸ περιφερὲς ὠνόμασα τὸ ὀκτάγωνον σχῆμα),
ὥστε τὰς | τέσσαρας τοῦ ὀκταγώνου πλευρὰς τὰς ἐκ
διαμέτρων ἀλλή- | (5) λαις ἀντικειμένας δι᾽ ἀψίδων
§4 τοῖς τετραχῇ παρακειμένοις | οἴκοις τὸν ἐν μέσῳ
συνάπτειν κύκλον. αἱ δὲ ἄλλαι | τέσσαρες τοῦ ὀκτα-
γώνου πλευραὶ αἱ μεταξὺ τῶν τετρα- | γώνων οἴκων
διήκουσαι οὐδὲ αὐταὶ κατὰ τὸ συνεχὲς εἰς | οἴκους
ἀποταθήσονται, ἀλλ᾽ ἑκάστη τούτων ἡμικύκλιον |
(10) περικείσεται κοχλοειδῶς κατὰ τὸ ἄνω ἐπὶ ἀψῖ-
δος ἀναπαυό- | μενον· ὥστε ὀκτὼ γενέσθαι ἀψῖδας
τὰς πάσας, δι᾽ ὧν ἐκ | παραλλήλου τὰ τετράγωνά τε
καὶ ἡμικύκλια πρὸς τὸ μέσον | τὴν συνάφειαν ἕξει.
§5 ἔσωθεν δὲ τῶν διαγωνίων πεσσῶν | ἰσάριθμοι παρα-
στήσονται κίονες εὐκοσμίας τε καὶ ἰσχύος |
(15) χάριν· ἀνέξουσι δὲ καὶ αὐτοὶ ὑπὲρ ἑαυτῶν
§6 ἀψῖδας ταῖς | ἔξωθεν δι᾽ ἴσου συγκατεσκευασμένας.
ἄνω δὲ τῶν ὀκτὼ | τούτων ἀψίδων διὰ τὴν συμμετρίαν
τῶν ὑπερκειμένων | θυρίδων ὁ ὀκτάγωνος οἶκος ἐπὶ
τέσσαρας αὐξηθήσεται | (19) πήχεις. τὸ δὲ σχῆμα
τοῦ ὀρόφου ἀπ᾽ ἐκείνου στρόβιλος | ἔσται κωνοειδὴς
τῆς εἰλήσεως τὸν οἶκον ἐκ πλάτεος εἰς | ὀξὺν σφῆνα
κατακλειούσης (79,21-80,21).

(§ 3) Ein Kreuz ist der Grundriß der Kirche, aus vier Rechtecknischen, wie üblich, auf allen Seiten hergestellt. Doch berühren sich
die Nahtstellen der Nischen nicht, wie wir es allenthalben beim
kreuzförmigen Typ verwirklicht sehen, sondern in das Kreuz ist ein
Kreis eingelegt, der durch acht Winkel unterteilt ist (einen Kreis
nannte ich den achteckigen Grundriß, weil er rundumläuft), so daß
die vier Seiten des Achtecks, die einander diametral gegenüberlie-
gen, durch Bögen die an ihnen liegenden Rechtecknischen mit dem
Kreis in der Mitte verbinden. (§ 4) Die anderen vier Seiten des
Achtecks aber, diejenigen nämlich, die sich zwischen den rechtecki-
gen Nischen erstrecken, werden selbst nicht in gleicher Weise zu
Nischen ausgedehnt werden, sondern um eine jede von ihnen wird ein
halbkreisförmiger Anbau liegen, der muschelförmig nach oben hin in

einem Bogen abschließt; somit entstehen insgesamt acht Bögen, durch die jeweils parallel die viereckigen und die halbkreisförmigen Anbauten mit dem Mittelraum in Verbindung stehen werden. (§ 5) Innerhalb der gewinkelten Pfeiler werden in gleicher Zahl Säulen stehen, des Schmucks und der Sicherung wegen; es werden aber auch diese über sich Bögen tragen, von gleichem Umfang wie die äußeren und an diese angebaut. (§ 6) Oberhalb dieser acht Bögen wird wegen des Gleichmaßes zu den über ihnen liegenden Fenstern der achteckige Raum um vier Ellen erhöht werden. Die Form des Daches von da an wird ein Kegel von der Gestalt eines Pinienzapfens sein, wobei die Wölbung das Gebäude von der Breite in einen spitzen Keil reduziert.

Seit der kritischen Edition Pasqualis gilt der Text des Briefes als gesichert. So mochte der Kunsthistoriker den einleitenden Sätzen von § 3 entnehmen, daß Gregor einen im 4. Jh. geläufigen Bautyp realisiert. Genau das scheint mir jedoch nicht der Fall. Die zweifach gesetzte Adversativpartikel ἀλλά macht deutlich, daß Gregor sich von dem, 'was wir immer beim kreuzförmigen Typ sehen', absetzen will. Die gewöhnliche Lösung, das Kreuz mit Vierung, deren Seitenlänge die Breite der Kreuzarme nicht übersteigt, so daß sich deren συμβολαί tatsächlich berühren, wird in Nyssa verworfen. Gregors Oktogonvariante löst den Zusammenhang der Kreuzarme und drückt sie auseinander: dies ist das unbestrittene Ergebnis aller bisherigen Rekonstruktionen. Die Logik des Gedankens macht daher eine Änderung des überlieferten ἀλλά ... ἀλλά zu ἀλλ' οὐ ... ἀλλά notwendig. Gregors offenkundige Sorgfalt bei der Entwicklung der Grundrißkonzeption erweckt ohnedies kaum den Eindruck, es ginge hier um eine geläufige Bauform.

In der Wendung κύκλον δὲ διὰ τὸ περιφερὲς ὠνόμασα τὸ ὀκτάγωνον σχῆμα möchte ich eine Parenthese sehen, dazu bestimmt, den Standpunkt des Betrachters klarzumachen. Nur vom Zentrum aus erscheint der achteckige Innenraum als περιφερές und kann daher zwanglos als Kreis bezeichnet werden[44]; einem außenstehenden Beobachter wäre dies so gar nicht kenntlich. Der Konsekutivsatz schließt dann an διειλημμένος an, was sinngemäß besser ist.

An die vier nicht zu Kreuzarmen ausgebauten Oktogonseiten sollen Diagonalexedren angegliedert werden. Auffälligerweise wechselt jetzt das Tempus ins Futur (§4). Restle folgert, daß die bis dahin beschriebenen Teile bereits stehen, das Martyrion also im Bau ist.[45] Die Erklärung ist überzeugend, da Gregor an einer späteren Stelle bereits von negativen Erfahrungen mit Bauarbeitern sprechen kann.

Die strenge Ausrichtung auf das Zentrum bedingt, daß die Beschreibung der beiden verschiedenartigen Anbaugruppen einheitlich mit ihrer Verbindung zum Mittelraum abschließt. Folgerichtig fügt Gregor die Beschreibung der acht Säulen innerhalb der Winkelpfeiler des Achtecks an, über denen εὐκοσμίας τε καὶ ἰσχύος χάριν ebenfalls Bögen errichtet werden sollen, die an die äußeren acht Bögen angefügt sind.

Mit §6 beginnt die vertikale Bewegungsrichtung der Beschreibung. Über den Bögen liegt eine Fensterreihe, darüber wird der Tambour noch um vier Ellen erhöht.[46] Der Text legt nahe, daß auch die Fensterhöhe vier Ellen beträgt, all dies ist ja im Bauentwurf längst festgelegt. Darauf setzt das Dach an, kegelförmig und spitz zulaufend, ein achtseitiges Pyramidendach.

Gerade die Beschreibung des Daches hat immer wieder zu Spekulationen über eine Kuppel geführt.[47] Doch von ihr ist nicht die Rede. Gregor, der innen steht und nach oben unter die Spitze des Daches blickt, beschreibt einen spitzen Kegel, keine Kuppel. Kunstgeschichtlich wäre ein so früher Kuppelbau für Kappadokien mehr als ungewöhnlich. Es ist bisher nicht gelungen, eine Überkuppelung vor dem 6. Jh. nachzuweisen. So bleibt die Kizil Kilise bei Sivrihisar unser frühestes (erhaltenes) Beispiel.[48] Das Aufkommen der Kuppel in Kappadokien ist, wie Restle betont, in engem Zusammenhang mit der Renaissance des Kuppelbaues in der Hauptstadt unter Justinian zu sehen.[49]

II 2. *Die Abmessungen der Kirche*

§7 διάστημα δὲ κατὰ τὸ πλάτος ἑκάστου τῶν | τετραγώνων οἴκων ὀκτὼ πήχεις ἔσται, ἡμιολίῳ δὲ πλέον | εἰς τὸ μῆκος, ὕψος δὲ ὅσον ἡ ἀναλογία τοῦ πλάτους §8 βού- | λεται. τοιοῦτον ἔσται καὶ ἐπὶ τῶν ἡμικυκλί-

ων· ὡσαύτως | (25) ὅλον μὲν εἰς ὀκτὼ πήχεις τὸ με-
ταξὺ τῶν πεσσῶν διαμε- | (81,1) τρεῖται· ὅσον δὲ
δώσει ἡ τοῦ διαβήτου περιγραφή, ἐν τῷ | μέσῳ τῆς
πλευρᾶς πηγνυμένου τοῦ κέντρου καὶ ἐπὶ τὸ ἄκρον |
αὐτῆς διαβαίνοντος, τοσοῦτον πλάτος ἕξει· τὸ δὲ
ὕψος ἡ | ἀναλογία τοῦ πλάτους καὶ ἐπὶ τούτων ποιή-
§9 σει. τὸ δὲ τοῦ | (5) τοίχου βάθος ἔξωθεν τῶν κατὰ
τὸ ἐντὸς μεμετρημένων δια- | στημάτων, ὂν τριῶν
ποδῶν, ὅλον περιδραμεῖται τὸ ἔργον (80,21-81,6).

(§ 7) Die Ausdehnung einer jeder der vier Rechtecknischen wird in
der Breite acht Ellen betragen, das Eineinhalbfache in der Länge.
Die Höhe wird sein, wieviel die Übereinstimmung mit der Breite verlangt. (§ 8) So wird es auch bei den Exedren sein. So wird auf acht
Ellen die volle lichte Weite zwischen den Pfeilern gemessen werden;
wieviel aber der Umlauf des Zirkels ergeben wird, wenn seine Spitze
in der Mitte der Seite eingestochen wird und der Zirkelschlag die
Endpunkte der Seite durchläuft, soviel wird die Tiefe der Exedren
haben. Auch bei ihnen wird die Übereinstimmung mit der Breite die
Höhe ergeben. (§ 9) Die Stärke der Mauer aber, außerhalb der im In-
nern gemessenen Strecken, wird drei Fuß betragen und um den ganzen
Bau herumlaufen.

Die Angaben über die Abmessungen des Gebäudes, aus
denen sich Amphilochius einen Überblick über den Per-
sonalbedarf verschaffen soll, sind wünschenswert exakt. Es ergibt sich ein zentrales Achteck mit einer
Seitenlänge von 8 Ellen. Die angegliederten Rechtecknischen messen 8 x 12 Ellen, der Radius der Exedren
beträgt 4 Ellen. Die Stärke der Mauer bemißt sich einheitlich um den Bau herum auf 3 Fuß = 2 Ellen.[50]
Hier entsteht ein Bau von relativ bescheidenen Di-
mensionen, nicht zu vergleichen mit der gigantischen
Anlage von Kalaat Seman rund hundert Jahre später,
aber ausreichend für die Bedürfnisse der Gemeinde und
den Möglichkeiten ihres Bischofs angemessen, ein Bau
von insgesamt ca. 22,5 m Durchmesser, der sich allerdings gerade im Hinblick auf die gewählten Abmessungen, wie Restle erkannt hat, als hervorragend durch-
dacht erweist.[51] Die Abmessungen der οἶκοι liefern
dabei den entscheidenden Hinweis. Halbiert man die
Breite von 8 Ellen und addiert die halbe Mauerstärke,

also 1 Elle, so ergibt sich bei der gegebenen Tiefe
von 12 Ellen ein pythagoreisches Dreieck mit den Sei-
tenlängen 5, 12 und 13 Ellen und so eine Konzeption,
die das Vorgehen auf dem Bauplatz erheblich verein-
fachte. Es ließen sich nicht nur die rechten Winkel
der οἶκοι bequem ermitteln, mehr noch durch fortge-
setztes Umklappen deren Grundfläche, ja sogar die des
ganzen Baues ohne irgendwelche Berechnung der Achteck-
winkel völlig exakt abstecken. Theorie und Praxis sind
harmonisch miteinander in Einklang gebracht.

III. *Technik und Finanzierung*

Im dritten Teil des Briefes kommt Gregor schließlich auf Fragen der Bauweise, des Materials und der
Vertragsbedingungen mit seinen Handwerkern zu sprech-
en.

§11 τούτου δὲ μάλιστα παρακλήθητι πολλὴν ποιή- | σασ-
θαι τὴν φροντίδα, ὡς εἶναι τινὰς ἐξ αὐτῶν καὶ
τὴν | ἀνυπόσκευον εἴλησιν ἐπισταμένους· ἔμαθον γὰρ
ὅτι τοιοῦτο | γινόμενον μονιμώτερόν ἐστι τοῦ ἐπ-
αναπαυομένου τοῖς ὑπερ- | (20) εἴδουσιν· ἡ γὰρ τῶν
ξύλων σπάνις εἰς ταύτην ἄγει ἡμᾶς | τὴν ἐπίνοιαν
ὥς τε λίθοις ἐρέψαι τὸ οἰκοδόμημα ὅλον διὰ τὸ | μὴ
εἶναι τοῖς τόποις ἐρέψιμον ὕλην (81,16-22).

(§ 11) Laß dich insbesondere darum bitten, dein Augenmerk darauf zu
richten, daß einige von ihnen (sc. den erbetenen Handwerkern) sich
auf ungestütztes Einwölben verstehen; ich habe nämlich in Erfahrung
gebracht, daß eine solche Konstruktion dauerhafter ist als eine,
die auf Stützen ruht. Denn der Mangel an Holz führt uns zu dieser
Überlegung, wie auch dazu, das ganze Gebäude mit Stein einzudecken,
da es in unserer Gegend kein Holz für Dachschindeln gibt.

Man hat früher den Zusammenhang zwischen beiden
Sätzen übersehen.[52] Keil übersetzte: 'Auch gibt uns
der Mangel an Bauholz eben den Gedanken ein, das ganze
Gebäude mit Steinen einzudecken, denn unserer Gegend
fehlt es an Holz für Dachgestühl.' Das trifft wohl
kaum zu. Es sei daran erinnert, daß Gregor an Stagirius Dachbalken liefern konnte. 'Und wenn du sie im

Paradies schlagen lassen wolltest', schreibt der Sophist, 'du hast die Möglichkeit dazu.'[53] Nun, das war gar nicht nötig. Dachholz, wenn auch vermutlich kein billiges, fand Gregor in den Auwäldern des nahen Halys, vor allem Pappelholz.[54] Was er wohl nur schwer in der nötigen Menge beschaffen und bezahlen konnte, war Holz für die Lehrgerüste, und erst recht Schindelholz für die Dachabdeckung.[55] So entschied er sich, auch wegen der Dauerhaftigkeit, für ungestützt gemauerte Ziegelgewölbe und in Mörtel verlegte Steinplatten zum Abdecken des Daches, wie sie auch für die späteren kappadokischen Kirchen typisch sind. Der Gesichtspunkt der Finanzierbarkeit des Projekts bestimmt also bereits hier dessen Ausführung, wird aber indirekt angesprochen, da er nur Gregor, nicht Amphilochius unmittelbar betrifft.

§12 πεπείσθω δὲ ἡ | ἀψευδής σου ψυχὴ ὅτι τῶν ἐνταῦθά τινες τριάκοντά μοι | τεχνίτας συνέθεντο εἰς τὸν χρύσινον ἐπὶ τῷ τετραποδικῷ | (25) ἔργῳ δηλαδὴ καὶ τῆς τετυπωμένης τροφῆς τῷ χρυσίνῳ | (26) ἀκολουθούσης· ἡμῖν δὲ ἡ τοιαύτη τῶν λιθοξόων ἀπόδοσις οὐ πάρεστιν· | (27) ἀλλ' ὀστρακίνη πλίνθος ὕλη τοῦ οἰκοδομήματος ἔσται καὶ οἱ | (82,1) ἐπιτυχόντες λίθοι, ὡς μὴ εἶναι αὐτοῖς ἀνάγκην τρίβειν τὸν | χρόνον ἐν τῷ τὰ μέτωπα τῶν λίθων συγχέειν ἐναρμονίως πρὸς | ἄλληλα. ἐγὼ δὲ κατὰ τὴν τέχνην καὶ τὴν περὶ τὸν μισθὸν | εὐγνωμοσύνην ἐπίσταμαι τοὺς αὐτόθεν κρείττους εἶναι τῶν | (5) ἐνταῦθα κατεμπορευομένων τῆς χρείας ἡμῶν (81,22–82,5).

(§ 12) Deine lautere Seele mag wissen, daß einige hier mit mir einen Vertrag über dreißig Handwerker für die Quaderarbeit abgeschlossen haben auf einen Solidus (pro Tag?); selbstverständlich kommt noch die übliche Verpflegung zu dem Solidus hinzu. Eine solche Bezahlung von Quadratarii liegt nicht im Bereich unserer Möglichkeiten; sondern Ziegel und Bruchstein werden das Material des Baues sein, so daß sie es nicht nötig haben, ihre Zeit damit zu vertrödeln, die Fugen der Quader passend zueinander zu bearbeiten. Ich weiß aber, daß hinsichtlich ihrer Einsicht bei den Lohnforderungen die Leute dort (sc. in Lykaonien) besser sind als die hier, die doch nur aus unserer Not ein Geschäft machen wollen.

Erneut geht der Gedanke von den Arbeitskräften aus. Gregor ist von Handwerkern in Nyssa gründlich ausgenommen worden. Die ausgehandelten Verträge garantieren einen Lohn, der nach den Berechnungen Mangos um 50-100 % über der Norm liegt![56] Einen solchen Tarifabschluß kann sich der Bischof nicht leisten. Aber das Geld scheint nicht einmal die Hauptsache zu sein, sondern der schleppende Fortgang der Arbeiten. Gregor ermuntert Amphilochius am Ende des Briefes ausdrücklich, Verträge zu den üblichen Bedingungen abzuschließen, legt aber Wert auf die Festsetzung einer täglichen Arbeitsnorm.[57] Daher rührt der Entschluß, den in Quadertechnik begonnenen Bau in Ziegel- und Bruchsteinmauerwerk fortzuführen.

Keil hatte angenommen, daß der Grund für den Wechsel der Bautechnik im Fehlen geeigneten Materials zu suchen sei. Merkwürdigerweise hätte es dann in Nyssa Quadratarii in ausreichender Anzahl gegeben, ohne daß brauchbarer Stein in der Nähe zur Verfügung stand, und unter diesen Umständen hätte Gregor auch noch mit ihnen Verträge abgeschlossen. Es gab und gibt, wie Restle hervorhebt[58], in der Umgebung von Nyssa abbaubaren Stein, zudem war Gregor in der Lage, sogar den Marmor für die Türeinfassung und das Material für insgesamt mindestens 48 Säulen zu liefern. Restle wies erstmals darauf hin, daß einzig kalkulatorische Erwägungen die Argumentation bestimmen. Seine Paraphrase 'Diese Art (sc. für Quadertechnik) liegt nicht im Bereich unserer (finanziellen) Möglichkeiten', ist sachlich richtig, löst aber keineswegs die Problematik des überlieferten Textes: τοιαύτη bleibt merkwürdig bezugslos (ebenso kurz darauf αὐτοῖς) Es liegt näher, an den mit τροφή verbundenen Komplex der Arbeitsverträge zu denken, was sich wiederum nicht mit τῶν λίθων vereinbaren läßt. Unser Vorschlag ἡ τοιαύτη τῶν λιθοξόων ἀπόδοσις soll lediglich zum Ausdruck bringen, was Gregor gemeint haben könnte. Der tatsächliche Wortlaut des an dieser Stelle sicher korrupten Textes ist nicht zu ermitteln.

Es verbleibt die reine Steinmetzarbeit (§ 13-14). Die acht Säulen des Innenraumes sollen auf Postamenten ruhen, die die Form eines Opferaltars haben[59], und korinthische Kapitelle tragen. Die Türeinfassung besteht aus Marmor und ist mit Ornamenten verziert. Dazu kommen noch 40 Säulen für das Peristoon, das vermutlich die Form einer Hofportikus hatte.[60]

So zeigt uns dieses kunsthistorisch wie menschlich so interessante Dokument Gregor einmal von einer ganz anderen Seite, befaßt mit technischen Problemen, Materialfragen und Arbeitsverträgen, voller Sorge, Ungeduld und Hoffnung. Neben der Lebensbeschreibung seiner Schwester Makrina (die Gregor ja auch als Brief verstanden wissen will), ist unser Brief eine der persönlichsten Äußerungen, die wir von Gregor besitzen. Zu den hagiographischen Schriften tritt die Architektur in den Dienst der Heiligenverehrung, in ihr zeigt sich Gregor nicht weniger kompetent als in jenen.

Anmerkungen

1 Gregorii Nysseni Epistulae, ed. G.Pasquali. GNO VIII 2, 2. Aufl. Leiden 1959, 79,7-83,14. Erstedition durch Ioh.Bapt.Caraccioli (Florenz 1731), abgedruckt bei Gallandi, Bibl.patr.vet. VI 634 (Venedig 1770); Gallandis Text in MG 46,1093C-1100C. Erste kritische Edition von Bruno Keil, in: Josef Strzygowski: Kleinasien. Ein Neuland der Kunstgeschichte. Leipzig 1903, 79-81. - Übersetzungen: W.Moore-H.A.Wilson: Select Writings and Letters of Gregory, Bishop of Nyssa (LNPF II 5). Buffalo-New York 1893. ND Grand Rapids/Michigan 1976, 540-541 (als ep.16, übers. von Wilson); B.Keil, a.O. 71-74 (mit ausführlichem Kommentar 77-78. 81-90); C.Mango: The Art of the Byzantine Empire 312-1453. Sources and Documents. Englewood Cliffs NJ 1972, 27-29; R.Criscuolo: Gregorio di Nissa, Epistole. Introduzione, traduzione e note (Quaderni di Κοινωνία 6). Neapel 1981 (mir nicht zugänglich).
2 Vgl. In XL mart.II, MG 46,784D-785B.
3 Ibid.784B; VMacr.34 p.252,15-16 Maraval (SC 178, Paris 1971) und

die Einleitung 38-39. Vgl. auch M.Aubineau, Einl. zu De virginitate (SC 116, Paris 1966), 49-51.

4 Vgl.K.Stähler: Grabbau: RAC 12 = Lief. 41, 1982, (393-429) 420-
429. Der Typenkatalog zeigt, daß neben den kreuzförmigen Bauten
(426) eine Vielfalt von Formen Verwendung fand. Der Zentralraum
wurde allerdings bei den Memorialbauten bevorzugt, vgl. auch
G.Stanzl: Längsbau und Zentralbau als Grundthemen der frühchristlichen Architektur. Überlegungen zur Entstehung der Kuppelbasilika
(Österr. Akad. der Wiss., PHK, Denkschr. 139). Wien 1979, 16 ff.

5 Vgl. S.Guyer: Grundlagen der mittelalterlichen abendländischen
Baukunst. Beiträge zu der vom antiken Tempel zur kreuzförmigen
Basilika des abendländischen Mittelalters führenden Entwicklung.
Einsiedeln-Zürich-Köln 1950, 74-83 ("Frühchristliche Wallfahrts-
heiligtümer im Banne des Kreuzsymbols"). Doch darf bei der Bewertung des Symbolcharakters christlicher Bautypen (Kreuz, Achteck)
nicht die praxisorientierte Nachahmung antiker Vorbilder übersehen
werden (vgl. Stähler, Grabbau 426). Zur Architektur als Bedeu-
tungsträger vgl. jetzt F.W.Deichmann: Einführung in die christliche Archäologie. Darmstadt 1983, 89-108. Einen Eindruck von der
Symbolik, die die Christen dem kreuzförmigen Typ beimessen konnten, vermittelt das Epigramm des Ambrosius an der Nazariuskirche
in Mailand (CLE II 906 p.416 Buecheler).

6 Vgl. Guyer, Grundlagen 76; G.Downey: Antiocheia: RbK 1, 1966,
(178-209) 186. Baubeginn der Kirche: 379/380.

7 M.Restle: Kalaat Seman: RbK 3, 1978 (853-892) 862-881. Zur Ver-
wandtschaft mit Gregors Oktogon 865.

8 K.Schneider: Achteck: RAC 1,1950, 72-74; F.W. Deichmann: Ravenna.
Hauptstadt des spätantiken Abendlandes II 1. Wiesbaden 1974, 26-27
(zum Baptisterium der Orthodoxen).

9 Umfassende Bibliographie bei H.Drobner: Gregor von Nyssa, Die
drei Tage zwischen Tod und Auferstehung unseres Herrn Jesus Christus. Eingeleitet, übersetzt und kommentiert (Philosophia Patrum
5). Leiden 1982, 232.

10 Wieder ist Ambrosius die Quelle für einen Zusammenhang zwischen
Symbol und Architektur: sein Epigramm (in 8! Distichen) am Bapti-
sterium der Theklakirche in Mailand (CLE II 908 p.420-1 Buecheler). Vgl. F.J.Dölger: Zur Symbolik des altchristlichen Taufhau-
ses: AC 4, 1934, 153-187. In unserem Zusammenhang bedeutsam 167
(im Anschluß an einige Aussagen Gregors über die Achtzahl):
"Keiner dieser Texte Gregors hat die Symbolik der Achtzahl mit dem
christlichen Kultbau in Zusammenhang gebracht. Dies ist für uns um
so bedauerlicher, als wir gerade Gregor jenen berühmten Brief an

Amphilochius von Ikonium verdanken, in dem er so eingehend über das Oktogon als Bauschema einer geplanten Martyrerkapelle in Nyssa spricht"; Deichmann, Baptisterium: RAC 1, 1950, 1157-67; ders.: Ravenna I (1969), 130-134; II 1 (1974), 25-27.

11 Sie ist abgebildet auf dem berühmten Mosaik der Megalopsychia, außerdem mehrfach beschrieben worden, so von Euseb., Vita Constantini 3,50. Vgl. A.Birnbaum: Die Oktogone von Antiocheia, Nazianz und Nyssa. Rekonstruktionsversuche: Repertorium für Kunstwissenschaft 36, 1913, (181-209) 181-191; F.W.Deichmann: Das Oktogon von Antiocheia: Heroon-Martyrion, Palastkirche oder Kathedrale?: BZ 65, 1972, 40-56; Downey, Antiocheia 189-190 mit Abb.6-7.

12 Or.18,39, MG 35,1037A-C. Vgl. Birnbaum, Oktogone 191-202.

13 W.Hotz: Byzanz - Konstantinopel - Istanbul. Handbuch der Kunstdenkmäler. Darmstadt ²1978, 150-153.

14 Deichmann, Ravenna I 226 ff. (221-2 Verhältnis S. Vitale - Sergios und Bakchos); II 2, bes. 69-85.

15 Siehe unten Anm.60.

16 Vgl. M.Restle: Studien zur frühbyzantinschen Architektur Kappadokiens, Bd.1.2, Wien 1979 (VTIB 3.Österr. Akad. der Wiss. PHK, Denkschr. 138). Bd.1, 80-82, Bd.2, Plan 46.

17 Strzygowski, Kleinasien 23-26; M.Restle: Binbirkilise: RbK 1, 1966, (690-719) 705-7.

18 Sivasa 1906 durch Hans Rott, vgl. Restle, Studien 2, Abb.143-4; das Oktogon von Binbirkilise im Sommer 1900 durch John Crowfoot: Strzygowski, Kleinasien 24 Abb. 17. Instruktiv ist der Vergleich mit einer Zeichnung Léon de Labordes vom 30.11.1826 (ibid. 25 Abb. 18), die noch einen weitgehend intakten Baukörper zeigt.

19 Codex Laurentianus Mediceus plut.LXXXVI, 13 membr. saec.XIII (f.243^v-245^v) = F, vgl. Pasquali LIII-LV.

20 Siehe oben Anm.1.

21 A.Heisenberg: Grabeskirche und Apostelkirche. Zwei Basiliken Konstantins, Bd.2. Leipzig 1908, 108. 124 Anm.1; vgl. O.Wulff, BZ, 13, 1904, 557 (Rez. Strzygowski); P.Friedländer: Johannes von Gaza und Paulus Silentiarius. Kunstbeschreibungen aus justinianischer Zeit (Slg. wiss. Komm. zu griech. und röm. Schriftstellern 8). Leipzig-Berlin 1912. ND Hildesheim-New York 1969, 73 Anm.3.

22 Birnbaum, Oktogone 202-209.

23 Guyer, Grundlagen 79-81.

24 C.Mango: Byzantinische Architektur. Stuttgart 1975, 26-27.

25 Restle, Studien 1, 75-80. 91. 103. 140. 143. 147 f. 160 f.; 2, Plan 58 (ersetzt die älteren, z.T. fehlerhaften Pläne von Keil, Guyer und Mango); ders.: Kappadokien: RbK 3, 1978, (968-1115)

1038-41 (Oktogone).

26 Zitiert wird nach GNO VIII .2, Zeilenumfang und -zählung Pasqualis sind bei den griechisch wiedergegebenen §§ 1-9 und 11-12 bei-
behalten. An folgenden Stellen weicht der Text von Pasqualis Ausgabe ab:

	Pasquali	vorgeschlagene Textform
79,22	ἀλλά	ἀλλ' οὐ
80,2-3	διειλημμένος· κύκλον ...	διειλημμένος (κύκλον ...
	σχῆμα, ὥστε	σχῆμα), ὥστε
80,19-21	τὸ δὲ ἀπ' ἐκείνου	τὸ δὲ σχῆμα τοῦ ὀρόφου
	στρόβιλος ἔσται κωνοειδής,	ἀπ' ἐκείνου στρόβιλος ἔσται
	τῆς εἰλήσεως τὸ σχῆμα τοῦ	κωνοειδὴς τῆς εἰλήσεως
	ὀρόφου ἐκ πλάτεος εἰς ὀξὺν	<τὸν οἶκον> ἐκ πλάτεος εἰς
	σφῆνα κατακλειούσης	ὀξὺν σφῆνα κατακλειούσης
80,24	τοσοῦτον	τοιοῦτον (Wilamowitz)
81,20-21	... εἰς ταύτην ἄγει	εἰς ταύτην ἄγει ἡμᾶς τὴν
	ἡμᾶς τὴν ἐπίνοιαν ὥστε	ἐπίνοιαν ὥς τε
81,26	ἡ τοιαύτη τῶν λίθων	ἡ τοιαύτη τῶν λιθοξόων
		ἀπόδοσις

Herrn Prof. Johannes Koder danke ich für seine Bereitschaft, die
textkritischen Probleme des Briefes mit mir zu diskutieren.

27 Gliederung:
  I   Einleitung 1-2
  II   Beschreibung der Kirche
   1 Grundriß und Aufbau 3-6
   2 Abmessungen 7-8
  III Technik und Finanzierung 9-14
  IV Schluß 15-17

28 Neben dem wörtlichen Zitat aus Phil 1,6 gibt es schwer bestimm-
bare Anklänge an die Genesis und damit die für Gregor so bezeich-
nende Durchdringung der Sprache mit biblischen Gedanken. Die
λόγος-ἔργον-Antithese, die Gregor hier mehr spielerisch entfaltet,
wird später in größerem Zusammenhang thematisiert: Apol. in Hex.
9, p.18,3-9; 10, p.18,29 ff. Forbes (Gregorii Nysseni ... quae
supersunt omnia, tom I. Burntisland 1855). Typisch für Gregor ist
es auch, die Ekphrasis als eigenständiges Genos im Brief zu be-
gründen und anzukündigen (79,16-20). Daß jede Ekphrasis auch moti-
viert und begründet sein soll, wird, soweit ich sehe, in der rhetorischen Theorie nur von Nikolaos (Progymnasmata, ed.Jos.Felten.
RhGr XI. Leipzig 1913, 69,4-11) gefordert. Vgl. auch § 10, p.81,
7-11.

29 Dies führt zu einer interessanten Doppelkonzeption des 25. (wie
auch des 20.) Briefes, zu zwei verschiedenen Aufbauprinzipien bzw.

Dispositionsschemata, die sich gegenseitig durchdringen und ergänzen, wie schon Keil bemerkt hat (a.O. 90): der Wunsch, die Kirche zu beschreiben, ordnet sich der Bitte um Hilfe, dem eigentlichen Briefanliegen, unter, wie er andererseits aus ihm erwächst. Vgl. F.Müller (unten Anm.42) 81 Anm.3. Gregors Kunst besteht darin, daß es ihm gelingt, die so verschiedenartigen stilistischen Anforderungen von Brief und Ekphrasis miteinander zu verbinden (Downey, RAC 4, 1959, 935 stellt Gregors Ekphraseis mit Recht über die des Basilius und Gregor von Nazianz). Zur Ekphrasis in der antiken Briefliteratur insgesamt Friedländer, Johannes von Gaza 69-75.

30 Die Bitte wird sechsmal ausgesprochen: § 1, p.79, 15-16; § 10, p.81,14-16; § 11, p.81,16-18; § 12, p.82, 3-5; § 15, p.82,17-20; § 17, p.83,8-12.

31 Ep.26,2, p.83,20-84,5.

32 Ep.27,4, p.85,8-15. Zur Briefgruppe 26-28 vgl. P.Maas: Zu den Beziehungen zwischen Kirchenvätern und Sophisten I. Drei neue Stücke aus der Korrespondenz des Gregorios von Nyssa: SAWB 1912, 43, 988-999.

33 § 10, p.81,7.

34 § 16, p.82,24-83,8.

35 Or.18,39, MG 35,1037A.

36 Th.A.Kopecek: The Social Class of the Cappadocian Fathers: ChHist 42, 1973, 453-466.

37 Restle, Studien 1, 80. Zur historischen Situation G.May: Gregor von Nyssa in der Kirchenpolitik seiner Zeit: JÖBG 15, 1966, (105-132) 110.

38 Der Brief kann sich beziehen auf Gregors Rückkehr nach Nyssa aus der zweijährigen Verbannung 376-378 (so H.v.Campenhausen, Griechische Kirchenväter. Stuttgart u.a. 1967, 117) oder aus dem mehrmonatigen Exil in Sebaste 380. Vgl. F.Diekamp: Die Wahl Gregors von Nyssa zum Metropoliten von Sebaste im Jahre 380: ThQ 90, 1908, (384-401) 393 Anm.1.

39 Siehe unten Anm.60.

40 De aedif.1,21-78, griech.-deutsch ed. O.Veh. München 1977, 20-32.

41 Skizze der Kontroverse bei O.Schönberger: Philostratos, Die Bilder. Griech.-deutsch nach Vorarbeiten von E.Kalinka herausgegeben, übersetzt und erläutert. München 1968, 26-38.

42 F.Müller: Der zwanzigste Brief des Gregor von Nyssa: Hermes 74, 1939, 66-91.

43 § 13-14 in der Reihenfolge: Säulen des Innenraums - Tür - Peristoon.

44 Auch bei der Beschreibung des Daches in § 9 verwischt Gregor die Unterscheidung zwischen Kreis und Achteck. Dahinter verbirgt sich freilich keine Nachlässigkeit (Restle, Studien 1,147), sondern ein künstlerisches Formprinzip.

45 Restle, Studien 1, 76.

46 Anders Restle, Studien 1, 78.

47 Strzygowski, Kleinasien 76-77; Birnbaum, Oktogone 208-209.

48 Restle, Studien 1, 57-63.

49 Restle, Studien 1, 146-150.

50 Vgl. Restle, Studien 1, 91. Das Fußmaß schwankt bei den von Restle untersuchten kappadokischen Kirchen zwischen 29 und 32 cm.

51 Restle, Studien 1, 103.

52 Es ist sprachlich kaum möglich, ὥστε auf ταύτην τὴν ἐπίνοιαν zu beziehen. Vielmehr weist ταύτην auf den vorausgegangenen Satz zurück, während ὥς τε den Gedanken locker assoziativ weiterführt. Beispiele dieser Art lassen sich bei Gregor (und Basilius) häufig beobachten.

53 σὺ μὲν γὰρ κἂν ἐκ τοῦ παραδείσου τεμεῖν βουληθῇς, δύναμιν ἔχεις (ep.26,2, p.84,5-6).

54 Vgl. Restle, Studien 1, 78. 142-3 mit Anm.65 und 67.

55 Zur Bedeutung von ἐρέψιμος ὕλη Restle, Studien 1, 143.

56 Mango, Byzantinische Architektur 26; ders.: The Art of the Byzantine Empire 28 Anm.24 mit Verweis auf G. Ostrogorsky, Löhne und Preise in Byzanz: BZ 32, 1932, (293-333) 295-301. Keils Versuch (a.O. 89 Anm.1), Gregors Lohnangaben zu den Sätzen für lapidarii und marmorarii in Diokletians Preisedikt (cap.7,2,5) in Bezug zu setzen, führt zu keinem klaren Ergebnis. Wir wissen weder, ob das Edikt noch Geltung beanspruchen konnte, noch, in welchem aktuellen Verhältnis der Denar, die Bemessungseinheit des Edikts, zur Goldwährung stand (zum rapiden Verfall der Währung im 4.Jh. vgl. A.H.M. Jones: The Origin and Early History of the Follis: JRS 49, 1959, 34-38; zur Bewertung des Edikts J.Jahn: Zur Geld- und Wirtschaftspolitik Diokletians: JNG 25, 1975, 91-105; E.Ruschenbusch: Diokletians Währungsreform vom 1.9.301: ZPE 26, 1977, 193-210). In jedem Fall bedeutete der Wechsel in der Bautechnik eine erhebliche Einsparung: den 50 bzw. 60 Denaren für lapidarii bzw. marmorarii im Edikt (die Gregor freilich in geringerem Umfang weiterbeschäftigen wird) stehen gerade 2 Denare für Ziegelstreicher gegenüber (cap.7,15. 16) - sofern man davon ausgehen kann, daß sich wenigstens die Lohnrelationen nicht wesentlich verschoben haben.

57 § 15, p.82,20-24.

58 Restle, Studien 1, 79.

59 Birnbaum, Oktogone 206 verweist zur Illustration auf S.Apollina-
re in Classe. Vgl. Deichmann, Ravenna II 2, 241 mit Abb.119-120
und III Abb.382.

60 Restle, Studien 1, 79-80, diskutiert eine Reihe möglicher Va-
rianten und kommt zu dem Ergebnis: "Wahrscheinlicher dünkt mir im
Augenblick eine Lösung ähnlich der in Spalato, wo das Oktogon
vielleicht an der Ecke mittels Hallen oder gar nur Säulenstellun-
gen mit Straßen bzw. Straße und Platz verbunden war." Eine Bestätigung für diese Auffassung könnte der 6. Brief (siehe oben Anm.15
und 39) bieten. Der Bezug auf den in ep.25 beschriebenen Bau ist
nicht sicher erweisbar, liegt aber nahe. Gregor beschreibt seine
Ankunft in Nyssa (ep.6,7-10, p.35,15-36,5): "Es gab einen Schauer,
nicht unwillkommen, der die Luft befeuchtete. Kurz vor unserem
Städtchen wurde die Wolke, die über uns hing, zu stürmischerem Regen verdichtet, so daß sich unser Einzug in Ruhe vollzog, da keiner vorab unsere Anwesenheit bemerkte. Als wir aber schon in der
Säulenhalle waren (ὡς δὲ ἤδη τῆς στοᾶς ἐντὸς ἐγενόμεθα), machte
der Wagen wegen der Trockenheit des harten Bodens Lärm, und es er-
schien plötzlich, ich weiß nicht wie und woher, wie aus der Ver-
senkung, in Scharen das Volk und drängte sich um uns herum, so daß
es nicht möglich war, den Wagen zu verlassen: es war keine Stelle
mehr zu finden, die von Menschen frei war. Als wir sie mit Mühe
beredet hatten, uns Gelegenheit zum Aussteigen zu geben und den
Maultieren einen Durchgang freizumachen, gingen wir, von der Menge
um uns herum von allen Seiten so bedrängt, daß ihre überschäumende
Freude uns beinahe noch Ursache einer Ohnmacht geworden wäre. Als
wir dann aber innerhalb des Peristoon waren (ὡς δὲ ἤδη ἔνδοθεν
ἐγενόμεθα τοῦ περιστῴου), sahen wir einen Strom von Feuer, der
sich zur Kirche hin ergoß. Denn der Chor der Jungfrauen, Wachsker-
zen in den Händen, bewegte sich in einer Reihe auf den Eingang der
Kirche zu ...''

ANTHONY MEREDITH

A COMPARISON BETWEEN THE VITA SANCTAE MACRINAE OF GREGORY OF NYSSA THE VITA PLOTINI OF PORPHYRY AND THE DE VITA PYTHAGORICA OF IAMBLICHUS

The three works with which this paper deals,[1] disparate though they are in many ways have the following features in common. I) They all belong to the same century.[2] II) They all purport to convey edifying information within the framework of a biography. III) They depict their respective subjects as in some sense or other conforming to the requirements of the *Gattung* of ancient hagiography, and therefore as being in some sense either divine men if they are pagan or men of God if they are Christian.[3] What particularly interests me is less the possibility, a somewhat remote one it must be admitted, of discovering any literary dependence among the three works, but the differing ways in which common themes find expression. I should also note at the outset that I shall not be concerned with the vast and complicated question of the literary ancestry of the three works and in the extensive literature that surrounds the whole question.[4] Nor am I particularly interested in Gregory's veracity in his depiction of the details of the life and death of his sister, though I would like to mention at the outset that the writing of the lives of women seems to be a field in which Christianity has a virtual monopoly. Gregory's friend and namesake, Gregory of Nazianzus devoted a whole sermon, *Or.* 8, to the life and virtues of his sister Gorgonia and these are neither the only nor the earliest examples to be found.[5]

For the purpose of the following study it will be convenient though not wholly satisfactory to distinguish between the material and formal elements to be found in the three lives under review. By material I mean those factual and structural elements which are the basis of any life however idealized, details of birth and death and the external way in which these are arranged and form some sort of pattern. By formal I mean the basic drive of the literary production that results; the principles in other words upon which the biographer selects and organizes his material.

Material Elements

1) Aside from the obvious fact that all three works purport to give information about Pythagoras, Plotinus and Macrina, there is an obvious similarity between *VP* and *DVP* as against *VSM* in that the two former spring from a pagan, the latter from a Christian environment. But beyond that the lines of similarity can be drawn in other ways. So, for example, Porphyry and Gregory both write about people they knew and whose pupils they had been. Iamblichus writes about a hero indeed but one whose life belongs to the realm of myth and conjecture. There is no shred of claim that Iamblichus ever knew the subject of *DVP*. Indeed the production of biographies of Pythagoras at the period we are dealing with is something of an unresolved problem.

2) On the other hand there is something of similarity between *VSM* and *DVP*. Both are hagiographic in form and mood. Both of them open with a prologue: in the former case a brief sketch of Macrina, a wonderful woman, that is if she really did belong to her sex at all (371.6); in the latter a prayer to the gods for help in fulfilling the noble undertaking worthily. Both possess epilogues, prefixed by accounts of the deaths of Macrina (ch. 15-35) and Pythagoras. It should, however be noted that the contents, as distinct from the form, of the epilogues vary greatly and significantly. Chapters 36-39 of the *VSM* offer a detailed account of the cure of a tumour on a little girl's eye followed by a general statement that there were many more, which Gregory proposes not to discuss in detail to avoid the suspicions of the incredulous. Iamblichus, on the other hand occupies chapter 36 of the *DVP* with an elaborate and highly characteristic account of Pythagoras' suc-

cessors in the school he founded.

Porphyry's handling of his material, on the other hand, is much less clearly schematized. To begin with there is no prologue and VP plunges straight *in medias res* with the arresting and not easily forgotten remark that Plotinus seemed like a man who was ashamed of being in the body. Again, unlike the other two lives, which proceed in a moderately chronological fashion through their histories, the VP described Plotinus' death in chapter 2. It is no doubt this contempt for the decencies of traditional hagiographic writing from Antisthenes' *Life of Heracles* onwards that has led Mr. Lane Fox to claim that the VP is the only non-idealized life of a pagan holy man that we possess. The external circumstances of Plotinus' life matter less to Porphyry than do those of Macrina and Pythagoras to their biographers. There is only really one trait which the VP is eager to illustrate on all possible occasions - Plotinus' philosophic concern.

3) It is interesting to compare the sorts of details which the three lives offer us. As far as dating is concerned the VP is far in advance of the other two. His information given at 2.35, 3.6, 4.9, and elsewhere enables us to date with precision the date of Plotinus' birth in 204/5 and death in 270 and various other incidents. The VSM probably enables us to date her death to 381; but even that depends on the nature of the incident to which Gregory refers in the opening chapter.[6] But no other date is offered throughout the rest of the work. It hardly needs saying that the DVP is wholly deficient in factual information of this kind.

On the other hand family interest is strong in Gregory, moderate in Iamblichus, totally lacking in Porphyry. Clearly Gregory was both interested in and intensely proud of his and his sister's family. On his showing there had never been anything quite like it since the days of the New Testament. Chapter 2 features the mother and the paternal grandmother Macrina; chapters 6 and 14 deal with Basil; brother Naucratios is the subject of chapter 8, brother Peter, bishop of Sebaste of chapter 12 and Gregory himself figures largely from chapter 15 till the end. Pythagoras' own parentage

is discussed in some detail in the opening of *DVP* but
the family interest is moderate compared with Gregory's
enthusiasm for his subject. But of Plotinus it might
with propriety have been said what was claimed of
Melchisedek, king of Salem, on another occasion that he
was "without father or mother or genealogy" (*Hb*.7.3).

It will be convenient at this stage to sum up the
main similarities and lines of cleavage among the three
biographers, as far as their external, material charac-
teristics are concerned. In general the *VSM* and *DVP* are
closer to each other than either is to the *VP*. But
within the general framework it should be noted that
DVP and *VP* are products of the Hellenic spirit in a way
that *VSM* is not. The obvious truth of this can be seen
from the fact that whereas the two former works are
happy to refer to and quote from verbatim the great
works of classical antiquity above all Plato and Homer,
the only direct and certainly identifiable quotations
from the *VSM* are all of them biblical. It is doubtless
always possible to find Platonic echoes and patterns in
the *VSM*,[7] but it is significant that explicit quotation
from classic authors is to be found neither here, nor,
I think, anywhere else in Gregory. It may of course be
simply a post-Julianic coyness that led him to this
reticence, but any treatment of the 'Hellenism' of
Gregory should surely take this external fact into account.

Formal Elements

Whatever material differences in style, subject,
content, date and audience may exist among the three
lives under consideration they are all held together by
a dominant concern, the desire, primarily for protreptic purposes, to depict the philosophic life and the
ideal of philosophy. So much may be easily inferred
from the following facts. a) Plotinus is from the first
few words of the *VP* described as a philosopher. His
search for a teacher of philosophy and the climax of
the search in the discovery of Ammonius Saccas is the
main subject of chapter 3. When once he had become a
philosopher himself, he became a centre of teaching and

seminars in Rome for those who were in search of a like wisdom (7.2). We might finally note his well known dismissal of Longinus at 14.20 as φιλόλογος μὲν φιλόσοφος δ' οὐδαμῶς. b) *DVP* 1 brings Pythagoras before us as a philosopher, indeed as "pioneer and father of divine philosophy" (p. 6.3). Again in *DVP* 12.58 we find Iamblichus describing him as the discoverer both of the idea of philosophy and of the word. This pioneering and seminal quality attributed by *DVP* to Pythagoras is reminiscent of, if not dependent upon the strong claims made for his philosophic influence on Plato in *Fragment* 24.57 of Numenius in Des Places' edition. c) Macrina too is formally brought under the same rubric. In chapter 1 Gregory describes his sister as "having risen through philosophy to her virtuous heights" (371.20). In chapter 6 she is said to have encouraged her brother Basil to embrace the philosophic ideal (337.14); and in similar language the excerpt dealing with the life of her brother Naucratios is described at the opening of chapter 9 (379.18).

But behind this formal similarity there lies an important and instructive difference which helps to distinguish the pagan and the Christian lives. For Plotinus and for his biographer the philosophic life means the life of contemplation leading to final union with the One. This is not simply an inference that might validly be drawn from such popular *Enneads* as I 6; III 8; V 8; VI 9. In all of these the accent falls on the centrality of the *contemplation* of the beautiful (i.e. Mind) as a preparation for ecstatic *union* with the One (= the Good) which sits peacefully above the beautiful (cf. esp. V 5.12.24–32). In the *VP* too Porphyry portrays Plotinus as indeed a good man, austere even, though also gentle and attractive, as appears both from the poem about him in chapter 22 and from the opening words of the character sketch in the following chapter. But this side of his character is not presented as the fruit of serious moral striving;[8] rather does it appear as almost conatural to him. What interests Porphyry is the search for philosophy and mystical union which mark the *VP*. By philosophy is clearly meant metaphysical truth. In chapter 3 it was the search for this form of enlightenment that led him to Ammonius Saccas and his secret dogmata. Again, reticent though Plotinus was about the teachings of his own Master he did write himself, and Porphyry devotes six out of twenty six chapters (4-6; 24-26) to listing the order and contents of the *Enneads*. Chapters 7-9 are largely occupied with Plotinus' methods of teaching philosophy and of composing his own writings, with interesting remarks on his reluctance to engage in large scale revision (8.1 ff).

More important, perhaps, than this 'professional' interest in philosophy was the effect it had on Plotinus' life. Chapters 8 and 9 describe in almost identical language the extraordinary state of attentiveness that he succeeded in achieving. At 8.9 he is said to have been present both to himself and to others. But he never, except while asleep, relaxed in self attentiveness. "And even his sleep was kept light by an abstemiousness that often prevented him taking as much as a piece of bread and by this unbroken concentration on his own highest nature." Similar language occurs in the following chapter (lines 16-18), where we read that despite his sympathetic and perceptive attention to the worldly interests of others, this never interrupted his attention toward the Supreme (i.e. Mind). Clearly for Porphyry this power of attentiveness in Plotinus was one of extreme importance.

Two important points need making about the philosophic interest of the *VP*; it was neither political nor religious in its concern. On the first issue there is no sense here, as we have in Plato's *Apology* or *Republic* that people should be interested in using the knowledge they acquire for the good either of the 'moral life' or for the political well being of their fellow citizens. Rather the contrary. In chapter 7 there is the case of the senator Rogatianus who under the influence of Plotinus withdrew from the senate in order to devote himself more completely to serious matters.[9] The idea that politics was not the most serious matter would have come amiss to Plato himself and even to Middle Platonists like Celsus, one of whose central gravamina against Christians, was their a- or antipolitical stance.[10]

There is no religion in Plotinus at all. Contemplation and ecstatic union of the type described in chapter 23 have entirely displaced prayer and worship of the gods in the *VP* and in the *Enneads*. The supreme reality, the One is not personal and he is discovered not revealed to mankind by means of the intense concentration and final ecstasy alluded to. The aim of life, according to Plotinus' dying words was "to bring into harmony the immanent and the transcendant God" (2.25). Obedience and worship find no place in such a scheme, and although on one occasion (*VP* 10) Plotinus' attendance at a séance is recorded, the same chapter concludes with an antiritualistic, if not an antireligious ring. "The gods should come to me not I to them gods." In such an attitude the journey inward has entirely replaced official religion, rather than become its private supplement; and such private illumination as a substitute for corporate worship bears a family resemblance to the attitudes recorded in the *Apophthegmata Patrum*.[11]

Despite its unreality the Pythagoras of the *DVP* has traits in common with Plotinus. In 12.58 the philosopher, unlike the seeker after money and honour is described as one who receives the contemplation of the most beautiful things, presumably the forms. In 12.59 philosophy is defined as the enthusiastic search for knowledge of the first and of the intelligible, the first being the knowledge of numbers which are the basic principle of all things, human, divine and pure. The highly intellectual impression here conveyed is confirmed by a further definition in 29.159 to the effect that philosophy is a stretching out towards and love of the truth that exists in the real world. The real world is itself defined as being "immaterial and eternal and active and bodiless realities in which things that derive their names from them participate". Pythagoras is here being portrayed as the author of the theory of forms, in a way not dissimilar to that in which he is described by Numenius as the real founder of Platonism.

But although all is done in *DVP* "for love of contemplation" (3.14) the search for wisdom is annexed much more clearly than is the case in the *VP* to a life of moral and ascetic endeavour. So chapter 16 proposes an austerely moral programme as a necessary prelude to the turning round of the eye of the soul in preparation for the vision of the truth. This of course is no other than the περιαγωγὴ τῆς ψυχῆς of which the seventh book of the *Republic* (esp. 518 and 521) has so much to say. This purification is partly moral, from anger and lust, partly also ascetic. This latter meant in practice a) strict control of food and sleep (cf. also *VP* 10.21-23); b) total abstinence from meat and wine (ch. 16.68,69); c) the celebrated Pythagorean devotion to silence, to be practised by would-be initiates for a period of five years (cf. ch. 16.68, 17.72 and especially Deubner's note ad loc.). This final element, though doubtless implied by the other two lives receives no formal acknowledgment in either of them. The first explicit use of it in Christian ascesis occurs in Basil's *Regulae fusius tractatae* 13.

Of Pythagoras' attitude to official religion little can fairly be said. Negatively he does not seem to have been as hostile to it as was Plotinus. Zeus is indeed mentioned but not as the object of an official cult. The gods are regarded as distinct from men and from time to time familiarity with the gods is thought of as a result of the ascetic life (cf. *DVP* 16.70). Pythagoras is also described as being of divine parentage and in a usage, neither novel nor particularly significant, he comes under the general category of 'divine man';[12] but that by itself is scarcely significant when it is remembered that equivalent claims are made for the 'irreligious' Plotinus in *VP* 23.32-35.

The *VSM*, despite the verbal echoes of rather than quotations from the *Symposium* and *Phaedrus*, presents in the dress of philosophy a distinctly different picture.[13] Both here and in other works of Gregory the religious life is presented under the rubric of the philosophic life, a fact which distinguishes him from his brother Basil, whose general tendency is to extend the expression to cover the whole of the Christian life, seriously lived.[14] But although it is true that the philosophic life as it is proposed in the *De virgi-*

nitate (cf. esp. 10-12) climaxes in contemplation, such does not seem to be the case in the *VSM*. This shift of emphasis is made clear from the outset of the biography. In chapter 1 (371.20) Gregory expresses the hope that his sister's life of exalted virtue will not prove unprofitable for his readers. It was, he claims, a life of perfect *virtue* achieved through philosophy. Again chapter 11, which outlines in a chilling fashion the varied excellences of Macrina's angelic life, contains the following elements. I) The philosophic and immaterial lives which she and her mother led were acted out a) communally (cf. Plato, *Phaedrus* 279c; Porphyry, *Vita Pythagorae* 33) and b) in a retired spot near the Black Sea (381.20 ff). This stress on physical withdrawal is an element which, if we discount the somewhat legendary Pythagorean communities of Magna Graecia, presumably defunct by the fourth century a.d., seems to be characteristic of Christian, as distinct from pagan asceticism. Marcus Aurelius (*Med.* IV 3) regarded such behaviour as "unphilosophic to the last degree, when thou canst at a moment's notice retire into thyself". II) The angelic life which there they led meant both a constant exercise of the standard moral virtues, absence of anger, hatred and pride but also a delight in self control, modesty, absence of wealth and humility (382.7-14). III) Once liberated from the domination of sin and its attendant passions the nuns were free to devote themselves to the central purpose which made sense of the rest, the daily and nightly chorus of praise and hymnody. This was all that mattered to them and it consisted of prayer and corporate worship. Both of these features, repeated in chapter 22 (395.4;5) important as they are for Gregory are entirely missing in both *VP* and *DVP*.

But despite the implied allusions to the *Phaedrus* in chapter 11 = 383.5 and the *Symposium* in chapter 23 = 396.18, and again despite the constant stress on purification throughout the work they have been modified in a Christian direction, arguably under the influence of the *Song of Songs*. So, for example, the stress on love in chapters 22 and 23 describes the object of the quest (? Christ or the Word) in the masculine, "the longed

for one" (396.10), not, as in *Symposium* 211a as "absolute beauty". Again the object of search becomes a
lover himself (396.12) and not merely the pursued. Although it is true that Plotinus' own attitude to the
One is described as "an intense longing with all his
being" (*VP* 23.4; 5) it ought perhaps to be noted that
the issue is not prayer and worship, but vision and
union.

It is at this point that we must consider what
part, if any, is played by θεωρία in the *VSM*. First of
all, though this may not be too significant, the actual
word occurs only once in the biography in chapter 18
(390.20). It occurs in a description of the last days
of Macrina, during which despite her bodily infirmity
she kept her mind uninterruptedly attentive to the contemplation of high things. The next few sentences reveal the content of these reflexions to have been much
the same as those discussed in the *De anima et resurrectione* or *Macrinia*, the origin and destiny of man,
the nature of the human soul and the rest. What is
strange and calls for comment is that this highly
philosophical lady, who has so much in common with her
spiritual ancestor Diotima in the *Symposium*, should on
Gregory's showing in the *VSM* have been so employed so
rarely.

Again chapter 11, despite its Platonic overtones
and the ascetic idealism which it evinces, talks of
prayer but not of contemplation, and this despite the
fact that the parallel between Macrina and the angels
is so intentionally drawn at 383.3-5 and that at 383.5
we find a muted echo of the passage in *Phaedrus* 246b,
which describes the soul's contemplation of the world
of forms.

Finally in chapter 23 Gregory describes the last
actions of his sister's life and her ever increasing
desire for fellowship with the bridegroom (396.18-20).
She gazed no longer in the direction of her companions
but instead strained towards him, towards whom she
gazed intently with her eyes. The question really is
whether or not we have an example of contemplation in
this picture. Part of the difficulty in answering this
question is the unclarity surrounding the meaning of

the word 'contemplation'. For example the primary sense of the word in the *Homilies on the Song of Songs* would seem to be the deeper sense of scripture. Although doubtless the study of scripture formed a large part of the daily life of Macrina and the other nuns there is no hint that they called this *theoria*. A further difficulty in evaluating the evidence arises from the uncertainty of the weight which should be placed on the characteristic Gregorian expression βλέπειν πρός.[15] It is doubtful how much can be inferred from Gregory's elastic usage both of verb and preposition. The particular verb here employed ἀφορᾶν does not seem to occur before *Hebrews* 12.2 and though the Leiden editor makes no reference to this passage in his note it is surely with that passage in mind that the expression is here employed.[16] My suggestion would be that Gregory deliberately reminds us of the *Letter to the Hebrews* and wishes at the same time to insist that the nearest Macrina got to the desired for aim was a straining towards the object of desire without any actual vision of it. If this conclusion is justified it would be for Gregory a good example of the way in which even the noblest of created minds can go no further in their search for God than straining towards him, without ever actually catching sight of him.

My main argument has been so far that in the *VSM* at any rate what interests Gregory and what he is seeking to recommend is perfection of the life rather than the pursuit of truth, and if this case has been satisfactorily sustained it is clear how far Gregory has departed from Platonism in all its forms. By the philosophic life he means primarily, if not exclusively, the life of moral virtue. This is the concern of Macrina herself in chapter 12 (383.20 ff) in the concern she shows for her brother Peter. Again it was as a φροντιστήριον ἀρετῆς rather than of philosophy that the monastery at Annisi was seen by the married couple with the little girl in chapter 37 = 410.21. This preoccupation with virtue as distinct from contemplation is by no means isolated in Gregory. The *Sermons on the Lord's Prayer* and the *De perfectione* see the ideal of the Christian life in moral and not in intellectual terms. The contrast between such a vision and either the tenth book of Aristotle's *Nicomachean Ethics* or the "vision that makes happy" of *Ennead* I 6.7.33 with its *Nachleben* in the Vision of Ostia (*Confessions* VII 27) is obvious enough.

The whole notion of purification, love and ascent to God, which dominates so much of Gregory's writing is clearly Platonic in word and inspiration. It is what he does with this basic pattern that is so instructive and the three basic alterations are intelligible within a Christian context. I) The transcendent beauty and goodness of the *Symposium* and *Republic* become a personal and loving God; who is both Word and Bridegroom (386.7; 12; 18). This identification is paralleled and acknowledged for its boldness in the second sermon *De Oratione Dominica*. The only difference is that the absolute beauty of the *Symposium* is there equated with the Father. "The divine nature ... is absolute goodness, holiness and joy, power, glory and purity ... and after all that should we dare to utter a word and call this being Father?" II) The desired relationship with this being is one of prayer, which if anything, replaces contemplation.[17] This is clear from chapter 11 (382.1) and chapter 23 (396.23). Nor does prayer seem to be connected with or defined in terms of 'contemplation of the invisible', as it is in *Or. Dom.* 1 (*PG* 44.1124B). III) The overwhelming impression of the whole of the *VSM* is that it is a life of virtue. The life of philosophy is regularly stated to be the same as the life of virtue and it is as a protreptic to such a life that Gregory undertakes the narration in the first instance (371.18-23). Important though prayer is and largely lacking though it is from the *VP* and *DVP* yet its first importance for Gregory is that it both leads to and is the climax of the life of virtue. So again in *Or. Dom.* 1 "For when the consciousness of God is firmly established in the heart, the devices of the devil remain sterile, and matters of dispute will always be settles according to justice" (*PG* 44.1121D). This insistence on the perfection of the life rather than the work is a theme which dominates most of the mature writing of Gregory and is clearest of all in the *Life of Moses*.

1 The following editions and conventions have been used: The Vita
Sanctae Macrinae (= VSM) is quoted both from the edition by Virgi-
nia Woods Callahan, GNO VIII,1, Leiden 1963, pp.370-414, and from
Vie de Sainte Macrine. Introduction, texte critique, notes et index par Pierre Maraval, SC 178, Paris 1971. The chapter numbering
comes from the latter, the page references from the former edition. - The Vita Plotini (= VP) is quoted by chapters and lines
within the chapters from the editio minor of Plotini Opera, vol.I,
edited by Paul Henry and Hans-Rudolf Schwyzer, Oxford 1964. - The
De vita Pythagorica (= DVP) is quoted by chapters and sections
from Iamblichi De vita Pythagorica liber, ed. by Ludovicus Deubner
(1937), with addenda and corrigenda by Udalricus Klein, Stuttgart
1975.

2 The earliest of the lives is the VP, datable with some certainty
to 301, by conflating the evidence of VP 4.9 which gives his birth
as 234 and VP 23.13 which gives his age at the time of writing as
68. DVP though without any internal evidence probably belongs to
the first or second decade of the fourth century. VSM comes some-
where between 380 and 382. Maraval op. cit., p.67 gives 382/3 as a
terminus post quem non.

3 The matter is fully discussed in Ludwig Bieler's Θεῖος ἀνήρ. Das
Bild des göttlichen Menschen in Spätantike und Frühchristentum,
Wien 1935/6, cf. n.11.

4 For an exhaustive bibliography see Maraval, op.cit., pp.15-18; 21
n.1; and for Pythagorean material the addenda to Deubner's edition
of DVP (1975), pp.XX-XXVII.

5 The similarities and differences between the two lives are worth
recording. To a) belong that both are the lives of a sister by a
brother; both are described in philosophic language Vita Gorgoniae
(= VG) 15 and VSM 11 = 381.20-28; 383.1. But Gorgonia is at once
more and less 'ascetic' than Macrina. She was married (VG 8) and
displayed all the domestic virtues (VG 9); Macrina, though sought
in marriage (VSM 4 = 374.19-20) the life of virginity; on the
other hand the language in which her brother describes Gorgonia's
end (VG 23) is more Platonist and Origenist than is the language
of Gregory about Macrina, which seems deliberately to modify the
traditional pattern in favour of a more characteristically 'Christian' approach (23 = 396.18-19).

6 Maraval on the basis of this passage and of VSM 15 = 386.22
argues that her death is to be placed on July 19th 381 (op.cit.,

p.57-66).

7 Platonic 'echoes' as distinct from verbatim quotations may be found in VSM 11 = 383.3 (= Phaedrus 246c) and in VSM 18 = 390.23-27 (Phaedo 67d).

8 This evident absence of stress on the need for moral striving in VP reflects Plotinus' arguably ambiguous stance on the need for moral purification on the part of the soul. Sometimes, as at Enn. IV 8.8.1-3 he suggests that the whole of soul did not fall and therefore needs no redemption or purification; elsewhere, as in Enn.I 2.4 he argues for the opposite. The essential ambiguity of his position is well illustrated by Enn.III 6.5.12 and III 8.11.23 which both, though with slightly different emphases, suggest that the soul of man has already arrived, but still needs purifying.

9 Enn.III 2.15.33 suggests that this present life, at least in its outward manifestation, is a game, not to be treated too seriously; cf. also III.8.4.32. There is an instructive similarity between Enn.I 2.7.23 and Greg.Naz., Or.VII.19.

10 For the Christian lack of interest in public service cf. Celsus in Origen, Contra Celsum VIII.2 and for Origen's reply VIII.65-78. Cf. also E.R.Dodds, Pagan and Christian in an age of anxiety, Cambridge 1965, p.114, n.1.

11 For the evidence cf. K.E.Kirk, The Vision of God (The Bampton Lectures for 1928), London 1931, p.191; arguably, also, the Messalians showed themselves distanced to the ecclesial community, cf. Theodoret, H.E.IV.10; 11; Epiphanius,Pan. 80.

12 Cf. note 3; the following examples serve to illustrate the difference between the 'divine man' of pagan hagiography and the 'man of God' of Christian writing, the latter perhaps going back to 1 Tim.6.11. For the former cf. Philostratus, Vita Apollonii I.2 (Kayser 3.18); I.21 (K.22.24); VIII.7.7 (K.312.18); DVP I.1; X.53, etc. and although Plotinus is never so described such is at least implied in VP 23; for the latter cf. especially St.Athanasius, Vita Antonii 70; 71; 93.

13 Cf. note 7 and also the influence of Republic VI.518 ff. on the whole ideal and of Symposium 219 ff. on VSM 22; 23.

14 For a full treatment of the use of 'Philosophia' cf. A.-M.Malingrey, Philosophia, Paris 1961. Cappadocian usage is inconsistent and may reflect the unclear relationship existing at the time and not only then between the Christian and monastic ideal. The word can apply to the former, as at Gregory of Nyssa De Benef., GNO IX, p.95.4 s., and Or.Cat.18 (Srawley, p.76.1) and the note ad loc., and to the latter in De Instituto passim; VSM 1 (371.20); 6

(377.4); In Cant.VII, GNO VI, p.223.1; XIII, ibid., p.355.2. Basil is also variable but for the latter sense cf. Ep.1.12; 4.2; 45.

15 It is hard to decide if there is an important difference to be found between the two expressions. They seem to be used synonymously at De Inf., PG 46, 173C3-4; 176A3. The prepositionless phrase, perhaps significantly in the early De Virg.23, GNO VIII,1, p.343.4 while in the In Cant. βλέπειν πρός predominates cf. V, GNO VI, p.147.12 and XV, ibid., p.469.4.

16 A similar expression occurs in Arrian, Epicteti Diss.II.19.29, where the philosophical presuppositions even of Later Stoicism exclude any reference to direct vision of any kind.

17 Gregory's preference for προσευχή and the evidence of miracles as distinct from contemplation may point to the 'veracity' of the coverage he gives to the realia of Macrina's life. It also serves to distinguish it on the one hand from the De Virg., which has nothing of miracles and mentions προσευχή, once only (8, GNO VIII,1, p.285.16), and De An.et Res. which is apparently silent on the matter of prayer; and on the other from the Platonism of Maximus of Tyre, who in Dial.5 'Ought one to pray?' alters prayer to converse with God, not unlike Origen at De Or.8 and 9. Plotinus has no room for prayer, either and reduces it to a preparation for the real business of contemplation (cf. Enn.V 1.6.10, IV.4.44.1). It should be noticed that Evagrius in the Prologue to the Praktikos equates prayer with theology.

LUCAS F. MATEO SECO

EL CRISTIANO ANTE LA VIDA
Y ANTE LA MUERTE

*Estudio del Panegírico de Gregorio de Nisa
sobre Gregorio Taumaturgo*

En armonía con el tema general del *Kolloquium*, nos proponemos investigar cuál sea según Gregorio de Nisa la postura ideal del cristiano ante la vida y ante la muerte según se desprende de su elogio a uno de los personajes más venerados por él y que tanta influencia había ejercido en su familia: Gregorio Taumaturgo.

No es nuestro fin, por tanto, entrar en cuestiones textuales ni de autenticidad;[1] tampoco trataremos el atractivo asunto del *Símbolo* contenido en el *Panegírico*.[2] Nuestro análisis versará exclusivamente sobre lo que Gregorio de Nisa entiende aquí como actitud cristiana ante la vida y ante la muerte y, en consecuencia, sobre su doctrina en torno al fin de la vida y la naturaleza de la muerte. Por contragolpe, la coherencia de esta doctrina con la desarrollada en el resto de sus obras pondrá de relieve - con la fuerza que pueden dar los argumentos internos - la autenticidad nisena del *Panegírico*.

El Taumaturgo, como ejemplo a imitar

El hilo conductor de todo el *Panegírico* está constituido por los prodigios que se atribuyen al Taumaturgo y que le convierten en un personaje extraordinario. Sin embargo, el Niseno advierte ya en el comienzo de su discurso que el fin de cuanto va a decir no es sólo la alabanza del Taumaturgo, sino el provecho y la utilidad de los oyentes. Y es que la vida virtuosa - argumenta - es ejemplar para todos los que la recuerdan, brilla como un faro para los navegantes y, al atraer, se convierte en camino hacia el bien, pues los hombres llevamos inscrito en nuestro ser el deseo de imitar y hacer propio cuanto es honorable.[3] Este pensamiento lo repite el Niseno constantemente en sus demás escritos hagiográficos. Así, dirá en el segundo *Encomio de San Esteban*, "nos hacemos dignos de comunicar en la conmemoración de los santos, al imitar y emular sus virtudes".[4]

Este planteamiento es frecuente en los escritos hagiográficos, y el Niseno lo utiliza casi siempre.[5] No por ello debe estimarse como recurso meramente retórico. En más de una ocasión, el de Nisa desciende a señalar en concreto qué es lo imitable en la vida que está narrando. Así se ve, p.e., con especial claridad al tocar este asunto en su discurso sobre su hermano Basilio. En efecto, tras subrayar la grandeza extraordinaria de la vida de Basilio, Gregorio insiste en que su memoria debe hacernos mejores a todos[6] y propone en qué se la ha de imitar.[7]

La imitación, como es obvio, si ha de ser meta de todos los que recuerdan la vida del hagiografiado, no puede referirse a situaciones o hechos extraordinarios, sino a lo que está al alcance de todos: la virtud. En el *Encomio*, el Niseno exhorta a sus oyentes a un cambio de vida hacia el bien, es decir, hacia la virtud.[8] Para hacer esto, le bastaba tener presente cuanto su hermano Basilio había hecho ya notar sobre el Taumaturgo.[9] En su *Tratado sobre el Espíritu Santo*, Basilio enumera los prodigios realizados por el Taumaturgo y recalca que lo más importante y prodigioso en su vida no son los milagros que le han hecho famoso en toda la región, sino el hecho de que "durante toda su vida siguió en todo las huellas de los santos y mantuvo firme en el curso de su existencia entera la vida más exactamente conforme al Evangelio".[10] Dos cosas se entrelazan, pues, en el *Encomio*: la narración de los portentos obrados por el Taumaturgo y el carácter virtuoso de su vida, "conforme al Evangelio" y en la que sigue "las huellas de los santos".[11] Por esto precisamente encontramos aquí dibujado el ideal de la vida "conforme al Evangelio", la actitud cristiana ante la vida y ante la muerte.

El juicio sobre el bien

En esta conversión "hacia el bien", el Niseno se preocupa de señalar ya en el comienzo del *Encomio* la radical diferencia de apreciación sobre qué sea lo bueno entre el planteamiento cristiano y el pagano: "El juicio del bien no es el mismo para aquellos que son de los nuestros y para los otros".[12] Esta diferencia es abismal: mientras que para "los extraños" los bienes estimados como loables y apetecibles son "las riquezas, el origen racial, la gloria, el poder mundano, los mitos acerca de los fundadores de la propia patria", para "aquellos que son de los nuestros, lo único estimable es el parentesco con Dios".[13]

Llama la atención la forma en que el Niseno establece la distinción entre las dos clases de personas que llegan a juicios contradictorios acerca de la bueno. Esta distinción no está hecha entre "filósofos" - tomado el nombre en toda su carga venerable de personas que "viven filosóficamente" - y "no filósofos"; ni propiamente se hace la diferencia entre cristianos y no cristianos, sino entre aquellos que "viven conforme al mundo" y quienes "han sobrepasado este mundo".[14] La diferencia se establece, pues, entre cristianos y no cristianos, pero con mayor propiedad entre aquellos cuya vida es conforme a los criterios de la sociedad en que viven y aquellos que han superado el vivir conforme a los criterios imperantes en esta sociedad. En el párrafo se entremezclan estas expresiones con otras - "buscar la vida superior, buscar la verdadera patria", etc.[15] - evidentemente más generales y que hacen pensar que el Niseno, al elogiar al Taumaturgo, elogia la vida cenobítica y propone a todos como imitables las virtudes más subrayadas en el vivir cenobítico.

Gregorio de Nisa subraya con frecuencia la oposición de juicio existente en torno a lo bueno y lo malo entre cristianos y no cristianos. Así lo hace, p.e., con especial agudeza en la *Oratio catechetica magna*, donde muestra la incompatibilidad existente entre cristianos y maniqueos en su juicio sobre el bien.[16] Afirma aquí que es necesario "confesar" que el "mundo" y todo lo que está en el mundo es bueno, ya que es obra del

Verbo,[17] y apunta a la razón de fondo del pesimismo maniqueo cuando observa que los maniqueos piensan que el mundo es malo precisamente por miedo al dolor, es decir, por considerar bueno todo y sólo aquello que es grato a los sentidos, y en consecuencia estimar el dolor como mal sin sentido. Frente a esta forma de entender el bien y mal, el de Nisa afirma tajantemente: Si su discernimiento tuviese un planteamiento más alto, sólo estimarían verdadero mal el pecado. Así pues, "ningún mal subsiste fuera de la libre elección de la voluntad".[18]

La cuestión es, pues, abordada en perspectiva diversa en el *Encomio* y en la *Oratio catechetica*. Mientras en ésta el término κόσμος tiene sentido positivo y está referido al mundo en cuanto creación, en el *Encomio* tiene sentido peyorativo y está referido a la escala de valores vigente en la sociedad. En este sentido es utilizado por el Niseno en otros lugares, p.e., la *Vita Macrinae*: "Conforme a este mundo – comenta Macrina – nosotros podríamos enorgullecernos de esto: de nuestro nacimiento y de ser estimados como de buena familia".[19]

A pesar de esta diferencia de perspectiva, permanece idéntico en lo esencial el juicio en torno al bien y la radicalidad con que lo expresa. Si en la *Oratio catechetica* se afirma que sólo el vicio es verdadero mal,[20] en el *Encomio* se dice que sólo existe una nobleza de nacimiento, la cercanía a Dios;[21] sólo existe una patria, el cielo, la virtud.[22] Sólo aquí se encuentra la felicidad.

El hombre mundano – advierte el Niseno – busca sólo una felicidad material y por eso estima sobre todo las riquezas, los honores, el poder, y por ellos pregunta; en cambio quien mira a la vida de arriba, ése tiene como belleza máxima la pureza de alma; por riqueza, la virtud; por ciudad, el reino de Dios. De forma que sólo estimamos feliz al virtuoso.[23] Evidentemente el Taumaturgo ha de considerarse ejemplarmente feliz, puesto que es ejemplarmente virtuoso.

En este concepto de felicidad entran dos componentes: la vida virtuosa y el apartamiento del mundo, lo que el Niseno llama en más de un lugar vivir "filosófico".[24] Así se ve con especial nitidez en el suceso del carbonero Alejandro, quien con su apariencia de indigencia buscaba una felicidad superior a lo que el vulgo entiende por tal, uniendo así virtud y vida apartada del mundo.[25] Con igual nitidez aparece en las alabanzas que el Niseno dirige al Taumaturgo por su acierto en elegir para sacerdote al carbonero Alejandro: "entiendo que la preferencia ha de ser sólo para la virtud y juzgando que sólo ha de rechazarse la vida viciosa, estimaba en nada todas las cosas que según este mundo son estimadas como dignas de esfuerzo".[26] La radicalidad con que sólo se aprecia la virtud y sólo se estima rechazable el vicio conlleva en el *Encomio* dos consecuencias: la primera es que el Taumaturgo - anotará el Niseno - "considera por igual todas las cosas en su apariencia según el mundo, bien sean tenidas como las mejores y más esplendorosas, bien como lo más pobre y oscuro";[27] la segunda es que, gracias a este juicio superior, el Taumaturgo, por ir a la entraña misma de lo verdaderamente humano, se ve libre de la acepción de personas, sabiendo ver el bien que se encuentra oculto bajo apariencias modestas. Tanta importancia atribuye el Niseno a esta actuación del Taumaturgo, que afirma que "con ella se superó a sí mismo".[28]

No olvida el de Nisa que el prodigio que está refiriendo es el discernimiento carismático por parte del Taumaturgo de quien debe ser elegido sacerdote, y sus palabras tienen una evidente intención: poner de relieve la dignidad del sacerdocio y la necesidad de "consagrar a Dios por medio del sacerdocio"[29] a personas dignas, sin que interfieran criterios de poder, riqueza, etc. Pero su argumentación es universal y tiende al mismo tiempo a señalar la diferencia de juicio que debe existir entre el cristiano y el "mundo": el cristiano sólo debe apreciar la virtud y sólo huye del vicio.

La virtud y el hombre

Los bienes materiales - señala el Niseno en clara concomitancia con los estoicos - no están en la mano del hombre; los poseen a veces quienes son indignos de ellos, y se pierden muchas veces por azar. No sucede así con la virtud, que está por igual al alcance de todo hombre y en estrecha dependencia de su libre elección. Nosotros - continúa afirmando el Niseno con nitidez - "sólo estimamos una patria: el paraíso, primera sede del género humano; una sola ciudad: la celestial, construída con piedras vivas (*Hebr.*11,10), cuyo artífice y constructor es Dios; sólo aceptamos la dignidad de un linaje: el parentesco con Dios.[30] Este "buen nacimiento sólo puede adquirirse mediante una libre elección, pues dice la Palabra divina, *a quienes le recibieron les dio potestad de ser hijos de Dios* (*Jn.*1,12) ¿Qué hay más admirable que este linaje?"[31].

Encontramos aquí temas verdaderamente queridos para el Niseno y sobre los que insiste a lo largo de toda su obra: la importancia dada a la libertad humana, tanto en su aspecto de elección como de señorío,[32] la fuerza puesta en que la dignidad del hombre estriba en lo que él es - imagen de Dios, hijo de Dios - y no en lo que tiene;[33] la convicción con que insiste en que el fin del hombre es la unión con Dios;[34] la seguridad de que lo que hace al hombre verdaderamente humano ha de estar en su capacidad de elegir y no puede encontrarse en dependencia del azar o de la fortuna.

Tan importante es esta convicción en el Niseno, que al considerar teológicamente la historia humana y lo que con expresión perenne califica como "economía de la salvación", sitúa en el respeto divino ante la libertad humana la razón profunda de la permisión del pecado original. Como pondrá de relieve en la *Oratio catechetica*, Dios crea al hombre libre, pues lo hace a su imagen y semejanza. La libertad es tan esencial al hombre que sin ella no podría ser imagen de Aquel que es Señor de todas las cosas. Una elección equivocada del hombre introduce el mal en el mundo;[35] la salvación tiene lugar precisamente también a través de la libertad humana que elige un nuevo nacimiento por medio del Bautismo.[36] Aun previendo la caída, Dios - argumenta el de Nisa frente a los maniqueos - sabiamente creó libre al hombre.[37]

En el texto del *Encomio* que venimos comentando, el Niseno hace especial hincapié en el hecho de que el hombre es hijo de Dios y que en esto estriba la grandeza de su dignidad. Nada hay más noble que este parentesco con Dios que se otorga a quienes libremente reciben a Jesucristo. Idénticas expresiones encontramos, sobre todo, en su discurso sobre San Basilio: "¿Cuál es la nobleza del linaje de Basilio? ¿Cuál es su patria? Su linaje es su familiaridad con Dios; su patria, la virtud. Pues quien *ha recibido* a Dios, como dice el Evangelio (*Jn*.1,12), *tiene el poder de ser hijo de Dios*. ¿Quién buscará un linaje más noble que el parentesco con Dios?".[38]

Aquí radica la auténtica grandeza del hombre. Nadie podrá arrebatársela contra su voluntad. Por eso la virtud es lo más propio del hombre, lo más íntimo. Gregorio hace especial hincapié en el *Encomio*, en esto, al exponer qué debe alabarse en la vida del Taumaturgo: "sabedores de que no se debe alabar en un hombre aquello que no le es propio, llamamos propio a aquello que permanece siempre de forma que no puede ser arrebatado. Y puesto que todo - las riquezas, el esplendor, la gloria, el honor, las delicias, los placeres, los parientes, los amigos - puede sernos quitado, y sólo permanecemos inseparables de nuestra unión con la maldad o con la virtud, sólo juzgamos feliz al virtuoso".[39]

Felicidad y virtud aparecen estrechamente unidas, precisamente porque sólo el virtuoso actúa conforme a su naturaleza y dignidad. "Sólo la virtud es la patria del hombre". Al final del texto citado, el de Nisa - con pensamiento que le es querido - apunta hacia el "hombre interior" en oposición a lo exterior del hombre. Sólo el interior pertenece verdaderamente al hombre. Vicio y virtud forman parte de la interioridad humana, dirá el Niseno subrayando la fuerza transformadora del amor.

Con nitidez había expresado este asunto en la *Oratio catechetica*. Al narrar allí lo sucedido en el paraíso, escribe: "Pues como con movimiento libre atrajimos la comunión con el mal mezclando lo malo a la nuturaleza por medio del placer como si fuese un veneno mezclado con miel y, por lo tanto, apartándose de la felicidad que estriba en la apatheia nos convertimos en vicio,[40] por esta razón, el hombre es disuelto en la tierra (cfr. *Gen*.3,19), como un vaso de barro, para que apartadas las suciedades que ahora tiene sea rehecho por medio de la resurrección conforme a la figura primitiva".[41]

La ascética y el mismo concepto de hombre encuentran aquí un trazo fuerte. Al obrar el mal - al dejarse dominar por el placer - tiene lugar en la misma naturaleza humana una metamorfosis hacia el mal, como una expatriación de sí mismo que conlleva la apostasía del parentesco con Dios, precisamente porque es imposible obrar el bien o el mal sin metamorfosearse en él. Esta transformación moral es descrita en el capítulo citado de la *Oratio catechetica* con la conocida metáfora de las túnicas de animales de que se revisten nuestros primeros padres tras el primer pecado. Daniélou ha estudiado largamente este asunto y su conexión con el rito bautismal del revestimiento de vestiduras blancas.[42]

Dos cosas conviene subrayar aquí de este célebre texto. Por una parte, que en él insiste el Niseno en que la túnica - que significa la animalidad de que nos revestimos por el sometimiento al placer de los sentidos - es algo que viene de fuera y que el hombre sigue conservando su dignidad de imagen de Dios, si bien oscurecida por el pecado;[43] por otra parte, es su relación con el Bautismo en cuanto nuevo nacimiento, libremente elegido, y que consiste en desvestirse de estas pieles caducas y revestirse de un vestido nuevo. También en el *Encomio* subraya el Niseno que alcanzar la gran dignidad humana tiene lugar mediante la libre acogida de Jesucristo; que vicio y virtud comprometen lo más íntimo del hombre; que el vicio es contrario a la íntima naturaleza del hombre y, por ello, que sólo en la virtud se encuentra la felicidad, pues en ella encuentra el hombre su verdadera patria. En cambio, los bienes materiales - que ciertamente pueden otorgar la *eudaimonía* - no constituyen la verdadera felicidad de forma que el sabio - dedicado exclusivamente a la búsqueda de la verdadera patria - los tiene en nada, los sobrepasa, está liberado de ellos.

En esta misma página del *Encomio*, el Niseno utiliza el término patria aplicándolo a cuatro realidades: a la patria natural, al paraíso, al cielo y a la virtud.[44]

Detengámonos en cuanto dice sobre el paraíso, porque afecta a nuestro tema. Frente a quienes estiman como bienes apetecibles las riquezas o el poder, "entre nosotros - dice - es honrado como única patria el paraíso, primer hogar del género humano".[45] Se está refiriendo a aquel modo primero de vida del género humano que incluía antes que nada la cercanía a Dios y la total libertad de espíritu; incluía también una vida pura, muy por encima del placer.[46] Este es el primer hogar del hombre del que fuimos expulsados y hacia el que todo el género humano guarda irreprimible nostalgia. Inmediatamente puntualizará el Niseno que este hogar, más que nuestra patria, era nuestra morada provisional, porque nuestra definitiva patria es la ciudad celestial. Para encarecer la grandeza de la patria celestial - grandeza proporcionada a la dignidad de hijos de Dios de que viene hablando -, el Niseno indica que la felicidad del estado paradisíaco era sólo reflejo de la felicidad que aguarda en el cielo.

"Engrandezcan otros a su patria; nuestra patria no necesita de enaltecedores. Pues si alguien mira al firmamento y las bellezas que hay en él, y observa con el ojo del alma toda la creación, por las cosas admirables que descubre en ella encontrará la explicación de nuestra patria; mejor dicho, no de nuestra patria, sino de nuestra morada provisional de la cual fuimos transplantados; desde aquella vida sublime nos hicimos cargo del mundo presente".[47]

Al hablar del paraíso, el Niseno no se refiere sólo ni primordialmente a un lugar, sino a un estado de vida más elevada y feliz. Es esta forma de vida la verdadera patria, de igual forma que la virtud, es llamada la verdadera patria del hombre. Este "mundo", es decir, esta sociedad donde impera la *hedoné* es el sitio a que hemos sido desterrados por la caída. A la luz de este pensamiento adquiere su justo relieve la afirmación nisena de que los bienes más apreciados de este mundo son despreciados por quienes fijan la vista en la verdadera patria. El iter del pensamiento del de Nisa es claro: así como por el sometimiento al placer (*hedoné*) el hombre es arrojado del paraíso y es desterrado a este mundo dominado por el hedonismo, la vuelta a la verdadera patria implica el rechazo de una jerarquía de valores que estiman como bien supremo del hombre bienes materiales que le son externos.

Se destaca aquí la propia raíz teológica del pensamiento niseno. Su elogio del monacato no es tanto transposición de la vida ascética de algunas corrientes filosóficas, cuanto consecuencia de su pensamiento en torno al origen del hombre y su caída. Frente a la ambición de felicidad material, Gregorio de Nisa propone no tener como hermoso más que la pureza de alma; como riquezas, más que la carencia de posesiones; como patria, la virtud.[48] Propone así lo que podríamos llamar un radical rechazo del "mundo" creado por el pecado de origen. En el *Encomio* este rechazo aparece unido en el Taumaturgo a una peculiar forma de vida: siempre rechazará la escala de valores de la sociedad hedonista en que le toca vivir. Durante unos años, además, este rechazo se manifestará en su apartamiento del mundo y en la búsqueda de la soledad. Pero no es ésta la decisión clave para el Niseno. Lo importante es la virtud, no el lugar donde se ejercite. Así, al mismo tiempo que alaba el apartamiento a la soledad, alaba la ajetreada vida de Basilio, la actividad de Melecio, la incansable acción pastoral del Taumaturgo, cuidando siempre de destacar que en la soledad o en medio del bullicio no están atados por los bienes materiales. Lo importante es la virtud.[49]

El cielo, patria del hombre

El paraíso es colonia de la verdadera metrópolis, el cielo, que corresponde definitivamente a la cercanía a Dios, al parentesco de hijo que con Dios tiene el hombre. Tanto excede el cielo a todo lo creado – dirá el Niseno parafraseando a San Pablo – que los bienes en él contenidos ni pueden ser captados por los ojos, ni percibidos por el oído, ni conjeturados por la capacidad de juzgar.[50] Se trata, en efecto, de la contemplación de Dios. De ahí que se refiera a la muerte del Taumaturgo como "emigrar de la vida humana a Dios",[51] insinuando que la vida en el cielo es una vida distinta, una vida divina. La lucha por apatarse del vicio y

vivir conforme a la virtud no tiene en la ascética nisena otro objetivo que el de asemejarse a Dios, unirse
a El, "emigrar de la vida humana a Dios". De ahí que,
al comparar al Taumaturgo, con Moisés, señale que el
objetivo final de todo su esfuerzo era la contemplación
de Dios. "Lo que intentaban era lo mismo en ambos, pues
el fin buscado por ambos al apartarse del vulgo era
éste: contemplar los divinos misterios con ojo puro".[52]
Ambos reciben ya en esta vida en cierto sentido el premio de su vida pura: la aparición de Dios, la theofaneia.[53] Este es el premio de la virtud. Esta es la
vuelta a la verdadera patria: la unión con Dios.

La claridad con que el Niseno apunta hacia un Dios
personal que se manifiesta, la nitidez que señala la
unión con este Dios personal como premio inherente a la
virtud, colocan su pensamiento en torno a la naturaleza
del quehacer moral del hombre en un plano distinto del
de los filósofos que indiscutiblemente influyen en él.
Es la unión con Dios - y no la virtud por la virtud -
el objetivo del esfuerzo ascético del hombre. Más aún,
en este esfuerzo ascético no es la acción humana, sino
la divina, la que ocupa el primer plano. Así se ve en
su descripción de la ciudad celestial "construida con
piedras vivas, cuyo constructor y fundador es Dios".[54]

Quien mira a esta ciudad - argumenta el Niseno - ha
de estimar como desgracia el deseo de bienes terre-
nos.[55] El Taumaturgo, levantándose sobre todo este mundo, "alzando los ojos hacia la verdad, se introdujo a
sí mismo por medio de la fe en el parentesco superior
(en la unión con Dios)".[56] El santo, el cristiano, ha
de trascender este mundo: sólo así podrá participar del
parentesco divino. En esta elevación ascética juega papel primordial la fe. Es por la fe como el Taumaturgo
se eleva hacia la vida celestial. No está de más hacer
notar la peculiaridad cristiana que esta afirmación
otorga a toda la concepción ascética del Niseno.[57] La
importancia otorgada al *Símbolo* enseñado al Taumaturgo
encuentra aquí también su explicación: la verdadera fe
juega papel primordial en la ascensión del hombre a
Dios.

En su juventud - recuerda Gregorio de Nisa -, el Taumaturgo, abandonando aquellas cosas que atraen a los jóvenes - la equitación, la caza, el juego, etc. -, pone todo su empeño en la adquisición de las virtudes y, antes que nada, en la búsqueda de la sabiduría.[58] Al leer estas páginas, el lector no puede menos de evocar el itinerario espiritual de Basilio, de Gregorio de Nacianzo o del mismo Gregorio de Nisa. Itinerarios parecidos al de Orígenes e incluso al de Justino. Todos ellos tienen como común denominador la búsqueda sacrificada de la verdad, la total dedicación a la sabiduría.

El ideal perseguido no es la erudición, ni la fuerza dialéctica, sino la sabiduría profunda en torno al hombre, al mundo y a Dios. Se trata de una búsqueda que compromete al hombre entero. Por ello señalará el Niseno que este esfuerzo debe ir acompañado por el buen juicio, por la templanza y por la continencia. El Taumaturgo consigue así un ánimo humilde y templado junto con el desprecio de las riquezas.[59] No se separan - ni pueden separarse - en la doctrina del de Nisa la búsqueda de la sabiduría de la práctica de las virtudes, pues el ideal es vivir conforme a la "más sublime filosofía" tal y como se encuentra en la doctrina cristiana.

Este vivir filosófico tiene un evidente y primordial contenido noético. En su *Encomio* del Taumaturgo, Gregorio de Nisa insiste en temas que le son muy queridos y que encontramos reiteradamente tratados en sus obras, sobre todo, en lo que respecta a la naturaleza de "la verdadera y más superior filosofía". Las páginas que a este asunto dedica en el *Encomio* son considerablemente densas.

Al igual que Abrahán,[60] el Taumaturgo, tras conocer la filosofía no cristiana - "la filosofía extraña" - y su insuficiencia, es llevado por esta misma insuficiencia al conocimiento del cristianismo. Precisamente porque busca "la verdad de las cosas",[61] descubre "lo insustancial de los dogmas de los griegos", sobre todo en lo que se refiere a sus doctrinas sobre la naturaleza de Dios. Por ésta razón, abraza "la firme palabra de la fe", que no se apoya en ingeniosos juegos de palabras, sino que es anunciada con simplicidad y sencillez, tomando como prueba de su verdad precisamente el que su contenido excede la capacidad de comprensión humana.[62]

En todo este largo párrafo aparece una tensión matizada. Por una parte, el Niseno pone de relieve que el conocimiento natural conduce a Dios: Abrahán, conocedor de la ciencia de los caldeos, "usa de ella como de una escala para ascender a la contemplación del bien superior";[63] por otra parte, toda ciencia humana - el Niseno se refiere explícitamente a la ciencia de los caldeos, los griegos y los bárbaros - carece de estabilidad y firmeza al hablar de la verdad de las cosas, sobre todo, de la verdad sobre Dios. Sólo la fe es firme: apoyada en la autoridad de la Palabra divina, excede la razón y encamina hacia Aquel que está sobre todo discurso y sobre toda comprensión.[64]

Al igual que Moisés - insiste el Niseno en su alabanza del Taumaturgo - éste, tras conocer y experimentar toda la erudición de los griegos, se convierte en discípulo del Evangelio y abandonando el estudio de la filosofía pagana se hace discípulo de Orígenes "príncipe de la filosofía de los cristianos".

La vida pura

La búsqueda de la verdad y su lógica consecuencia, hacerse discípulo del Evangelio, va unida con la práctica de las virtudes. El Niseno destaca en el Taumaturgo estudiante la humildad, el desprecio de las riquezas y la continencia. El Niseno subraya la castidad del Taumaturgo en medio de la gran urbe y dedica gran espacio al episodio de la meretriz. Se ha puesto de relieve que es frecuente encontrar en las hagiografías episodios parecidos. Al menos en nuestro caso, el episodio no puede ser más verosímil. El Taumaturgo se encuentra en Alejandría entre la turba estudiantil que acude para los estudios de medicina y filosofía; es joven y con dinero. A nadie pueden extrañar bromas de este género, ni que la pureza de vida del Taumaturgo excitase la envidia de sus compañeros. El Niseno compara al Taumaturgo con José y pone de relieve que mientras José contaba para vencer la tentación con el temor de Dios y las leyes de Egipto, el Taumaturgo sólo contaba con el temor de Dios.

En cualquier caso, es claro el ideal de vida propuesto por el Niseno en su elogio de este episodio de la vida del Taumaturgo: "dominar la naturaleza con la razón; someter la juventud como un manso animal; ser superior a todas las pasiones surgidas de la naturaleza".[65] Sobre todo, ha de vencerse a la soberbia. Así queda patente al elogiar la vuelta del Taumaturgo a su patria. En efecto, el Taumaturgo huye "del vicio de la soberbia, frecuentemente causa de la vida pecaminosa"; conocedor de cómo "la verdadera filosofía debe ser enseñada por sus perfectos seguidores", huye del elogio público y la muestra "precisamente a través del silencio".[66]

El apartamiento del mundo

Este "silencio" con que el Taumaturgo comienza a vivir nuevamente en su tierra natal no es otra cosa que el apartamiento de la vida secular. El elogio del monacato es aquí contundente. El Taumaturgo muestra su sabiduría precisamente al apartarse del foro[66] y de la vida de la ciudad, al apartarse a "lugar apartado a solas consigo mismo y a través de sí mismo con Dios".[67]

Cobra aquí gran importancia la comparación con Moisés. Ambos huyen de la turbulencia y del ajetreo buscando la *theofaneia*, la revelación de Dios como premio de la vida pura. Lo que se busca en el apartamiento de la vida secular es que "el alma llegue a la perfección a través de la virtud", precisamente por haberse separado de lo que suele encadenar a los hombres. Gregorio aprovecha para elogiar el celibato: mientras Moisés – dice – va acompañado por su mujer y la filosofía, el Taumaturgo sólo tomó como compañera a la virtud.[68] En el texto citado se denomina el dominio de las pasiones a que llega la perfección de la virtud con el conocido término de *apatheia*.[69] Esta *apatheia* no tiene otro objeto que permitir el conocimiento de Dios trascendiendo lo efímero y fenoménico.

Moisés, penetrando con su alma "en el santuario invisible"[70] en medio de la tiniebla "aprende allí los
misterios divinos y muestra al pueblo el camino del conocimiento de Dios";[71] el Taumaturgo sube, come Moisés
al monte, por medio de su pasión por conocer "las doctrinas verdaderas". Por este deseo y por la aparición
de la Virgen - señala el Niseno - el Taumaturgo se convierte para el pueblo en mistagogo. Mediante su enseñanza tiene lugar "la manifestación de los misterios".[72]

El subrayado niseno en torno al conocimiento de
Dios y los términos fuertes que utiliza para designar
que las enseñanzas del Credo son "manifestación de los
misterios", muestran a nuestro parecer, que su enorme
empuje místico está siempre en estrecha dependencia de
la claridad doctrinal en las expresiones netas del Símbolo. La búsqueda de Dios - tarea primordial en el
ideal niseno - no puede entenderse al margen de la im-
portanica que otorga a la recta expresión de la doctrina de la fe, sino en estrecha relación con ella. De ahí
que "su mística de la tiniebla" haya de entenderse como
subrayado de la trascendencia de Dios, que está sobre
toda comprehensión, y no como exponente de una conside-
ración de lo divino como lo estricta y absolutamente
otro. Por otra parte, el llamar "explicación de los
misterios" a la predicación del Símbolo está aludiendo
directamente a que en el símbolo se contiene de alguna
forma la misteriosidad del Ser divino, y que esta misteriosidad es alcanzada por aquellos que reciben la explicación. La fuerza con que exalta las concisas palabras del Símbolo del Taumaturgo, la lucha que contra su
carácter y temperamento mantuvo durante toda su vida
por la rectitud en la expresión doctrinal muestran que
la teología mística del Niseno cuenta como fundamento
firme con la enseñanza de la Iglesia contenida en al
símbolo y que no puede confundirse con un vago sentimiento místico o con una simple adoración de lo total-
mente desconocido. No en vano ha puesto como fundamento
y principio de la vida del Taumaturgo la búsqueda de la
verdadera filosofía.

El apartamiento del mundo concluye en Moisés tras recibir las Tablas de la Ley; en el Taumaturgo, tras la aparición de la Virgen y la explicación que San Juan le hace "del misterio de la piedad",[73] es decir, tras las palabras del *Símbolo* que el Taumaturgo pasará a escribir y predicar. Se exalta ahora su figura de atleta y su vida de sacerdote.[74] En efecto, abandonando la soledad, el Taumaturgo "vuelve a la urbe para edificar una Iglesia para Dios". El arma para luchar será la fe;[75] la lucha está dirigida contra un adversario claramente señalado: "el fraude de los demonios", la ignorancia popular que germina en idolatría. Asistimos a partir de aquí a una vida llena de incidencias, de predicación, de viajes. La soledad es buscada sólo en aquellos momentos en que lo permite el cuidado pastoral.

En cambio el Taumaturgo permanece fiel a lo esencial de los ideales que le llevaron al apartamiento del mundo: la búsqueda de Dios, el desposorio con la virtud. El Taumaturgo abandona la soledad, pero no abandona su forma de vivir conforme "a la más alta filosofía". Concretamente, sigue fiel a su desprecio a las riquezas. Así se pone ya de manifiesto en la entrada en su ciudad: "como corresponde a la filosofía", se había desprendido "como de un peso" de todas sus posesiones, incluso de lo necesario; al volver, la gente se preocupa de cómo va a vivir y dónde, y él responde: "¿por qué estáis angustiados por estas cosas, como si estuvieran fuera de la protección divina? (...) Poned todo vuestro empeño en buscar aquella casa que es verdaderamente propia de cada uno, que se edifica y se levanta a lo alto por medio de la virtud".[76]

El Taumaturgo aparece libre de toda preocupación por los bienes temporales. Así lo describe el Niseno en un largo camino, el cual "hizo apoyándose en su bastón filosofando con sus compañeros de viaje sobre la sublime esperanza. Al pensar siempre en estas cosas, el resto lo consideraba indigno de preocupación".[77] La descripción hecha por el Niseno es importante y ha de encuadrarse en estos dos puntos de referencia: por una parte, en esta escena concreta, el Taumaturgo camina para solucionar el problema material de la buena gente que le ha llamado; por otra, su menosprecio de los bienes temporales, no es menosprecio a secas, sino subrayado de que lo importante es buscar el reino de Dios, la virtud. Ante "la sublime esperanza", la preocupación por cualquier otra cosa es indigna. Así lo indica con toda claridad al pueblo.

Esta llamativa predicación y la insistencia nisena en este tema se encuentran en conexión con numerosos pasajes del Evangelio. Se encuentran también motivados por la evidente necesidad del momento. En efecto, cuando todavía existen persecuciones, para vivir cristianamente, la preocupación por los bienes materiales no ofrece sólo la dificultad propia de toda sociedad materializada, sino que constituye un peligro mortal para la fe. Bien lo están experimentando en esos años los obispos incluso en su propia carne: no se puede ser fiel a Nicea, sin exponerse al destierro. De ahí su insistencia en que "la sublime esperanza" es más valiosa que todos los bienes materiales, indicando al mismo tiempo que la preocupación por estos bienes es incompatible con el vivir conforme a la virtud.

El martirio

Al proponer este ideal, el Niseno muestra fuerte tensión contra la escala de valores de la sociedad circundante. Esta tensión se manifiesta en afirmaciones tajantes: sólo es vergonzoso el vicio, de ahí que nadie deba avergonzarse de las cosas - pobreza, etc. - de que se avergüenza la sociedad; más aún, ha de rechazarse lo que esta sociedad aprecia y constituye el afán de los príncipes, pues "ni las riquezas, ni la dignidad, ni los esplendores de este mundo se encuentran reseñados por la Palabra de Dios entre los bienes".[78] La evocación de las bienaventuranzas es aquí clara.

Esta tensión contra los criterios de la sociedad en que vive, es contrapesada por el Niseno con una prudente posición ante lo que hay que hacer en la persecución. No sin ironía comenta la actitud de los magistrados en la persecución que padece el Taumaturgo: "Ningún asunto público o privado preocupaba ni llevaban entre manos aquellos cuyo oficio es dedicarse a los asuntos públicos, sino sólo atacar y castigar a quienes abrazasen la fe".[79] Impera la crueldad incluso contra las mujeres y niños.[80] La decisión del Taumaturgo es clara y firme: conocedor de la debilidad de la naturaleza humana - anota el Niseno - y de que muchos no podrían luchar por la fe hasta la muerte, no sólo aconseja la huída, sino que él mismo da ejemplo, prefiriendo así conservar las almas de sus fieles por medio de la fe, antes que hacerlos desertores al exponerlos al peligro.

Preocupa tanto al Niseno dejar clara la rectitud de este proceder que vuelve a comparar al Taumaturgo con Moisés. Quedó patente - dice - que este gran varón no hizo esto sin el impulso de Dios, pues al conservarse para el pueblo por medio de la fuga, se convirtió en auxilio y ayuda para los que luchaban por la fe; así como Moisés en la batalla contra los Amalecitas mantenía las fuerzas del pueblo por medio de la oración, también éste viendo por gracia divina lo que acontecía, rogaba a Dios por los que se encontraban luchando.[81]

La muerte

Como Macrina, el Taumaturgo presiente la muerte cercana, la conoce de antemano.[82] También como Macrina, el Taumaturgo pide que no le compren sepultura. Mientras vivía no fue dueño de nada terreno y tampoco quiere serlo tras la muerte, pues "sólo estima como posesión preciosa aquella que no admite en sí misma ningún vestigio de avaricia".[83]

El presentimiento de la muerte sólo intensifica el deseo de que se conviertan a la fe los pocos que faltan, y a este fin recorre la ciudad y los campos investigando si quedan algunos fuera de la fe. Cuando descubre que sólo quedan 17, "pide a sus fieles que crezcan hasta la perfección, y a los incrédulos que se conviertan".[84] El pequeño espacio que el Niseno dedica a la muerte del Taumaturgo carece de la fuerza emotiva que tiene, p.e., la descripción de la muerte de Macrina.[85] Sin embargo, las expresiones usadas y el ambiente revisten la misma paz y serenidad. Macrina, conocedora de su fin cercano, prosigue la conversación animada con su hermano; el Taumaturgo intensifica sus trabajos de obispo. Ninguna inquietud, ningún desasosiego; tampoco aparece ninguna precipitación. Designa la muerte con dos expresiones: "cambio", "cambia desde la vida", "emigra de la vida humana a Dios".[86]

Conclusión

La vida y la muerte son observadas por el Niseno en la obra que nos ocupa como teniendo un sólo fin: la búsqueda de Dios, llegar a la verdadera patria - el cielo -; vivir en la patria del hombre: la virtud. En esto reside la dignidad humana; aquí se encuentra también la felicidad.

El cristiano debe buscar ante todo la "verdadera sabiduría": éste es el punto de partida de su ascensión a Dios. La "sublime esperanza" torna al cristiano libre ante la vida y ante la muerte. En otros lugares, el Niseno dedica largo espacio a explicar el por qué de la existencia de la muerte humana,[87] o su más allá.[88] Aquí muestra un cristiano ejemplar, un obispo, cuya actitud puede resumirse en estos rasgos fundamentales: 1) práctica de la virtud y búsqueda de la sabiduría; 2) amor a la soledad y de la conversación con Dios; 3) rechazo de la escala de valores de la sociedad que le rodea y despojo de sus bienes materiales; 4) dedicación a los quehaceres pastorales cuando ello es necesario; 5) la cercanía de la muerte aumenta en él el deseo de consumar la obra que viene realizando; 6) la muerte aparece como consumación de lo que ya viene viviendo.

No encontramos en todo el *Encomio* un sólo tema que no haya sido tratado por el Niseno y en idéntico sentido en otros lugares de sus obras, de forma que la doctrina teológica y ascética en él desarrollada coincide con cuanto se conoce del pensamiento del Obispo de Nisa.

1 Contra la autenticidad se ha manifestado R.Laurentin (Court Traité de Théologie mariale, Paris, 1954, p. 161). Quasten y Altaner no manifiestan duda alguna en cuanto a su autenticidad en sus respectivas Patrologías. Un largo estudio sobre la relación entre la "vida latina" del Taumaturgo y el Panegírico del Niseno puede verse en W.Telfer "The latin Life St.Gregory of Nyssa", JThS 31 (1950) pp.142-155 y 354-362.

2 Cfr. el trabajo de L.Abramowski, "Das Bekenntnis des Gregor Thaumaturgus bei Gregor von Nyssa und das Problem seiner Echtheit", ZKG 87 (1976) pp. 145-166. Cfr. también L.Froidevaux, "Le Symbole de St.Grégoire le Thaumaturge", RechScRel 19 (1929) pp.193-247.

3 De vita beati Gregorii, PG 46,893B-C.

4 PG 46,736A.

5 Cfr. V.Macr., PG 46,960B-C; In Ephraem, ibid.850A; In XL Mart., ibid.773B.

6 In Bas., PG 46, 816D-817A.

7 Así, p.e., la alabanza de la pobreza de Basilio debe llevarnos "a la privación de las cosas superfluas"; el desprecio que él tuvo del mundo debemos imitarlo en el desprendimiento de "las cosas que son apetecidas y aprobadas por el mundo", etc., Cfr. In Bas., PG 46,817B-C.

8 PG 46,893C.

9 La referencia más extensa se encuentra en su De Spiritu Sancto 29, PG 32,204B-208B; Ed.SC 178, pp.511-513.

10 Op.cit., PG 32,204B.

11 Desde Orígenes es frecuente aplicar el nombre de santos a las personas eminentes en virtud. El de Nisa lo hace con frecuencia.

12 PG 46,896B.

13 Ibid.

14 En el mismo sentido encontramos utilizado κόσμος, p.e., en V.Macr. 21, PG 46,981B (SC 178, p.210).

15 PG 46,897A-B.

16 Or.cat. 7, PG 45,32A-B.

17 Ibid.1, PG 45,16B. Nótese que el Niseno utiliza aquí con fuerza el verbo ὁμολογέω.

18 Ibid.7, PG 45,32C.

19 V.Macr. 21, PG 46,981B.

20 Or.cat. 7, PG 45,32C.

21 PG 46,896B-C.

22 Ibid. 897A.

23 Ibid.B. "La felicidad - afirmará el Niseno en otro lugares el fin de la vida virtuosa" (In inscr. Psalm., PG 44,433A (GNO V, p.25,11)).

24 Cfr. p.e., PG 46,936C. Como escribe P.Maraval, "Grégoire, sur ce point, est proche de son frère: l'idéal de la philosophie ne se réduit pas à la vie monastique, mais renvoie plus largement à la perfection de la vie chrétienne" Grégoire de Nysse. Vie de Sainte Macrine, SC 178, Paris 1971, pp.91-92.

25 PG 46,937C,940B.

26 Ibid.940A.

27 Ibid.

28 Ibid.940B.

29 Ibid.937C.

30 Ibid.896B-C.

31 Ibid.

32 Cfr. J.Gaith, La conception de la liberté chez Grégoire de Nysse, Paris 1953, sobre todo las páginas dedicadas al estudio de la distinción entre προαίρεσις y ἐλευθερία.

33 El Niseno ha descrito con vigor las cualidades de impasibilidad, señorío, etc., que acompañaban al hombre en el estado de inocencia en atención a ser imagen de Dios, Cfr., p.e. Or.cat. cp.5.

34 Cfr. el estudio de D.L.Balás, Μετουσία Θεοῦ, Man's Participation in God's perfections according to St. Gregory of Nyssa, Roma 1966.

35 "El mal no existe fuera de la elección del libre albedrío" (Or.cat. 7, PG 45,32C).

36 Ibid.cp.33.

37 Ibid.cps.7 y 8.

38 In Bas., PG 46,816B.

39 PG 46,897A-B.

40 El Niseno utiliza el expresivo verbo μεταμορφόω, indicando con ello la profundidad con que el mal se mezcla con la naturaleza humana. Tan profunda es la mezcla, que es necesario que el hombre - vaso de barro - sea roto por la muerte y rehecho por la resurrección. Cfr. L.F.Mateo-Seco, Estudios sobre la cristología de Gregorio de Nisa, Pamplona, 1978, pp.214-217.

41 Or.cat.8, PG 45,33B.

42 J.Daniélou, "Les tuniques de peau chez Grégoire de Nysse", en Glaube, Geist, Geschichte. Festschrift für Ernst Benz, Leiden 1967, pp.355 y ss.

43 Como comenta Srawley, las "túnicas de animales" sustituyen a la ἀπάθεια (The Catechetical Oration of Gregory of Nyssa, Cambridge

(1903) repr. 1956, p.43, nt.4), es decir, a la imposibilidad. De ahí la exactitud con que se aplica el verbo μεταμορφόω a la transformación operada por el pecado.

44 PG 46,896B; 897A.

45 Ibid.896B.

46 Entre estos bienes destaca la παρρησία, la libertad de palabra, la confianza filial en Dios. Tras el bautismo, el Niseno llamará esta confianza "estola sacerdotal" con la que el sacerdote penetra en el santuario celeste. Cfr. L.F.Mateo-Seco, op.cit., pp.281-283.

47 PG 46,896C-D.

48 Ibid.897A.

49 "¿Acaso podrá alguien encontrar un tema de mayor alabanza que éste?", dice al referirse a la virtud del Taumaturgo (PG 46,905A).

50 PG 46,896D.

51 Ibid.956A.

52 Ibid.908D.

53 Ibid.B.

54 Ibid.896B-C.

55 Ibid.897A.

56 Ibid.900A.

57 La visión de este tema es en el Niseno análoga a la mantenida en su concepción de las relaciones existentes entre la filosofía pagana y la doctrina cristiana. Es la Sagrada Escritura la que juzga la filosofía. Cfr. L.F.Mateo-Seco, "El uso de la filosofía en Teología según San Gregorio de Nisa" en Actas del I Simposio Internacional de teologia histórica, Valencia, 1981, pp.95-106.

58 PG 46,900B-D.

59 Ibid.

60 Ibid.901A.

61 ἐζήτει τὴν τῶν ὄντων ἀλήθειαν PG 46,901A.

62 Ibid.C.

63 Ibid.A.

64 He dedicado largo espacio a este asunto al estudiar el concepto de salvación en Gregorio de Nisa (Estudios sobre la cristología de Gregorio de Nisa ..., pp.228-260).

65 PG 46,905A.

66 Ibid.908B.

67 Ibid.908C.

68 Ibid.909A.

69 Designa con esta palabra aquel estado de alma en que el amor es tan apasionado que se torna impasible, o lo que, con otras palabras, es llamado "l'amour extatique", punto culminante de la

ascensión mística del alma a Dios. Cfr. J.Daniélou, "Mystique de la ténèbre chez Grégoire de Nysse", en Dictionnaire de Spiritua-lité" II,2, cols.1872-1882. Cfr. también J.Daniélou, Platonisme et Théologie mystique, Paris 1953, pp.92-103; W.Voelker, Gregor von Nyssa als Mystiker, Wiesbaden 1955, pp.117-123.

70 Casi idéntica expresión en el V.Moys., PG 44, 377B.

71 PG 46, 913B.

72 Ibid.912C.

73 Cfr. Or.cat., cps.29 y 30, donde señala que el contenido noético de la fórmula bautismal es parte esencial.

74 PG 46,913B-C.

75 Ibid.C.

76 Ibid.921B.

77 Ibid.929D.

78 Ibid.939A.

79 Ibid.944C.

80 Ibid.945B-C.

81 Ibid.949A.

82 Ibid.953D.

83 Ibid.956A.

84 Ibid.953D.

85 "Yo - comenta el Niseno recordando las últimas horas de Macrina - me veía afectado por dos sentimientos contradictorios; por una parte, mi naturaleza se llenaba de tristeza, como se puede comprender, porque yo preveía que no oiría más aquella voz (...); por otra parte, mi alma, como transportada de entusiasmo ante este espectáculo, estimaba que ella había trascendido la naturaleza común. Pues no padecer en estos últimos instantes ningún sentimiento de extrañeza ante la perspectiva de la muerte, ni temer abandonar esta vida, sino meditar con una sublime inteligencia hasta el último aliento sobre lo que desde el comienzo había sido su elección en torno a la vida de aquí abajo no me parecía formar parte de las realidades humanas. Era más bien como si un ángel hubiese tomado providencialmente forma humana, un ángel sin ningún apego a la vida en la carne..." (PG 46,981CD; SC 178, pp.212-214).

86 Expresiones parecidas encontramos en la V.Macr. 13, PG 46,973A; SC 178, p.184.

87 Especial interés reviste a este respecto su metáfora en torno a los "vasos de barro", cfr. Or.cat., cp.8.

88 Aunque a este tema hace frecuentes referencias, el tratamiento detallado se encuentra en el Dialogus de anima et resurrectione.

ELIAS MOUTSOULAS

LA "SAINTETÉ"
DANS LES OEUVRES BIOGRAPHIQUES
DE GRÉGOIRE DE NYSSE

L'oeuvre biographique de Grégoire de Nysse occupe
une grande partie de sa production littéraire et se
rapporte, comme on le sait, ou bien à des figures de la
Bible ou bien à des personnages postérieurs et jusqu'à
ses contemporains. Si nous avons choisi comme thème de
notre communication l'étude de la "sainteté" dans les
oeuvres de Grégoire de Nysse c'est parce que nous la
voyons comme le trait-d'union qui relie les différentes
biographies entre elles. Ceci est tantôt dit, tantôt
senti. Parallèlement la "sainteté" (ἀγιότης) constitue
une des idées de base de l'ensemble de la pensée théologique de Grégoire; ce qui explique pourquoi nous
aurons parfois recours à des textes non biographiques,
recours indispensable.

En étudiant la notion de la sainteté chez Grégoire
nous entrons dans la substance de sa théologie, étant
donné que pour lui la théologie n'est pas théorie mais
action. "Car qui tourne ses regards vers la théologie
en vérité et de la façon qui convient, aura démontré
par le fait même que sa vie est en parfaite harmonie
avec sa foi" nous dit-il[1]. Comme le remarque H.U.v.Bal-
thasar, "cette conformité, qui dit essentiellement
ouverture de la pensée vers ce qui la dépasse, est
l'introduction immédiate de la mystique. Loin de s'op-
poser, théologie dogmatique et mystique sont insépara-
bles, elles sont mêmes, si l'on conçoit la théologie
comme une réalisation dynamique, identiques"[2]. Et Grégoire nous dit: "La théologie est une montagne escarpée
et difficilement accessible. La grande foule n'en atteint que le pied, et à peine. Mais si quelqu'un est un
Moïse, il lui arrivera, en montant, de devenir capable
d'entendre le son des trompettes dont l'histoire nous

affirme qu'il devient de plus en plus fort à mesure que
l'on s'élève. La trompette terrifiante à l'oreille
n'est autre sans doute que la proclamation de la nature
divine; elle apparaît grande dès la première audition,
mais elle devient toujours plus grande et plus proche
de l'oreille à mesure que le but se fait moins lointain ... Et si la foule ne supporte pas cette voix d'en
haut mais remet à Moïse la connaissance personelle des
choses ineffables pour enseigner ensuite au peuple ce
qu'il a appris dans son éducation sur la montagne, cela
aussi arrive tous les jours dans l'Eglise: ce n'est pas
l'affaire de tout le monde de se diriger vers la com-
préhension des mystères, mais le peuple choisit de son
milieu l'homme capable du divin, auquel les autres prê-
tent généreusement leur attention, en tenant pour véri-
dique tout ce que celui qui est initié aux mystères de
Dieu leur fera entendre"[3]. Ce passage ne signifie pas
que Dieu n'appelle pas tous les hommes à la sainteté.
Mais il en a certains qui se sont rendus plus aptes à
devenir les instruments de la grâce.

L'examen de notre sujet sera organisé de la manière
suivante: La plus grande partie de cette communication
traitera du fondement théologique de l'enseignement de
Grégoire concernant la sainteté et son sens exact, comme il est formulé dans les différentes parties de ses
oeuvres biographiques. Dans la suite nous verrons de
lien direct qui existe entre la sainteté et la personne
du Christ ainsi que son oeuvre salutaire dans l'Eglise
et enfin nous rapporterons à son enseignement sur la
sublimation de la sainteté par la contemplation.

Avec l'Ecriture[4] Grégoire souligne que la sainteté
dans le sens fort du mot ne peut se rapporter qu'à Dieu
seul. Dieu existe par lui-même et il est parfait en
tout, tandis que l'homme en tant que créature est soumis à la loi de la relativité. Comme le remarque très
justement le père Balás dans son étude *Metousia Theou.
Man's Participation in God's Perfections according to
Saint Gregory of Nyssa*[5], la véritable distinction chez
Grégoire n'est pas entre le monde spirituel et le monde
matériel, mais entre Dieu, qui n'a pas de commencement
et qui a créé le monde, et la création elle-même.
L'homme par conséquent est un être relatif et Dieu l'a

créé par amour et amour infini, afin qu'il participe
aux dons de Dieu. Ainsi tout ce qu'il possède est par
participation et par grâce. La Bible parle de la création de l'homme "à l'image et la ressemblance de Dieu"
(*Gen*.1,26). Grégoire, comme on le sait, ne fait pas de
distinction entre les deux comme le font la plupart des
Pères, et cela précisément souligne l'élément dynamique
de l'expression κατ' εἰκόνα. Avec l'intelligence et le
libre arbitre existent en lui toutes les vertus par
lesquelles l'homme "participe" (μετεῖχε) à la vie divine. Dans son étude déjà mentionée le père Balás a longuement étudié le sujet. Nous pensons cependant que
μετουσία τῆς ἀγαθότητος et μετουσία τῆς θεότητος n'est
pas quelque chose de distinct de la μετουσία τῆς ἁγιό-
τητος. Sur ce point nous croyons que son enseignement
n'est pas différent de l'enseignement de saint Basile.
Certes, c'est à juste titre que le père Balás souligne,
que la sainteté a un caractère dynamique, qu'elle est
un progrès et une marche continuelle, étant donné que
l'homme est limité et que Dieu, dont participe l'homme,
est infini[6].

La conduite de la nature humaine peut aller vers le
pire. Et c'est ici qu'est posée la question de la liberté de l'homme, liberté qui ne doit pas être comprise
comme une liberté d'élection, mais comme un état intérieur qui relie directement l'homme à Dieu et qui est
partie intégrante du κατ' εἰκόνα de telle manière que
choisir le mal signifie en réalité la négation de la
liberté[7]. Une participation (μετοχή) croissante vers
Dieu est donc le propre de l'homme et le mal n'est que
négation de la vraie nature de l'homme, la non-réalisa-
tion de sa liberté.

Certes la question se pose: pourquoi l'homme a-t-
il choisi le mal? Mais cette étude nous éloignerait de
notre sujet. Chez Grégoire il existe une vue globale de
l'ensemble de la marche de l'humanité, et l'état actuel
de l'homme avec les "tuniques de peau" n'est qu'un état
transitoire. Ce qui est important pour l'homme c'est
qu'il retrouve l'image de Dieu qu'il a perdue ou qu'il
a noircie[8].

Selon Grégoire la marche de Moïse symbolise la marche pour la récupération du κατ' εἰκόνα par conséquent

de la sainteté perdue, sans cependant signifier que Moïse aurait pu l'obtenir par ses propres forces. Grégoire parle de "perfection" (τελειότης). Nous pensons que cela est dû à une influence qui provient de la terminologie biblique et surtout de l'emploi de ce terme dans le Nouveau Testament aussi bien par le Seigneur lui-même (*Mt.*5,48; 19,21) que par saint Paul (1 *Cor.* 2,16; 13,10; 14,20) et non pas par une influence extra-chrétienne. Car, comme le remarque très justement J.Daniélou la notion de la perfection dans le christianisme est differente de celle qu'on trouve dans l'hellénisme[9]. Dans le christianisme il n'y a pas de fin (τέλος) de limite, car justement, comme il l'a déjà été dit, Dieu est infini et l'homme est fini.

En étudiant les différentes étapes de la vie de Moïse nous puisons des éléments très utiles pour notre sujet. Nous pourrions dire que la sainteté est l'idée centrale qui domine dans l'oeuvre, bien que le terme n'est pas employé, contrairement aux oeuvres biographiques précédentes de Grégoire. Le terme ἅγιος sauf son emploi pour la troisième personne de la Trinité est employé normalement dans ce livre en relation avec le ἅγιον τῶν ἁγίων du temple[10]. Il est aussi employé une fois comme caractéristique adressée au Christ par les démons[11] et une autre fois pour la "vérité des êtres" qui est caractérisé comme ἅγιόν τι χρῆμα ... καὶ ἁγίων ἅγιον[12]. Moïse est appelé μέγας[13]. Mais pour Dieu lui-même Grégoire emploie le terme ἀγαθότης[14] ou παντελὴς ἀρετή[15]. Nous croyons que ces deux termes sont employés dans le sens de la sainteté et par conséquent il n'y a pas d'opposition avec ses écrits biographiques précédents. Grégoire parle de τελειότης[16] et de κατ' ἀρετὴν δρόμος[17]. "Celui qui marche dans la vraie vertu ne fait que participer de Dieu" dit-il au début du livre[18].

Nous avons déjà souligné le caractère dynamique de la notion de la sainteté. Grégoire emploie plusieurs expressions dans ce but: "La perfection," dit-il, "ne se borne pas dans des limites, pour la vertu il n'y a qu'une limite, l'indéfini"[19]. "S'il s'agit de la vertu, nous avons appris de l'Apôtre lui-même que la perfection n'a qu'une limite, c'est de n'en avoir aucune"[20]. La perfection de la nature humaine consiste "à tendre

– 224 –

toujours à un plus grand bien"[21]. Le τέλειος βίος[22]
consiste à une marche continue. Avant tout c'est une
exode (une sortie). Une double exode, d'une part sortie
du monde du mal, d'autre part sortie du monde trompeur
des apparences[23]. L'indépendance complète de Moïse par
rapport aux choses matérielles était nécessaire afin
qu'il puisse recevoir les "ordonnances divines"[24]. Grégoire va jusqu'à dire que Moïse est presque "sorti de
la nature"[25]. Comme Daniélou remarque, le mot "nature"
designe ici la condition terrestre de l'homme[26]. Cet
état de sainteté influence toute la vie de Moïse et le
rend digne de "courir vers les hauteurs" et de participer à cette "inéffable luminosité"[27] qui n'est autre
que l'apparition du Christ même. La conduite de la vertu "nous amène à la connaissance de cette lumière qui
s'est abaissée jusqu'a la nature humaine" remarque-t-
il[28]. Nous en reparlerons plus tard. Ce qui impressione
c'est que Grégoire ne presente pas le fait du Dieu-
fait-homme comme un événement important, peut-être même
le plus important événement historique, mais il le présente comme quelque chose de vivant, de contemporain
qui a une relation avec la vie quotidienne du fidèle.
Grégoire transporte cet événement dans la vie de chaque
homme et il souligne "qu'il n'est pas possible à des
pieds chaussés de courir vers les hauteurs où la lumière de la vérité apparaît, mais qu'il faut dépouiller
les pieds de l'âme du revêtement des peaux mortes dont
notre nature a été revêtue aux origines lorsque nous
fûmes mis à nu pour avoir désobéi au commandement divin"[29]. Cette purification est la condition indispensable pour la γνῶσις τῆς ἀληθείας[30].

Voyons maintenant rapidement comment Grégoire présente la sainteté dans ses autres écrits biographiques.
Si nous avons parlé d'abord de la *Vie de Moïse* c'est
parce que nous trouvons là, plus développé, le sujet
que nous traitons. Dans la suite aussi, en nous réfé-
rant aux autres oeuvres biographiques, nous ne suivrons
pas la série chronologique; nous pouvons dire en effet
que d'une part il n'y a pas une grande différence dans
la chronologie, et d'autre part l'enseignement de Grégoire reste le même en grande partie.

Contrairement à la *Vie de Moïse* dans ses autres

écrits biographiques Grégoire utilise le terme ἄγιος pour caractériser les personnes dont il parle. Dans l'*In s.Steph.*I le terme se rapporte non seulement au Saint-Esprit ou au temple[31], mais à Etienne lui-même[32]. Tout particulièrement dans l'*In s.Steph.*II le mot est employé plusieur fois. Etienne est appelé ἄγιος ἀνήρ[33] "rempli de l'Esprit-Saint"[34]. Il est question aussi des saints apôtres[35] et plus généralement des saints[36]. Dans les deux éloges cependant Etienne est désigné aussi par d'autres expressions. Il est appelé "grand"[37] "bienheureux"[38] ou encore "grand combattant de la foi"[39] "qui est grand en sagesse et en grâce"[40]. On parle aussi de "grande intelligence" (μεγαλοφυΐα)[41] de "magnanimité" (μακροθυμία) et de "charité" (ἀγάπη)[42] et généralement de la vertu du martyr[43]. Etienne oppose à la fausse sagesse la vraie sagesse, et il est appelé: "couronne vraie, composée de vertus multiples et variées"[44]. "Revêtu de la nature humaine il s'est transformé en ange"[45].

Analogue est l'emploi du terme dans le *De s.Theod.* Parallèlement à l'emploi général du terme (il se rapporte au tribunal sacré[46] mais aussi au peuple de Dieu, le "bercail saint"[47]) il l'emploi plusieurs fois pour le martyr[48] mais aussi pour son corps mort[49]. Parallèlement Théodore est désigné aussi comme "homme pieu" et "soldat du Christ"[50] "juste"[51] "satellite de Dieu"[52]. Le saint martyr est appelé à devenir "médiateur" auprès de Pierre, Paul et Jean en faveur des Eglises qu'ils ont constituées[53], ce qui présuppose, certes, la sainteté personnelle. Théodore n'avait pas seulement comme trait commun avec Job la provenance orientale et la patrie mais le progrès dans la vertu. Ce qui est tout particulièrement signalé c'est sa conduite devant le tribunal où il a publiquement reconnu la divinité du Christ et il a fait connaître sa décision de subir n'importe quel supplice[54]. "Car en chacune de ses parties, le corps doit montrer de la patience envers son créateur"[55]. La sainteté de Théodore a été manifestée aussi au moment de son martyre lorsque "un miracle" a été réalisé "auprès du saint" et pendant la nuit on a entendu une foule chanter et on a vu des chandelles allumées[56] mais aussi après sa mort par de multiples miracles (guérison des possédés, guérison de diverses maladies)[57]. Grégoire rapporte aussi un miracle de l'année précédente, lorsque Théodore arrête la violence de la guerre contre les Scythes, non pas en présentant armes et boucliers brillants mais la toute-puissante croix du Christ, qui éloigne tout mal et grâce à laquelle, après avoir souffert, Théodore lui-même, a été glorifié[58].

L'emploi du terme est encore plus fréquent dans les discours *In XL Mart.* I-III. En plus de la désignation générale en tant que saints qu'on trouve souvent[59], on rencontre aussi une fois l'expression "la sainte quarantaine"[60]. On appelle aussi saints leurs corps[61] et leurs âmes[62]. On les appelle aussi "saints soldats"[63] qui ont même le feu sanctifié[64]. On désigne encore comme saints leurs reliques[65]. Dans son IIIe discours il désigne aussi avec le terme ἄγιος et l'expression "guérisseur des saints" (ἀγίων θεραπευτής) son frère Basile[66], qu'il appelle aussi, comme nous le verrons plus loin, μέγας[67] et "décoré avec toute la beauté de la vertu"[68]. D'autres appellations qui désignent la sainteté des Quarante martyrs sont "trois fois bienheureux"[69], "champ sacré"[70], "plantes nobles du paradis"[71], "la beauté du genre humain"[72], "bienheureuse armée"[73], "armée divine d'hommes si grandes, qui tous étaient vrais, justes, pieux"[74]. Les quarante saints martyrs sont comparés à des étoiles[75] ou à des pierres précieuses qui constituent une couronne[76].

Grégoire le Thaumaturge aussi nous est présenté comme un modèle de sainteté qui attire les foules moins par ses paroles que par son exemple, son austérite et ses miracles. Par la puissance du Saint-Esprit il a acquis la vertu[77] dès ses jeunes années: "Comme les belles plantes découvrent précocement à leur cultivateur la beauté de leur prochaine floraison, ainsi Grégoire le Thaumaturge, alors que les autres jeunes de son âge s'attachaient aux vanités, lui, démontrait ce que dit David: 'Le juste fleurira comme un palmier'; car justement le palmier est le seul arbre qui progresse en hauteur sans que des branches s'etendent sur les côtés. Grégoire le Thaumaturge aussi dès le début s'était dirigé vers la hauteur de la perfection"[78]. Il parle aussi dans cette Vie de la sagesse, de l'abstinence, de l'humilité, de la douceur comme aussi du mépris pour l'argent qu'avait Grégoire[79]. Grégoire est comparé à Abraham et même à Moïse: "Car le but des deux était de comprendre les saints mystères par les yeux purs de l'âme"[80]. Grégoire se révèle encore imitateur de Moïse dans les combats spirituels[81].

Nous laissons ici l'énumération des nombreux miracles accomplis par le saint, qui est appelé plusieurs fois "grand"[82], "homme de Dieu"[83], "saint"[84] et même "grand parmi les saints"[85]. Il va de soi, certes, que le terme "saint" dans son oeuvre aussi se rapporte surtout à Dieu et même à la troisième personne de la Sainte Trinité. Dans la confession de foi "la doctrine donnée par Dieu"[86], "le sacrement de la piété"[87] qui lui a été révélé par saint Jean par l'intercession de la Vierge, le Saint-Esprit, parmi d'autres appellations, est appelé aussi "source sainte, sainteté, procurateur de la sainteté"[88].

Et nous venons à la *Vie de Macrine*, soeur de Grégoire. Macrine s'est "élevée au dessus de la nature"[89] "s'étant élevée au plus haut point de la vertu humaine par la vie ascétique"[90]. Dans son jeune âge elle a embrassé "la conduite de vie qui est pure et sans tache"[91], elle a été surtout nourrie par les enseignements moraux de la sagesse de Salomon et elle avait toujours et partout "la psalmodie comme fidèle compagnon"[92]. Après la mort du mari que son père lui destinait, elle s'est considérée comme déjà engagée avec lui, le considérant comme étant parti "pour l'espoir de la résurrection et non pour la mort"[93]. Non seulement Macrine a vecu dans l'ascèse, dans "l'école de la vertu" (τῆς ἀρετῆς φροντιστήριον)[94], mais elle a joué un rôle décisif dans l'éloignement de Basile des honneurs du monde pour se donner "à la philosophie"[95]. Pendant toute sa vie elle exerça cette "philosophie", qui n'est que la vie ascétique qui dépasse les conditions de la matière[96]. En même temps elle fut la conseillère aussi bien de sa mère que de ses frères et soeurs[97]. Il ne faut pas oublier que dans le *De an.et res.* Grégoire présente souvent Macrine comme διδάσκαλος[98].

Ce qui impressione c'est que Grégoire n'hésite pas

à appeler à plusieurs reprises Macrine "sainte"[99]. Il parle aussi de son "visage saint" et "déiforme"[100] ou de sa "tête sainte"[101]. Son corps est appelé "sacré"[102] et son âme "bienheureuse"[103]. Les nombreux miracles relatés par ceux qui vivaient avec elle sont une preuve de sa sainteté: "liberation des passions, purification des démons, comme aussi, prédictions de ce qui allait arriver"[104]. Grégoire se limite seulement à une guérison qui lui a été rapportée par un officier comme s'étant accomplie sur sa fille qui souffrait d'une infection des yeux. Pour Grégoire "la distribution des charismes" se fait "dans l'analogie de la foi"[105]. Nous voyons ainsi Macrine prendre place à côté des saints Pères[106] et des saints martyrs[107]. Ceci est démonstré aussi par le songe que voit Grégoire, à savoir "le cadavre d'un saint martyr qui était mort au péché, et qui maintenant brillait par la grâce de l'esprit qui l'habitait"[108] et qui préconnaissait la mort prochaine de Macrine. P.Maraval remarque très justement dans l'introduction de son édition critique du livre: "grâce à ce rêve et à sa symbolique élaborée, Grégoire pouvait mettre en un relief particulier la sainteté de Macrine"[109].

Macrine est aussi mise en parallèle avec son frère Basile, qui aussi est appelé "saint"[110]. En parallèle nous avons aussi l'emploi plus géneral du terme "saint" dans ce livre par ex. "Saint-Esprit"[111], "croix sainte"[112] "sceau saint"[113].

Voyons maintenant ce qui est dit dans l'*In Basilium fratrem*. Le fait que ce discours a été donné à une date fixée d'avance et dans le cadre "d'une cérémonie prévue d'avance"[114] prouve qu'il y avait à peine deux ans de passés depuis la mort de Basile le Grand, qui déjà, était honoré comme un saint. Comme le remarque J.Bernardi, on observe dans le discours de Grégoire de Nysse l'absence de l'intimité et de l'affection qui existe dans le discours analogue de Grégoire de Nazianze: "On ne peut ignorer, à lire Grégoire de Nazianze, l'intimité qui l'unissait aux disparus et l'affection qu'il leur conserve: c'est en fils ou en frère qu'il s'exprime constamment". Et il ajoute "Rien de tel chez Grégoire de Nysse ... Ce n'est pas en frère que Grégoire de

Nysse prend la parole, mais en évêque, désireux d'ajouter une fête au calendrier, et d'offrir à l'admiration et à l'imitation des fidèles un nouveau saint"[115]. Et certes, Bernardi a raison de dire que lorsque Grégoire loue la sainteté de Basile "en le comparant successivement à saint Paul et à saint Jean-Baptiste, à Elie, Samuel et Moïse ... il a d'autres motifs que d'obéir à des habitudes d'amplification oratoire"[116]. Nous ne pensons pas néanmoins que "ce discours relève d'une tentative de création liturgique pour la date du Ier janvier"[117]. Il n'y aurait pas d'objection que "le culte rendu à la mémoire de Basile apparaît comme une création collective de l'épiscopat cappadocien"[118], mais ce qui prime ici dans la pensée de Grégoire ce n'est pas la création de fêtes pour remplacer celles des païens. Si on lit avec attention l'oraison funèbre qu'il a prononcée pour Basile, on remarquera que l'exaltation de la fête parmi les fêtes"[118], et après elle le rappel des figures de l'Ancien et du Nouveau Testament et de ceux qui apparaissent avec eux: les apôtres et les prophètes et aussi les pasteurs et docteurs, veut souligner que le Saint-Esprit est toujours présent dans l'Eglise, y accomplissant des merveilles. La sainteté est de tous les temps: "Le passé et l'avenir ont le même poids pour la vertu"[120]. Ailleurs il dit aussi: "Devant la parole de la vertu que la primauté du temps se taise"[121]. Comme nous l'avons vu saint Basile est comparé aux grandes figures de l'Ancien et du Nouveau Testament. "Dieu qui connaît toute chose avant qu'elle n'arrive, comme dit le prophète, et qui connaît la méchanceté du diable accompagnant les générations humaines, prépare le médecin qui convient à chaque génération pour la guérir"[122]. Par conséquent Dieu a ses saints à chaque époque et l'exaltation par Grégoire de la sainteté de Basile a sourtout comme but de souligner la vérité de la présence continuelle du Saint-Esprit dans l'Eglise pour l'édification du corps du Christ.

Ce qui doit être tout particulièrement souligné c'est que la sainteté pour Grégoire n'est pas une notion abstraite mais qu'elle a reçu une figure concrète dans la personne du Verbe de Dieu incarné. Le caractère christocentrique de la spiritualité de Grégoire apparaît dans plusieurs de ses oeuvres. Cependant le Christ ne fut pas seulement un modèle de sainteté. Il est lui même "la sainteté" (ὁ ἁγιασμός) comme le remarque Grégoire dans l'*In Cant*.II[123]. Le Christ en tant que Verbe éternel du Père est Dieu lui-même, il a sanctifié en lui-même la nature humaine déchue et par l'ἀπαρχή a réalisé la sanctification de toute la pâte (φύραμα). Par conséquent, l'imitation du Christ n'a pas un sens moral mais un sens substantiel. Comme le péché est mort dans le Christ ainsi l'homme doit mourir à lui-même. Ceci est obtenu d'une part par la voie sacramentelle et d'autre part par l'effort continuel et invincible de l'homme, effort soutenu par la grâce divine. Dans les oeuvres biographiques de Grégoire il y a plusieurs éléments qui mettent en valeur le caractère christocentrique de la spiritualité de Grégoire, mais il faut les compléter avec les développements qu'on trouve dans d'autres de ses oeuvres, surtout dans l'*In Cant*., comme aussi dans le *De prof.Christ.* et le *De perf.*[124].

Tout d'abord l'Incarnation fut la condition nécessaire pour que l'homme puisse être relié à Dieu. Grégoire, à la suite des autres Pères qui ont vécu avant lui souligne que le Christ fut Dieu parfait et homme parfait. Nous ne nous étendons pas cependant sur ce thème car il nous faudrait alors étudier les oeuvres dogmatiques de Grégoire et surtout l'*Adv.Apollinarem*, chose impossible dans les limites de cette communication. Mais il faut souligner que le présupposé de l'union de l'homme avec Dieu, de sa divinisation par grâce, c'est la divinisation de la nature humaine assumée par le Verbe. La nature humaine du Verbe fut l'ἀπαρχή grâce à laquelle tout le φύραμα a été sanctifié[125]. Selon Grégoire, Moïse fut la figure du vrai législateur, qui "tailla pour lui les tables de notre nature en en prenant la matière de notre terre"[126], après, certes, sa contrition à cause de son péché, qui dans l'histoire des "protoplastes" est appelé "voix du serpent" et qui dans l'histoire des tables de la loi est appelé "voix de ceux qui chantent dans l'ivresse"[127]. Grégoire parle de la "chair divine" (θεοδόχος σάρξ)[128] et il appelle le Seigneur "ouvrier lui-même de sa propre chair"[129]. C'est l'Esprit-Saint qui "vint sur la Vierge et la vertu du Très Haut qui la couvrit de son ombre. Après cet événement la nature retrouva son infrangibilité, devenue immortelle par l'impression du Doigt: 'Le Doigt', c'est le nom que l'Ecriture en beaucoup d'endroits donne au Saint-Esprit"[130]. Un peu plus loin Grégoire dit en parlant du Christ: "C'est lui qui a rendu à sa beauté primitive la table brisée de notre nature, l'ayant transformée par le Doigt divin"[131].

L'événement de l'Incarnation est exprimé aussi par d'autres images dans la *Vie de Moïse*. La lumière qui vient du buisson est le "rayon qui a brillé pour nous dans la chair", "la lumière de la vérité", la Vérité dont nous parle l'Evangile[132]. L'altération de la main droite de Moïse et le changement du bâton en serpent signifie la "défaite du démon par la manifestation de la divinité aux hommes"[133].

Entre autre, Grégoire signale que "lorsqu'il est venu se manifester à nous, il s'est modifié à notre image, puis, lorsqu'il a eu guéri nos langueurs et ramené dans son propre sein - le Père en effet est le sein de Celui à qui appartien la main - sa main qui se trouvait parmi nous et qui avait pris notre couleur, loin que sa nature inaltérable soit devénu passible, c'est au contraire la nôtre, sujette aux changements et passible, qui est transfigurée et devient inaltérable par participation à l'immutabilité divine"[134]. L'extension des mains de Moïse est un symbole de "celui qui pour nous a étendu les mains", qui nous libère de nos "dispositions impures que figurent les crapauds"[135].

Il y a aussi plusieurs appellations du Christ qui sont liées directement avec son oeuvre salvifique. Deux d'entre elles, la pierre et le pain qui n'est pas le produit de la terre (ἀγεώργητος ἄρτος)[137], sont liés respectivement avec les deux sacrements du baptême et de l'eucharistie par lesquels l'homme devient participant des dons que nous a apportés le Verbe Incarné. Pour que la pièrre devienne "breuvage qui désaltère", "le bâton de la foi" est indispensable[138]. Mais la pierre signifie aussi la "stabilité". Grégoire remarque que "plus quelqu'un demeure fixé et inébranlable dans le bien, plus il avance dans la voie de la vertu"[139]. Et un peu plus loin: "Sa course est d'autant plus rapide que, selon le conseil de Paul, il est plus ferme et plus inébranlable dans le bien; sa stabilité est pour lui comme une aile, et dans son voyage vers les hauteurs, son coeur est comme ailé par sa fixité dans le bien"[140].

D'autres appellations du Christ qui signifient surtout sa force divine et en même temps se rattachent à son oeuvre rédemptrice, ce sont "médecin", "pasteur", "protecteur", "pain", "vigne", "voie", "porte", "demeure", "eau", "source"[141]. Le Christ est appelé aussi "tabernacle"[142]. Par ce terme est signifié aussi bien la nature divine du Christ que sa nature humaine, et Grégoire remarque: "C'est le Christ, la puissance et la sagesse de Dieu, qui dans sa nature propre n'est pas fait de main d'homme, mais qui reçoit une existence créée lorsque le tabernacle doit être construit parmi nous"[143].

Mais le tabernacle qui se construit parmi nous ne signifie pas seulement la nature humaine, mais aussi l'Eglise[144]. Grégoire s'appuyant sur ce que dit saint Paul à propos de ceux qui sont au service du sacrement, les colonnes, comme il les appelle[145], souligne l'unité de l'Eglise. L'unité n'est pas rapportée seulement à l'Ancient et au Nouveau Testament, mais aussi à l'ensemble de l'Eglise. "Tous ceux qui soutiennent par eux-mêmes l'Eglise, et tous ceux qui en sont les lumières par leurs travaux, sont dits colonnes et lampes"[146]. La sainteté n'est pas un phénomène limité par l'espace et le temps, étant donné que le Christ existe toujours dans l'Eglise. Et comme le remarque Grégoire, "Paul identifie fréquemment l'Eglise avec le Christ"[147]. Analogue est la formulation dans l'*In Cant.*: "Celui qui regarde l'Eglise, regarde aussi le Christ qui par l'accroissement des sauvés se construit et se glorifie lui-même"[148].

Dans le *De s.Theod.* l'Eglise est appelée "le peuple du Christ, le saint bercail, le sacerdoce royal"[149]. Si le corps de l'Eglise est saint, ceci est dû au fait que la tête de ce corps est le saint par excellence[150].

La sainteté des membres de l'Eglise s'obtient par l'union au Christ et à toute la Sainte Trinité, grâce aux sacrements. Dans la *Ref.Conf.Eun.* Grégoire appelle le Saint-Esprit "bon et saint, hégémonique, vivifiant, divinisant toute la création, sanctificateur"[151]. Le Saint-Esprit qui s'est uni à l'eau pour la première fois pendant le baptême du Christ est la "force vivifiante"[152], "la force qui libère le fidèle du péché[153] et qui "l'introduit au paradis"[154]. La renaissance par l'eau et l'esprit dans le sacrement du baptême est préfigurée dans l'Ancien Testament par le passage de la Mer Rouge. Grégoire remarque: "Laisse le desert, le péché, passe au Jourdain, accours dans la vie selon le Christ, dans la terre fertile qui donne des fruits, où, selon la promesse, coule du miel et du lait"[155].

Mais l'événement réalisé une fois pour toutes par le Verbe Incarné, à savoir le salut et la renaissance des hommes, est prolongé par l'autre mystère aussi grand: la sainte eucharistie. Ce sacrement peut être appelé "prolongement" de l'événement de l'Incarnation du Verbe. Par l'eucharistie l'homme se sanctifie, devient impérissable, se divinise. Dans l'*Or.cat.* Grégoire remarque: "Le Verbe qui s'est manifesté, s'est mêlé à la nature humaine perissable, afin que, par la communion à la divinité l'humanité soit divinisé. A cause de cela dans tous ceux qui croient à l'économie de la grâce il se fait semer par la chair, qu'il a assumé, et dont la substance n'est que de pain et de vin, afin que par ce mélange aux corps des fidèles et par l'union avec l'immortel l'homme participera à l'incorruptibilité"[156]. La divinisation de la nature humaine du Christ, qui a été réalisé par son union au Verbe, devient dorénavant un droit des membres de l'Eglise par la sainte communion. Voilà pour ce qui est du caractère christocentrique de la sainteté.

Déjà nous avons relié très étroitement les notions de la "sainteté et de la "divinisation". La sainteté n'est rien d'autre que la participation par grâce à la vie du seul saint de Dieu. La sainteté se rapporte par excellence au Dieu trinitaire. "Le nom du saint et de l'incorruptible, du droit et du bon ne peut être communiqué à ceux qui n'en sont pas dignes, nous avons appris par l'Ecriture" dit Grégoire[157]. Grégoire souligne la sainteté du Saint-Esprit, pour mieux montrer sa divinité.

L'homme en tant qu'être crée ne "possède" (κατέχει) mais "participe" (μετέχει) à la sainteté. La sainteté, comme la divinité n'est pas un élément qui rélève l'essence mais l'activité de Dieu[158] et qui ne signifie pas une qualité particulière de Dieu. Comme il est dit dans le traité adressé à Eustathe "on peut utiliser tous les noms que l'on veut, celui qui sera signifié sera un"[159].

A cette sainteté "participe" tout homme. Déjà le terme "participation" souligne l'élément dynamique. Il s'agit d'une "marche" continuelle. Dans la *Vie de Moïse* plusieurs expressions analogues sont employées. Il est question d'un "élan continuel vers les hauteurs"[160], d'un "voyage vers les hauteurs"[161], d'une "croissance du désir du bien"[162], d'un "chemin montant et malaisé de la vertu"[163], d'une "montée vers Dieu"[164], "montée à la montagne"[165]. Grégoire parle aussi d'une ascension vers le plus haut degrès de vertu[166]. Très souvent aussi il emploie le terme προκοπή (progrès)[167].

Que nous acceptions ou pas que pendant cette continuelle et interminable marche il y ait des étapes différentes, il est certain que cette marche présuppose la purification, la libération du péché qui corrompt, puisque, comme Grégoire dit: "le commencement de la vie vertueuse c'est de sortir de la méchanceté"[168]. Moïse "l'esprit une fois purifié accède à une initiation plus parfaite"[169]. "L'âme qui va s'approcher de la contemplation des réalités doit se purifier entièrement et faire disparaître également les souillures de l'âme et du corps, afin d'être pure et sans tache dans l'une et dans l'autre"[170].

Comme Daniélou le remarque: "Toute la vie spirituelle est ainsi comme dans le prolongement du baptême, poursuivant le dépouillement de l'homme ancien depuis les passions coupables jusqu'aux purifications passives de la vie mystique, et en même temps revêtant le Christ et se transformant en Lui ... Au cours de cette ascension ... deux aspects marquants apparaissent qui constituent les traits essentiels de la doctrine de notre auteur. Le premier est celui de l'habitation du Verbe et avec lui de la Trinité entière dans l'âme juste; la mystique de Grégoire est une mystique du Verbe; l'expérience mystique est une conscience de cette présence, un 'sentiment de présence'. Le second aspect est le progrès perpétuel qui est la loi de la vie spirituelle; l'âme doit toujours se détourner du passé, se tourner vers l'avenir, vivre dans un perpétuel commencement, dans la nouveauté éternelle de la foi; mystique d'abandon total et d'entière confiance en Dieu, très exigente et très joyeuse à la fois"[171].

Jusqu'à maintenant nous n'avons pas mentioné un point qui nous paraît pourtant important: Le saint, tel qu'il nous apparaît dans la figure de Moïse surtout, mais aussi dans celle des autres personnages que nous avons examinés, n'est pas coupé de son entourage, on dirait même que plus il avance dans les étapes de la vertu, plus il se rapproche du peuple de Dieu. Il est médiateur et sur ce point il est imitateur du Saint des Saints, du Christ. "Moïse était devenu plus grand que lui-même"[172] et "participait à cette vie éternelle"[173] mais en même temps "il descendait vers son peuple"[174] et il "intercédait près de Dieu pour les coupables"[175]. Moïse est "médiateur entre les extrêmes, offrant à Dieu des supplications pour ceux qui sont éloignés de lui par le péché, et transmettant les miséricordes de la puissance divine à ceux qui ont besoin de miséricorde. Nous apprenons par là, que plus un homme est éloigné des choses basses et terrestres, plus il s'approche de la nature supérieure à toute intelligence. Il imite la bienfaisance divine, faisant ce qui est le propre de la divine nature, à savoir d'accomplir tout bien envers ceux qui ont besoin de bienfaisance"[176].

Par conséquent la figure du Saint que nous présente Grégoire, n'est pas celle d'un ascète qui se trouve coupé du monde, mais c'est la figure du combattant qui vit et souffre avec son peuple et qui transmet aux autres la grâce qu'il reçoit. Il est très important que cela soit entendu à notre époque où le Christianisme se présente en marge de l'histoire, sauf quelques rares exceptions comme celles venant tout dernièrement de l'Amérique latine.

Je crois que ce que Grégoire veut nous donner aujourd'hui, dans un monde de changement continuel et d'instabilité, est un enseignement de sécurité et de

confiance en Dieu et à l'homme qui est créé à son image
et qui est appelé à la sainteté. Car tout travail social, la direction horizontale, ne peut pas être fruc-
tueuse si on oublie la direction verticale. C'est Dieu
qui travaille par les hommes. Et c'est l'effort pour
s'élever vers lui, l'effort pour être toujours avec lui
qui est indispensable. C'est ce contact que Grégoire a
voulu montrer dans les biographies des saints. Lui-
même saint, harmonisant parfaitement la théorie et
l'action, la foi et la vie, fut le seul capable de
transmettre ce grand message.

Notes

1 In Inscr.Psalm., GNO V, p.148,21-23: PG 44,557D.

2 Présence et pensée. Essai sur la philosophie religieuse de Grégoire de Nysse, Paris 1942, 141.

3 V.Moys., GNO VII,1, p.84-86: PG 44,373D-376C.

4 Cf. Theol.Wb.NT I (1933), 87-97, 97-101, 115.

5 Rome 1966, 44.

6 Op.cit. 165.

7 Cf. De mortuis, PG 46,524A.

8 Chez Grégoire on trouve les deux points de vue sans que cela
signifie opposition. Cf. E.D.Moutsoulas, L'incarnation du Verbe et
la divinisation de l'homme selon la doctrine de Grégoire de Nysse,
(en grec) Athènes 1965, 84-85.

9 Grégoire de Nysse, Vie de Moïse (SC 1 bis), Paris 1955, XIX.

10 GNO VII,1, p.23, 68, 90, 97: PG 44,317C, 360C, 380D, 388A.

11 ib.p.135: 421B.

12 ib.p.97: 388A.

13 ib.p.117, 143: 405A, 429B.

14 ib.p.4: 301A.

15 ib.

16 ib.p.3: 300C.

17 ib.p.3: 300A.

18 ib.p.4: 301A.

19 ib.

20 ib.p.3: 300D.

21 ib.p.5: 301C.

22 ib.p.7: 304C.

23 ib.p.22: 317B.

24 ib.

25 ib.p.26: 321A.

26 op.cit. (n.9) 25 n.1.
27 GNO VII,1, p.39: PG 44,332C.
28 ib.p.39: 332D.
29 ib.p.39-40: 333A.
30 ib.p.40: 333A.
31 PG 46,708D.
32 ib.709D.
33 ib.721B.
34 ib.717A, D (cf. Act.7,55), C.
35 ib.724B.
36 ib.724C, 728B, 732C, 736AB.
37 ib.704A, 708B, 709D, 712A.
38 ib.724C.
39 ib.704C.
40 ib.705B.
41 ib.705C.
42 ib.712C.
43 ib.
44 ib.721B.
45 ib.725C.
46 ib.748B.
47 ib.736C.
48 ib.740D.
49 ib.737C; cf. 740A.
50 ib.744A.
51 ib.737A.
52 ib.740B.
53 ib.748C.
54 ib.741BC.
55 ib.741C.
56 ib.745B.
57 ib.745C.
58 ib.737A.
59 ib.761AB, 765B, 772AB, 776AB.
60 ib.765B.
61 ib.769A.
62 ib.781D.
63 ib.785B.
64 ib.769D.
65 ib.784B.
66 ib.776A.
67 ib.
68 ib.
69 ib.781D.
70 ib.756A.
71 ib.780C.
72 ib.
73 ib.781A.
74 ib.760D.
75 ib.761A.
76 ib.
77 ib.893A; cf. 908D.
78 ib.900BC.
79 ib.900D.
80 ib.908D.
81 ib.913C.
82 ib.893A, 897A, 901A, 909A, 920A.
83 ib.941A.
84 ib.941D.
85 ib.897D.
86 ib.912C.
87 ib.
88 ib.913A.
89 GNO VIII,1, p.371: PG 46,960B.
90 ib.p.371: 960C.
91 ib.p.372: 961A.
92 ib.p.373-4: 961D-964A.
93 ib.p.375: 964CD.
94 ib.p.410: 996C.
95 ib.p.377: 965C.
96 ib.p.381: 969D.
97 ib.p.381: 969B.
98 PG 46,12A, 16A, 17AB.
99 V.Macr., GNO VIII,1, p.402, 404, 405, 411: PG 989ACD, 996D.

100 ib.p.399, 409: 985C, 993D.

101 ib.p.401, 404: 988B, 989C.   102 ib.p.403: 989C.

103 ib.p.410: 996C.   104 ib.p.413-4: 997D-1000A.

105 ib.p.414: 1000A.   106 ib.p.398: 984D.

107 ib.p.408: 993C.   108 ib.p.391: 980A.

109 SC 178, p.33.

110 V.Macr., GNO VIII,1, p.390: PG 46,977B.

111 ib.p.390, 391: 977BD.

112 ib.p.397: 984C.   113 ib.p.406: 922B.

114 PG 46,788C.

115 J.Bernardi, La prédication des Pères Cappadociens, Marseille
1968, 313.

116 ib.314.   117 ib.

118 ib.   119 PG 46,789A.

120 ib.789D.   121 ib.792B.

122 ib.

123 GNO VI, p.332: PG 44,1008C.

124 Cf. M.Canévet, Exégèse et théologie dans les traités spirituelles de Grégoire de Nysse, in Ecriture et culture philosophique
dans la pensée de Grégoire de Nysse. Actes du Colloque de Chevetogne (22-26 Sept.1969). Ed.M.Harl, Leiden 1971, 144-168.

125 In illud: Quando ..., PG 44,1313B, 1316A.

126 Vit.Moys., GNO VII,1, p.108: PG 44,397B.

127 ib.

128 ib.p.109; cf. PG 44,397B.   ib.

130 ib.p.109: 397C.   131 ib.p.109: 397D.

132 ib.p.41: 333C.   133 ib.p.41: 333D.

134 ib.p.42: 336A.   135 ib.p.56: 348D.

136 ib.p.76: 368A.

137 ib.p.78: 368C; cf. ib.p.77: 368C.

138 ib.p.76: 368A.

139 ib.p.118: 405C.   140 ib.p.118: 405D.

141 ib.p.92: 381C.   142 ib.

143 ib.p.91: 381B.   144 ib.p.95: 385A.

145 ib.   146 ib.p.95: 385B.

147 ib.p.95: 385A.   148 GNO VI, p.383: PG 44,1048C.

149 PG 46,736C.   150 De or.dom.III, PG 44,1152D.

151 GNO II, p.317: PG 44,472B.

152 Adv.Maced., GNO III,1, p.105: PG 45,325A.

153 Adv.eos qui bapt.diff., PG 46,429A.

154 ib.417CD.

155 ib.421A.

156 Or.cat. p.151 s. (Srawley): PG 45,97B.

157 Ad Eust.de s.Trin., GNO III,1, p.10: PG 32,692B.

158 cf. ib.p.15: 696B.

159 ib.p.8: 689C.

160 GNO VII,1, p.112: PG 44,401A.

161 ib.p.118: 405D.

162 ib.p.116: 405A.

163 ib.p.43: 336C.

164 ib.p.116: 405A; cf. ib.p.86: 376C.

165 ib.p.142: 428C.

166 ib.p.82: 372D.

167 ex.gr. In Cant., GNO VI, p.159, 279: PG 44,876B, 968B.

168 In Inscr.Psalm., GNO V, p.26: PG 44,433D-436A; cf. ib.p.39: 452A.

169 V.Moys., GNO VII,1, p.23: PG 44,317C.

170 ib.p.83: 373B; cf. ib.p.84: 373D.

171 Platonisme et Théologie mystique. Doctrine spirituelle de Saint Grégoire de Nysse, 2e éd. Paris 1954, 309.

172 GNO VII,1, p.25 s.: PG 44,320D.

173 ib.p.26: 321A.

174 ib.p.26: 320D.

175 ib.p.30: 324C.

176 In Inscr.Psalm., GNO V, p.45: PG 44,457BC; cf. Daniélou, op. cit. (n.171), 310.

JOHN T. CUMMINGS

THE HOLY DEATH-BED
SAINT AND PENITENT

Variation of a Theme

This brief and somewhat lighthearted essay in comparative literature divides naturally into two halves. The first deals with early Christian literature where after a swift glance at the basis and start of the topic we turn to the death of Macrina as an example of the developed form of the saint's death-bed as a holy death. Macrina's final prayer in turn directs our attention to the emergence of a variant: the penitent death as a holy death.

The second half poses the question of the relevance of the topic today (saint or penitent). Following a contemporary theological statement (by Karl Rahner) the success of the topic in contemporary fiction (the satirical novel) is presented as phenomenological evidence for the vitality of the topic, for an abiding concern with death as the ultimate act of life. An epilogue drawn from experience looks at the question of the correspondence between the reality of life and the credibility of literature.

Early Christian Literature

I have deliberately used the term early Christian rather than patristic literature for we find the basis and start of our "topos" of the holy death in the New Testament itself. (This does not deny the existence or the importance of non-Christian models on the evolution of the topic, but leaves their consideration to others). The first depiction of the holy death as saint's death is the death of Stephen, the protomartyr (*Acts* 6-7). The passion of Stephen which becomes the model for the passions of the later martyrs is itself

modeled on the Passion Narrative of the Lord.[1] The
basis then for the "holy death" is Lukan, both the
death of Stephen in *Acts* and of Christ in *Luke's
Gospel*.

Luke's depiction of the death of Stephen is shaped
by two dominant concerns: an inner reality and its external evidence. The inner reality is the presence of
the Spirit. The external evidence takes two forms.
There is an outward manifestation by the demeanour of
the dying Stephen and there are external signs marking
the presence of God supporting and welcoming the death
as a holy death, as a Spirit-filled death.

The presence of the Spirit is stressed in *Acts* 6.
3,5,8, and 10 (Spirit and Wisdom, Faith and Spirit,
Grace and Power, Wisdom and Spirit). There is a chias-
tic balance linking together the four pairs and giving
them a dynamic unity. The Spirit is Wisdom, Faith,
Grace, and Power. The climax comes in *Acts* 7.55 where
Stephen "filled with the Holy Spirit" looks up and sees
the glory of God.

The life of Stephen occupies only a scant 3 verses
(6.8-10) and the bulk of the narrative deals with the
dying of Stephen and in it his demeanour manifests the
presence of the Spirit. That manifestation is done in
three ways: by an attitude of serenity, tranquillity in
the face of death, by a focusing of the mind on God in
discourse and prayer, by a transcendence of the physical aspects of death bestowing almost a control over
his own dying. Stephen's serenity is shown in his absence of fear of death, the calm with which he con-
fronts the Sanhedrin, and his speech before it as a
challenging witness to his faith rather than an apology
for himself. In particular it is shown by the contrast
Luke draws with his opponents as a frenzied mob who
stung to the heart, grinding their teeth, shouting
aloud, holding their hands over their ears, rush at and
drag to death the serene and unresisting Stephen. The
single focus of his mind is on God both in his discourse before the Sanhedrin and in his dying prayers
which in reverse order echo two prayers of the dying
Christ in *Luke's Gospel* ("Lord Jesus, receive my
spirit" and "Lord do not hold this sin against them"

(*Acts* 7.59-60). There is also a striking transcendence of the physical aspects of death. Being literally stoned, Stephen first stands calmly and then drops to his knees not forced to them but as a voluntary gesture of prayer (7.60) and his prayer and his life end together with his life more surrendered than taken away.

The death is also attended by external signs of God's favor. Already at the outset Stephen appears transfigured before the Sanhedrin: "throughout Stephen's face seemed like that of an angel" (*Acts* 6.15) and prior to his death there is his vision of the glory of God in which he sees Jesus not seated at the right hand but standing at the right hand i.e. a gesture of welcoming, receiving the death as a holy death.

Luke's model for Stephen's death in *Acts* has been *Luke's Gospel*. The narrative of Stephen's dying combines features of *Lk*.4.14 ff. (Stephen's Spirit filled preaching to the Sanhedrin leads to his death by mob lynching as Jesus' Spirit-filled sermon in the Synagogue of Nazareth led to his attempted lynching),[2] his transfiguration recalls Christ's transfiguration of *Lk*.9.29 and in his dying he echoes two of the Lukan words from the cross. More than that, when we look at Luke's redaction of the Passion Narrative we find that by its omissions, additions, and rearrangement it bestows on the death of Christ the same features found in Stephen's death in *Acts*.[3] Luke takes all of the scandal of the cross, all the humiliating aspects and concentrates them into an initial scene[4] (*Lk*.23.33-37) and even there presents a Christ who serenely prays for his executioners (Stephen's final prayer). The only word from the cross known to Mark and Matthew is the anguished cry of "My God, my God ..." which Luke omits and replaces[5] with Jesus' prayer for forgiveness, his serene bestowal of paradise on the dying thief, and his final prayer of surrender and commendation. The turning point is *Lk*.23.38 with its emphatic title: "This is the King of the Jews" and the succeeding verses illustrate not only serenity but transcendence over death.[6] It is as a king confident of his kingdom that Christ acknowledged as such by the good thief bestows his gift of that kingdom upon him (39-42) and the "loud cry" of 46 is no longer the last expiring cry of Mark and Matthew but Luke's confident prayer "Abba (Father) ...", the sign of the voluntary surrender of life in which life and breath end together in prayer. At the same time Luke concentrates the external signs of God's presence to dramatically frame the central act of that controlled surrender of life. Three precede: the confession of Christ's kingship by the good thief at 43 (a Lukan addition), the eclipse of the sun (44), the rending of the veil of the temple (45) and two follow: the centurion's confession glorifying God (47) and the crowd's penitential acknowledgement of their sinful involvement in the death of a holy one as they leave "beating their breasts" at 48 (a Lukan addition). Luke has shaped the synoptic tradition to present both by outward demeanour (serenity, transcendence of the physical, mental focus on prayer) and external signs the depiction of the holy death par excellence, the death of the dying Christ attests to the inner reality of the divinity of the Son of God. The same features are bestowed on Stephen who filled with the Spirit shares in that holy dying and pass into the Christian tradition of the Holy Death. The stylistic basis is already fixed in the New Testament and is Lukan.

The death of Stephen served as a model for the depiction of the deaths of the martyrs and when the age of the martyrs ended their deaths served as the model for the holy deaths of the saints, the martyrs not in blood but in the spirit. The death of Macrina in Gregory of Nyssa's *Life of Macrina* is a classic example. As the Passion Narrative was the focus and climax of the Gospel, as the death of Stephan was the focus and climax of the Stephen pericope in *Acts*, so the death of Macrina is the focus and climax of the *Life of Macrina*. (chapters 15-38 with 39 as an epilogue). The narrative structure is more elaborate than the simple Stephen pericope and has three basic parts: the dying itself as prima facie evidence that the death is a holy death (15-25), the subsequent events as confirmation of that death as a holy death (26-33), the burial as a symbolic seal of that reality, an earthly shadow of the processional welcome in heaven (35-36).

Throughout Gregory is at pains to link Macrina's death with that of the martyrs,[7] to present her as their equivalent. At the outset his premonitory dream of her death takes the form of a vision of the radiant relics of the holy martyrs (15.15-19, λαμπηδών). Anticipating her death on its eve he now sees in her still living body the reality of that dream, it is the relic of a holy martyr, one already dead to sin and radiant (κατελάμπετο) with the grace of the Holy Spirit present in her (19.13-15). That reality finds visible confirmation after her death in the supernatural radiance (that not even the black monastic mantle can conceal) of the dead body (32.8-12, ἐκλάμπειν).

We find in Macrina's death the stylistic features already established by the Lukan basis for the holy death. There is the assertion of the inner presence of the Spirit. At 15.24 stress is laid on her "angelic" and "heavenly" life-style, phrases which in Gregory's terminology already indicate the highest level of the spiritual ascent of the soul; at 18.19 her discourse is described as "inspired by the power of the Holy Spirit". At 19.13-15, as noted above, the presence of the Spirit is visible to Gregory in a perceptible radiance, and at 22.27 she is "like some angel that has taken on human form". The inner reality finds outward manifestation in her demeanour. From the outset we find a transcendence of the physical aspects of her suffering. The reality of those sufferings are stressed to highlight the transcendence. In chapter 17 we first encounter her bedridden, so weakened by fever that she needs the support of a rope sling to lift herself from the bed, yet she is able not only to conceal, but even to subdue her painful and labored breathing (17.14-17), her discourse as spiritual discourse becomes a refreshment like that of a spring of water to her fevered body (18.7-12), the lucidity and clarity of her discourse itself manifests a physical transcendence of her condition (18.20-22), and at the end of it it is Macrina who dismisses Gregory as weary and in need of rest (19.1-3). The same transcendence is found in her death: her decision to have her bed turned eastward, the direction of prayer, and her final sign of the cross that marks the end of life all exhibit a controlled dying, a surrender of life.

Her serenity is especially underlined by Gregory. As death approaches with her body now utterly consumed by fever we are told that she appeared as one who "had transcended our common nature" (22.20-21), who had no anxiety or fear of death but a sense of familiarity with it (22.22-23) with her mind abiding in serenity (ἀπάθεια - 22.29-30). Again for Gregory the Stoic-Platonic concept represents the ultimate degree of spiritual perfection and liberation of the soul in its restoration to its original likeness to God.

In a special way her death is marked by a single-minded focus on God. Her first gesture, that of the extended hand (17.9), is a gesture of prayer accompanied by her prayer of thanks for Gregory's visit. Her discourses (17-18) and (20-21) focus on spiritual topics (life, providence, death) and serve to admonish and instruct Gregory, to recall him to a state of gratitude and serenity. They prepare for and climax in her dying prayer (chapter 24) and her continuance in prayer after her voice fails her up to her final sign of the cross (chapter 25). Thus the entire dying of Macrina as a holy death is framed by those two gestures of prayer - the extended hand and the sign of the cross - and life and prayer cease together.[8]

The external sign of God's favor, his welcome of the holy one who has died a holy death are not lacking but manifest in the sequel. Immediately upon death the body composes itself and becomes an image of tranquility - to the amazement of Gregory who is about to perform those last offices - not only have the eyes and mouth closed of their own accord but the hands have folded serenely across the chest (25.22-28). But the climactic sign is the visible radiance of the body when laid out unobscured even by the black monastic garb (ἔλαμπε - chapter 32). It is the fulfillment of his vision of a martyr's relics[9] and Macrina in her dying prayer likened herself to the martyrs, to the good thief, speaking of herself as like him co-crucified with Christ (24.33-34):

Remember me in Your kingdom, for I too have been crucified with You, I who from fear of You and fearing Your judgment have nailed my flesh to a cross.

Again it is a Lukan reference and one that leads to our variant theme that of the penitent's death as a holy death. For Macrina the good thief was an example of spiritual martyrdom by co-crucifixion, but the good thief also appears in patristic literature as the example par excellence for penance and the penitential death. The theme can already be found in Clement of Alexandria at the start of the third century in the *Quis dives salvetur* (40.2-3):

"By the state in which I find you will I judge" (anon. apoc.). This is what in each case the end of all cries aloud. Even in the case of one who has done the greatest good deeds in his life but at the end has run headlong into wickedness, all his former toils are profitless since at the turning point of the drama he has abandoned the contest, while it is possible for the one who formerly led a bad and dissolute life, later, having repented, to overcome in the time after repentance the evil conduct of a long time.

Clement goes on to exemplify his proposition on penance by telling the legend of St.John how after his release from Patmos on a visit to one of the churches of Asia Minor he entrusted to the special care of its bishop a young catechumen. Upon his return years later he learns that the youth after coming of age and being baptized has gone to the bad and become the most notorious robber of the district "fiercest, bloodiest, cruelist". The aged apostle deliberately makes his way to the robber's camp, appeals to the lost man as a father to a son, and leading him back to the Church repentant supervises his penance and reconciliation (42.1 ff.), presenting him as a great example of true repentance anticipating its reward (42.15 ff):

When at the end of the world the angels radiant with joy, hymning and opening the heavens will receive into the celestial abodes those who truly repent; and before all the saviour himself goes to meet them, welcoming them, holding forth the shadowless, ceaseless light; conducting them to the father's bosom, to eternal life, to the kingdom of heaven ... For he who in this world welcomes the angel of penitence will not repent at the time that he leaves the body nor be ashamed when he sees the saviour approaching in his glory and with his army. He fears not the fire.

The story is obviously a blending of the parables of the prodigal son, the good shepherd, and the story of the good thief. As it stands it does not lead us to a death-bed repentance as such, but is rather conformed to the theology and discipline of its time in regard to penance. Although the introduction holds out the possibility of losing all at the last moment, it does not hold out the same hope of gaining all at the last moment (as the good thief actually did), but instead envisions a seasonable repentance leaving a time thereafter for the satisfactory discipline of penance. Only in the fifth century will the recognition come emphatically that the ultimate act of life can also be a gain all situation, but already at this early stage we find here in Clement the Lukan example of the good thief as example of penitence and of an ultimate "holy death".

The trajectory is advanced by *Canon* 13 of Nicaea requiring the granting of Viaticum to all the dying, but the decisive pronouncement is made by Pope Celestine in 428 A.D. in a letter to the bishops of Vienne and Narbonne authorizing full death-bed reconciliation (*Ep.*4.2; *PL* 50.431). Celestine specifically cites the example of the good thief as a scriptural basis for his policy and writes: *mente potius est aestimanda non tempore.*

The same theme is developed in the *De poenitentia* of Victor found in *PL* 17 (probably a work of the fifth century and possibly the lost tractate of Victor of Cartenna on penance).[10] Chapters 10 and 11 climax a lengthy catalogue of Old Testament examples of the promptness of God's mercy shown to the penitent as soon as confession is made for sin. They turn to the New Testament and present a picture of death-bed repentance as a holy death for which the good thief is the model.[11]

Believe it, God awaits the last act of our life (<u>ultimus actus</u> <u>vitae</u>), and on the state in which our final end finds us, will he judge us. If, indeed, you are encompassed by multiple sins, the shadow of your misdeeds will hover round above your head. The gloom of your crimes will be a cloud over your eyes and the yoke of your sins will bow down your neck, and deep within the inner recesses of your heart suddenly the foul wound of your wrongdoing will ulcerate. If you do not cast away your soul into the self-loathing of one who despairs (<u>in desperationis vilitatem</u>), as soon as you pour forth in confession a single expression of the heart's secrets, he will not deny the remedy of pardon (<u>remedium veniae</u>). He came to save souls not to lose them. He does not wish the death of the one who dies (<u>Ez</u>.18.32). Beyond a doubt he encourages him converted instead to live. The Lord himself says: "The Son of Man came not to lose souls but to save" (<u>Lk</u>.9.56) and again: "For the Son of Man is come to seek and save what was lost" (<u>Lk</u>.19.10). Unless it is you who make the devil stronger if you think that from his jaws the Lord is not able to pluck out the captive. Rather just as he is ever watchful that he may destroy, so does the Lord not grow weary that he may win over.

The final confession of the good thief leads you on in trust of an efficacious opportunity, and that last confession on the cross of one in desperate straits not despairing (<u>desperatis non desperantis</u>) bestows the greatest hope (<u>spes maxima</u>). He stained with blood every act of his life by brigandage and served always in this world a soldier of diabolic ferocity. Never had he been mindful of God, never heeded the law's commands ... Condemned now for this, he hung upon the cross with the list of his crimes affixed to its wood. Yet lost he came to his senses, and fixed in his torment won for himself from his death a great recompense. He recognized as God him who hung with him. His future judge he clung to; he trembled before him and proclaimed the crimes of his conscience ... having confessed his crimes he fulfilled the task of a penitent (<u>officium poenitentis</u>) ... and on the cross not unmindful of future judgment, remembrance of himself he entrusted to the judgment of him who was about to enter into his kingdom ... "Lord remember me when you shall come into your kingdom." But see what swiftly he merited, what from the mouth of truth he heard, what grace from his judge he received: "Amen, I say to you, this day you shall be with me in paradise".

Here, then in Victor, we have one of the earliest uses of the variant, the penitential death-bed as a holy death, one that has developed with the development of the church's theology of penance and with its deepening understanding of the unlimited compassion of a loving God, developed also with the church's self-understanding as a communion of saints that is also a Church of sinners. Both forms of the holy death rest on a Lukan basis – the death of the saint as modeled on the Passion Narrative, the death of the penitent as part of the Lukan Passion Narrative.

Contemporary Theology and Literature

Karl Rahner provides an example of the attitude of contemporary theology on death as the ultimate act of life in his study *On Christian Dying*:[12]

It is precisely at the very point at which man freely achieves his own perfection that he is, at the same time, most wholly subject to control by another. The ultimate act of freedom, in which he decides his own fate totally and irrevocably, is the act in which he either willingly accepts or definitively rebels against his own utter impotence ... In death man is totally withdrawn from himself. Every power down to the last vestige of a possibility, of autonomously controlling his own destiny is taken away from him. Thus the exercise of his freedom taken as a whole is summed up at this point in one single decision: whether he yields everything up or whether everything is taken from him by force, whether he responds to this radical deprivation of all power by uttering his assent in faith and hope to the nameless mystery which we call God, or whether even at this point he seeks to cling to his own autonomy, protests against this fall into helplessness, and because of his disbelief, supposes that he is falling into the abyss of nothingness when in reality he is falling into the unfathomable depths of God. On the basis of this it is possible for us to realize that death can be either an act of faith or "a sin unto death".

What Rahner has set out as a proposition he sums up at the conclusion in the form of story:

Alongside the Crucified One – the symbol is devestating – there are two other dying human beings – two persons agonizing over their deaths which they don't understand for who can understand death? But one of the two looked at the dying of Christ. And what he saw was enough for him also to understand his own death, for one has understood and rightly grasped and accepted it as one's salvation when he says to the dying Christ: Remember me when you come into your kingdom. To this dying man the Son of Man says: Who shares my fate of death also is freed through it to life - today you will be with me in paradise ... To the other robber he says nothing. The gloom and silence that hangs over that death warns us that death can also be the dawn of eternal death.

The stress is very much on the ultimate act of life, the ultimate choice which is also the fundamental option and so an act of life or of death. But does this theological postulate have significance for the world today, the secularized and post-Christian world of the west? An affirmative answer can be given from the phenomenon of the popular success of the theme in current literature, the satirical novel. We present three examples, one American and two British.

The first is Tom McHale, an American writer often compared to K.Vonnegut and John Updike on the American scene and to E.Waugh and B.Donleavy on the international scene. (Donleavy is probably the best choice). Jesuit educated in Scranton Pa. before moving on to Temple Univ. in Philadelphia he describes himself as "a vacationing Catholic". The novel is his first novel, *Principato*,[13] that was an instant success. The novel is a brilliant, mordant, devestating satire of the "either/or" option of the ultimate act as conceived in popular piety and catechesis in American Catholicism, especially in the Archdiocese of Philadelphia, and at the same time a satire of the equally pious conventions of disbelief.

The story deals with the dying of Joseph Principato, in his 60s with less than a year to live he is dying of cancer after being away from the Church for 35 odd years. His exit was dramatic, stamping out of Sunday Mass after publically rebuking the parish priest for remarks from the pulpit lacking charity or concern for the poverty of his parishoners - never to return. As such he has become a symbol and living legend for the entire spectrum of anti-Catholicism (Communist atheistic, agnostic, anti-clerical etc.) to be found in the local Italian American Community - that entire spectrum being designated simply as "The Defiance". He has also become a cross to his family who naturally have remained devoutly Catholic, to the repentant priest whom he rebuked (now Msgr. Allergucci, but known to "The Defiance" as "The Prince of Darkness"), and to the Irish Catholic in-laws of his son Angelo, The Corrigans (especially Fr. Corrigan S.J.). The forces of light and of darkness are marshalled. His colleagues in "The Defiance" are determined that his final end will exemplify all of their pious expectations for the defiant final impenitent death-bed. The side of the angels is ready to move heaven and earth for a penitent, holy death. The struggle is seen through the eyes of the son, Angelo, who passing through an early mid-life crisis is uncertain and ambivalent. Hopes focus early on the daughter, Lucy, who is in the Convent, but precisely at this time Lucy becomes "up-dated" and decides to leave the convent and get married. The climax is in three stages: death, sequel, and symbolic close.

The death scene itself takes place at the mansion of DeMarco, the construction magnate who is the next most influential figure in "The Defiance". DeMarco has stage managed it with all the taste of Petronius's Trimalchio (in fact the scene probably is inspired by the *Cena Trimalchionis* but with a dying protagonist rather than one who merely fantasizes his death). There is a band, there is a buffet, the death-bed has been set up on a dais in the salon, besides the family all figures of "The Defiance" are present under DeMarco's leadership and the side of the angels is represented by no fewer than forty one priests under the leadership of Msgr. Allergucci and Fr. Corrigan. The scene is macabre and hilarious - the band plays, the Defiance eat drink and make merry, the Corrigans pray the rosary, squabbles flare up between the contending sides and then:

... the nurse ... had just taken a sudden step from the place where she had been standing ... placed an ear against the old man's chest ... lifted a hand to take his pulse. "He's going", she said to no one in particular. "He's going", DeMarco spoke in a loud whisper to the band ... the Corrigans started forward from their knees in unison toward the soul about to flee from the room. Then the march strains broke loose ... consternation showed on every other face except for DeMarco's. "Giuseppe! Giuseppe!" He ran delirously up the steps to the old man. "Do you hear it? Do you remember? The Internationale ..." "Joseph, Joseph!" yelled Allergucci "Kiss the cross!" He whipped a cross from the pocket of his cassock ... Abruptly the old man rose up, eyes wide and fearing, arms extended as if to clutch at Allergucci's crucifix, but he missed and tumbled from the side of the bed ... It was a concussion that got him in the end ... "Angelo, Angelo! Did you see?" his mother implored, "your father was going back to the Church!" ... the Corrigans actually began clapping in a unison of delight. The Internationale fell off in a disjointed wail of horn sounds. "Yes", the old Jesuit exulted, "it was obvious enough for us, the full intent was there." "Go to Hell, priest, go to Hell, all you priests!" DeMarco yelled ... "He was trying to knock that cross out of your hands, Allergucci!"

So the death scene ends in ambiguity, in an aporia. The sequel protracts it. Letters left by the deceased affirm alternately his intention to return to the Church or his intention to defy to the last, depending on to whom they are written, and his last will is a sardonic chuckle from beyond the grave leaving his entire estate to the Archdiocese and stipulating cremation. The obsequies are appropriately symbolic. The scene is outside the crematorium:

Outside stood the old Jesuit, Corrigan ... "Pato", the priest called hobbling across the broad sidewalk, the frills of his tattered biretta flouncing in the wind. "Your poor father is gone then?" the priest asked sadly ... "Going", Principato guessed looking toward the tops of the twin stacks where a light gray smoke began belching into the overcast sky ... "That's what it looks like?" the Jesuit asked, as intrigued as Principato. "It's my first time too, Father." They watched through a long silence. The smoke rose, sluggishly, actually curving and spreading as it reached the layers of smog overhanging the city.

So Principato vanishes in a last enigmatic wisp of smoke elusive to the lend.[14] Beneath the satire is a deep seriousness. The satire is effective only because of that seriousness – that death as the ultimate act of life is significant. As Allergucci puts it in the death scene looking out a window:

It's strange, but I think I've seen these women going into Mass from this window before. I knew somehow from a dream perhaps, that I would be standing in a room glutted with people and a band and a bar waiting for your father to die on a gray morning with Church bells ringing and streetcars moving along past the house ... And even in the dream I believe I was amazed at the notion that one Man's soul had become so very important to everyone present when an entire world went chugging by outside the window.

Our second selection needs little introduction: *Brideshead Revisited*[15] by Evelyn Waugh. It's success as a novel has recently been matched or outstripped by its success as a television dramatization (both in Britain and America). Both witness to the vitality of our topic for its climax is the penitential death-bed of Lord Marchmain – convert then a renegade, and apostate he has refused to see a priest although he knows himself to be dying; yet the family has summoned the parish priest to the death-bed where the dying Lord Marchmain has already lost consciousness.

The priest bent over Lord Marchmain and blessed him. Julia and Cara knelt at the foot of the bed. The doctor, the nurse, and I stood behind them. "Now", said the priest, "I know you are sorry for all the sins of your life, aren't you ?" But there was no sign. "Try and remember your sins; tell God you are sorry, I am going to give you absolution. While I am giving it, tell God you are sorry you have offended Him." He began to speak in Latin. I recognized the words "ego te absolvo in nomine Patris ..." and saw the priest make the sign of the cross. Then I knelt too, and prayed "O God if there is a God, forgive him his sins, if there is such a thing as sin" and the man on the bed opened his eyes and gave a sigh, the sort of sigh I had imagined people made at the moment of death, but his eyes moved so that we knew there was still life in him. I suddenly felt the longing for a sign ... it seemed so small a thing to ask, the bare acknowledgement of a present, a nod in the crowd. I prayed more simply; "God forgive him his sins" and "Please God, make him accept your forgiveness." So small a thing to ask. The priest took the little silver box from his pocket and spoke again in Latin, touching the dying man with an oily wad; he finished what he had to do, put away the box and gave the final blessing. Suddenly Lord Marchmain moved his hand to his forehead; I thought he had felt the tough of the chrism and was wiping it away. "O God", I prayed, "don't let him do that." But there was no need for fear; the hand moved slowly down his breast, then to his shoulder and Lord March-main made the sign of the cross.

Then I knew that the sign I had asked for was not a little thing, not a passing nod of recognition, and a phrase came back to me from my childhood of the veil of the temple being rent from top to bottom ... Outside the door Fr. MacKay became the simple genial man I had known before. "Well, now, and that was a beautiful thing to see. I've known it happen that way again and again. The devil resists to the last moment and then the Grace of God is too much for him."

As Macrina's holy death was signed by the sign of the cross, so Lord Marchmain's penitent death as a holy death is signed with the same sign. It's holiness reaches beyond Lord Marchmain himself for its sequel is the return of Julia (the lapsed daughter) and the con-version of Charles, the agnostic, who has been the nar-rator.

If these two examples evidence the credibility of the penitential death-bed what of that of the saint to-day. For that we turn to our third and last example: Muriel Spark's *Memento mori*.[16] The frontispiece of the novel reads:

Q. What are the four last things to be ever remembered?
A. The four last things to be ever remembered are Death, Judge-ment, Hell and Heaven.

The novel itself takes the form of a gripping mys-tery story. The mystery is an anonymous phone caller whose message is always the same "Remember you must die". A broad cast of characters all interconnected in life, all now elderly, are the recipients of the phone calls. Their reactions are primarily negative: "the tone was menacing", "the tone was factual ... he sounded like a Teddy-boy", "the tone is sinister in the extreme". One, however, Charmian Piper, a convert to the Catholic Church, differs. She finds it the voice of "a very civil young man", and her standard reply to the calls is: "For the past thirty years and more I have thought of it from time to time. My memory is failing in certain respects. I am gone eighty-six. But somehow I do not forget my death whenever that will be." The response of the caller is "Delighted to hear it". The mystery appears insolvable for not only can the calls not be traced but the phone company data indicates that at the alleged times the lines are not even engaged. Within the broad cast of characters it is hard to determine who is the principal character. Dame Lettie, who is the first recipient and for whom death does come literally as a thief in the night? Charmian who is certainly the most attractive one? An important clue comes on page 62 in a journal entry made by Alec Warner, the chief narrator, from Newman's *Life and Letters*:

I wonder, in old times what people died of. We read, "After this, it was told Joseph that his father was sick." "And the days of David drew nigh that he should die." What were they sick of and what did they die of? And so of the great Fathers. St. Athanasius dies past seventy - was his a paralytic seizure? We cannot imitate the Martyrs in their death - but I sometimes feel it would be a comfort if we could associate ourselves with the great Confessor Saints in their illnesses and decline: Pope St. Gregory had the gout, St.Basil had a liver complaint, but St. Gregory Nazianzen? St. Ambrose? St. Augustine and St. Martin died of fevers, proper to old age ...

At the close of the novel the author uses Alec, who has himself had a stroke, to assemble in recollection on the stage her cast of characters:

What were they sick of and what did they die of? Lettie Colston, he recited to himself, comminuted fractures of the skull; Godfrey Colston, hypostatic pneumonia; Charmian Colston, uraemia; Jean Taylor, myocardial degeneration; Tempest Sidebottome, carcinoma of the bronchus; Guy Leet, arteriosclerosis; Henry Mortimer, coronary thrombosis ... Miss Valvona went to her rest. Many of the grannies followed her. Jean Taylor lingered for a time employing her pain to

magnify the Lord, and meditating confidingly upon Death, the first
of the four last things to be ever remembered.

The echo of the Newman passage alerts us and the
final paragraph by the author ends the mystery with a
surprise ending – with the cast assembled she points
out who has been the real protagonist and brings center
stage a character always present but always in the
wings apparently during the drama cast in a supporting
role – it is Jean Taylor and the real story in the
story has been that of a holy dying, that of Jean
Taylor. She is the one who has never received the
mysterious phone call – for she had no need of it, and
who early on divined the identity of the caller: the
angel of death. And we find ourselves suddenly
searching our memory and the pages of the novel to find
her hidden story. Her life in the world was that of a
lady's maid (to Charmian), an "ancilla", she never
married and like Charmian became a convert to the
Church. Before the novel opens she has already retired
from the world and has chosen to do so not in the
relative comfort of a private nursing home, but as a
public health patient suffering from increasingly
crippling arthritis confined to the Maud Long Ward in a
London hospital. Supported by the State and subject to
the authority of the medical and nursing staff in a
hospital ward her life is the picture of the poverty,
simplicity, and obedience of a modern anchorite.

A year ago when Miss Taylor had been admitted to the ward, she
had suffered misery when addressed as Granny Taylor, and she thought
she would rather die in a ditch than be kept alive under such
conditions ... the lacerating familiarity of the nurses' treatment
merged in with her arthritis ... After the first year she resolved
to make her suffering a voluntary affair. If this is God's will then
it is mine. She gained from this state of mind a decided and visible
dignity, at the same time she lost her stoical resistance to pain.

Here we have Jean's act of abandonment to the will
of God and her entering into her death as a part of
Christ's death, her *fiat mihi secundum verbum tuum*.
When questioned by Alec about whether one of the

"grannies" had a peaceful end, a good death, Jean replies:

A good death doesn't reside in the dignity of bearing but in the disposition of the soul.

And yet we are told that her own holy abandonment led to a "visible" dignity - the element of the outer manifestation of the inner presence of the Spirit is still part of the depiction. And we see her living in the Spirit within the confines of the Maud Long Ward - encouraging her fellow patients and visitors, speaking the truth to them realistically when need be (she tells Dame Lettie it would be better to listen to the message of the anonymous caller than to worry about his identity), acting as an instrument of peace, praying for the others as they die, and when she has nothing else offering up her own sufferings. It is a picture of a holy dying. It is a comforting story for the contemporary reader who would find it hard to identify with a Macrina the great, but who can identify with a Jean in her littleness, whose soul magnifies the Lord. The inspiration is again Lukan - the *Magnificat*, the sanctity of the lowly.

Epilogue

Certain stylistic features of the literature, both patristic and contemporary, seem to strain the imagination, to be only stylistic features but not plausible in reality. I will speak on only two such. The first is the convention of the coinciding of the end of prayer with the end of life. My Aunt Helen died in 1972 after over sixty years in the Franciscan Convent. While not present myself I have an eye witness account of the death-bed from a reliable source (a nun who had worked on Wall Street before entering the convent and who spent most of her active religious life as a professor of economics). After the prayers for the dying, the community remained for the rosary interrupting it for the noon *Angelus* and when it was ended began the litany of St.Joseph. My aunt made all the responses up to and including "Patron of the dying" then ceased to reply and by the end of the litany was gone (there are only two more invocations followed by the *Agnus dei*). Her name in religion was Sr.Rosalie of St.Joseph. The other is the efficacy of the sacramental reconciliation in extremis when the recipient is unconscious (as with Lord Marchmain). In the summer of 1979 I administered the last rites in the same circumstances (called by the family not the dying man who had been away from the Church for close to forty years and knew himself to be dying). The unconscious man was not expected to live the night. There was no sign of accepting the sacrament. When I called the hospital the next day (Chesapeake General) he had surprisingly rallied. His condition continued to improve and a few days later he left the hospital apparently in a remission from his cancer — the same afternoon his wife called me to come to the house. She informed me on arriving that her husband's first request upon arriving home was that the priest be summoned. When told he had received the last rites in the hospital he refused to believe it. When I confirmed it for him he still found it incredible, but from his regaining consciousness he has experienced an increasing desire to be reconciled to the Church. I heard his confession that afternoon. His remission lasted over a month, long enough for him to make certain necessary restitutions, to see his grandson born and baptized, and his daughter, the boy's mother received as a catechumen. There is often in life as in literature an "amazing grace".

1 See E.Haenchen, The Acts of the Apostles (Philadelphia 1971) pp.259-299. Nyssa in his two sermons on Stephen (PG 46) stresses Stephen's calmness of mind and his transcendence of fear of death (712B, 713A), and in particular his angelic transformation as distinctive of the dignity of the true martyr (713B-C, 725B-C).

2 The correspondence is not noted by Haenchen. Compare especially Lk.4.28-29 with Acts 7.57-58.

3 See especially John Drury, Tradition and Design in Luke's Gospel (London 1976) pp.113-116.

4 Thus Luke also omits the "come down" taunt.

5 Whether one follows the Two Source Theory or the Griesbach Theory of Matthaean primacy Luke has redacted along his own lines.

6 Only the Johannine Passion Narrative goes further in stortterms of serenity, transcendence, control over death.

7 As Pierre Maraval has noted in his edition (SC 178, Paris 1971, pp.24-25).

8 Just how expected, virtually mandatory, these traits are for a depiction of the Holy Death is dramatically exemplified by Georges Bernanos who deliberately withholds them from his description of the death of Mère Henriette de Jésus, prioress of Compiègne, in his Dialogues des Carmélites (Paris 1949, pp.70-71) so that her death (actually a vicarious assumption of the fears of Soeur Blanche) may appear as a scandal. Instead of physical transcendence there is physical collapse: her face is distorted, the lips twitch uncontrollably, the combined strength of four nuns is needed to support her collapsing body in an attitude of prayer. Instead of serenity there is fear. The only words she can utter are "fear" and "death". The only prayer is the compelled attitude of prayer. Death is an agony not a surrender.

9 Newman appropriates the same signs for his martyred Callista (Callista, reprint London 1962, pp.205-206): "The sun of Africa has passed over the heavens, but has not dared with one of his fierce rays to profane the sacred relics which lie out before him. The mists of evening rise up, and the heavy dews fall, but they neither bring the poison of decay to that gracious body, nor receive it thence ... the stars have come out on high, and they too look down on Callista, as if they were funeral lights in her honour. Next the moon rises up to see what has been going on, and edges the black hangings of night with silver ... A circle of light gleams round her brow, and even when the daylight comes

again, it there is faintly seen. Her features have resumed their former majesty, but with an expression of childlike innocence and heavenly peace. The thongs have drawn blood at the wrists and ankles which has run and soaked into the sand; but angels received the body from the soldiers when they took it off the rack, and it lies, sweetly and modestly composed, upon the ground."

10 428-477 A.D. My own study of the tractate (Catholic University of America Dissertation in Liturgical Studies 1982) sees definite evidence of the influence of Ambrose's De penitentia as a certain terminus post quem and the first half of the 5th century as quite likely. The tractate has been handed down as part of the Ambrosian corpus.

11 Employing the Biblia Patristica vols.1-3 (Paris 1975-80) the topical use of the Good Thief during the first three centuries falls into six categories: 1) Belief versus Disbelief (with contrast of the Old and New Israel) - Ps.-Cyprian De montibus Sina et Sion 7, Ps.-Hippolytus Paschal Sermon 54; 2) Baptism of Blood - Cyprian Ep.73.22 (a passage quoted later by Augustine De baptismo 4.22.29); 3) Example of Sincere Penitence (in contrast with Judas) - Origen John Commentary 32,395-396, Ps.-Hippolytus Paschal Sermon 54; 4) Faith as meriting salvation - Origen Lev.Hom.9.5, Rom.Com. 5.9; 3.9 ("fides sola"), Rom.Cat.18 (not 19 as cited in Biblia Patristica); 5) Speculation on the after-life by Origen - Gen. Hom.15,5 (Good Thief proto-type for all the saved), Lk.Cat.248 (immediate entry into paradise, "hodie") cf. Mt.Comm.12.3, Princip.2.11.6, Ps.Cat.1089A2 (meaning of "paradise", question of immediate or rapid ascent) and Num.Hom.26.4 (death as anti-type of Exodus). Origen's speculation on the immediate or rapid ascent of the soul after death in certain cases probably accounts for Macrina's inclusion of his prayer in her final prayer and also for its appearance in the funerary inscriptions referred to by Maraval. (For the fourth century we can add also Macrina's use of it as Martyrdom by co-crucifixion for the ascetic life.) A related speculation to that of Origen is that on the interim between the crucifixion and the resurrection - Ps.-Hippolytus Paschal Sermon 56 (Soul of Christ ascends to Heaven while body rests in tomb - symbol of cosmic salvation), Hippolytus Lk.23 (Divine person of Christ ascends to heaven, human soul descends into Hell, body rests in tomb). At end of the fourth century John Chrysostom devotes two sermons to the topics "De cruce et latrone". In Hom.1.3 the thief is developed as an example of fear of the Lord, immediate translation to heaven, perfect penance, and forgiveness as the

immediate reward for confession. In Hom.2.3 he substitutes the audacity of the thief for his fear (becomes the thief of heaven) and otherwise follows the same topical development as in Hom.1 but adding the phrase about the efficacy of confession even on the cross itself (so foreshadowing the fifth century development of the topos as death-bed and citing in both Is.43.26 - a key text for both Ambrose and Victor). It is the fifth century that sees the development of the topos for reconciliation "in articulo mortis". Allan Fitzgerald O.P. has studied its use in Celestine and Peter Chrysologus (Sermons 60 and 167) as a topic-example for death-bed reconciliation (The Theology and Spirituality of Penance: A Study of the Italian Church in the fourth and fifth centuries, Diss.Inst.Catholique Paris 1976, p.352 ff.). He finds the absence of that topic in Maximus of Turin a datable characteristic and places him earlier than Celestine. My own study of Victor places him in the same ambit as Celestine and Peter Chrysologus by his stress on death-bed reconciliation, while including in passing topics 1 and 2 above. (Victor provides the chief evidence for the text of the Vetus Latina at this point in Luke.) Tertullian stands apart. In De pud.22.4 he cites the passage only to argue that only the death of Christ has power to bring reconciliation, not the deaths of the martyrs (by implication he sees the thief's death as a martyrdom, Macrina's co-crucifixion).

12 Schriften zur Theologie, Bd.7, Köln 1971, pp.275-282.
13 New York 1970.
14 Or does he elude? At the death scene his wife tells Allergucci: "He's afraid of dying like anybody else would be afraid of dying. I'd be afraid to die. He just called you here in case he changes his mind ...", and we are told that at the last moment it is with "eyes wide and fearing" that he lunges for the cross. The letter containing the truth may be the one to his son: "I intend going back to the church. I have always intended this, fearing an eternity in Hell as I do ... My fear was real, no matter how hard I reasoned with myself. I guess you can't peel off the layers of a Catholic childhood just by wishing it." And Fr.Corrigan may not be such an old fool when he says: "He stood on the brink of eternity, viewed it with fear, and rushed back to the Church. It was evident in his eyes when he sprang up to embrace the cross." (Sententious yes, but perceptive). It is all a sad commentary on a catechesis which stresses a "punishing God" and produces "adult" Catholics who fluctuate between defiance and an imperfect contrition of fear. The dimension of cosmic struggle at the death-bed taken se-

riously by McHale even if satirized by him is, as this study has shown, already present in the patristic period, very much so in Victor, and not, as P.Ariès has argued, a phenomenon that emerges in the 15th century (See: Ariès, <u>Essais sur l'histoire de la mort en Occident,</u> Paris 1975, pp.38-43 and cf. Ariès, <u>Western Attitudes Towards Death,</u> Baltimore 1974).

15 First published 1945; revised edition, Penguin Books 1962.

16 First published 1959; revised edition, Penguin Books 1961.

THEODOR BODOGAE

ZUR RUMÄNISCHEN GREGOR VON NYSSA-FORSCHUNG

Meine Teilnahme am "5. Internationalen Gregor von
Nyssa-Kolloquium" steht im Zusammenhang mit dem Vorha-
ben, die bedeutendsten patristischen Werke in rumänischer Sprache vorzustellen, einschließlich des Nysseners. Wie bekannt, hat die Rumänische Orthodoxe Kirche
auf Anregung Seiner Seligkeit des Patriarchen Dr. Ju-
stin Moisescu vor ein paar Jahren die Initiative er-
griffen, die Hauptschriften der christlichen Literatur
der ersten 800 Jahre in einer großen Auswahl (von un-
gefähr 90 Bänden) in rumänischer Sprache erscheinen zu
lassen. Man hat sich bei uns vorgenommen, dem allgemeinen Leseverlangen unserer Christen zunächst mit guten Übersetzungen und modernen Kommentaren entgegenzu-
kommen. Es sind bis jetzt schon 10 Bände gedruckt worden.
Speziell mit den Werken des Gregor von Nyssa ist
soeben der erste Band im Druck erschienen. Es sind
hier fünf Werke ausgewählt worden, die meisten geistlichen Inhalts und zwar: *De vita Moysis, In Canticum
canticorum, De oratione dominica, De beatitudinibus,
De instituto christiano.* Professor D. Staniloae, der
diesen Band betreut hat, schrieb 1958 eine Studie, in
der er seine Meinung über diesen letzten viel umstrit-
tenen Traktat dargelegt hat. Für die anderen zwei Bände, die mir anvertraut worden sind, kommen andere dogmatische und exegetische Werke in Betracht, dazu Epi-
steln und Reden. Die Arbeit ist schon ziemlich weit
vorgeschritten. Schwierigkeiten bereiten uns besonders
die Werke, die in der großen Jäger'schen Ausgabe noch
nicht erschienen sind; von den Indices nicht zu reden.
Zum ersten Mal kamen die Rumänen in Kontakt mit
den Schriften Gregors von Nyssa im 15. und 16. Jahrhundert infolge der regen Ausstrahlung des Hesychasmus
innerhalb der ganzen morgenländischen Kirche. In jener

Zeit hatte bei uns die slavische Sprache etwa dieselbe
Rolle wie im Abendland die lateinische. In slavischer
Form sind in den Bibliotheken unserer damaligen Klö-
ster handschriftlich einige Reden des Nysseners erhalten geblieben. Ende des 18. Jahrhunderts und zu Beginn
des 19. Jahrhunderts erschienen einige Reden auch im
Druck. Ich erwähne nur ganz kurz das Verzeichnis der
bedeutendsten von diesen handschriftlich erhaltenen
Reden des Nysseners, so wie sie heute noch zu finden
sind in der Bibliothek der Rumänischen Akademie. Die
Beschreibung und die Erforschung der slavischen Handschriften ist noch nicht beendet. Die Titel dieser
Reden habe ich aus dem Katalog der slavischen Handschriften der Rumänischen Akademie (=*Catalogul manu-
scriselor slave in Biblioteca Academiei R.S.Romania*,
Bucuresti 1959) entnommen. Der Katalog ist von P.P.
Panaitescu erstellt worden; der zweite Band ist noch
unediert.

A. SLAVISCHE HANDSCHRIFTEN

I. *In Basilium fratrem*
1. Slav. Hs. 150, 15.Jh., chart., fol. 348, 28x19:
fol. 4-14
2. Slav. Hs. 302, 15.Jh., chart., fol. 356, 27x20:
fol. 280-291
3. Slav. Hs. 305, 16.Jh., chart., fol. 350, 28x20:
fol. 1-6

II. *In principium ieiuniorum*
1. Slav. Hs. 73, 15.Jh., chart., fol. 348, 28x19:
fol. 158-166
2. Slav. Hs. 300, 16.Jh., chart., fol. 357, 27x21:
fol. 155-165

III. *In suam ordinationem*
1. Slav. Hs. 141, 15.Jh., chart., fol. 415, 28,5x20,5:
fol. 292-299

IV. *De pauperibus amandis*
1. Slav. Hs. 141, 15.Jh., chart., fol. 415, 28,5x20,5:
fol. 326-365

V. *In sanctum Stephanum I (II)*
1. Slav. Hs. 301, 16.Jh., chart., fol. 480, 27x20:
fol. 436-444
2. Slav. Hs. 302, 15.Jh., chart., fol. 356, 27x20:
fol. 276-281
3. Slav. Hs. 302, 15.Jh., chart., fol. 356, 27x20:
fol. 281-283

VI. *In Meletium*
1. Slav. Hs. 150, 15.Jh., chart., fol. 348, 28x19:
fol. 301-306
2. Slav. Hs. 304, 16.Jh., chart., fol. 350, 29x20:
fol. 141-147

VII. *In XL martyres I et II*
1. Slav. Hs. 150, 15.Jh., chart., fol. 348, 28x19:
fol. 311-316
2. Slav. Hs. 152, 15.Jh., chart., fol. 506, 29x20:
fol. 186-191
3. Slav. Hs. 153, 15.Jh., chart., fol. 506, 29x20:
fol. 153-161
4. Slav. Hs. 298, 16.Jh., chart., fol. 191, 29x21,5:
fol. 111-113

VIII. *De sancto Theodoro*
1. Slav. Hs. 152, 15.Jh., chart., fol. 506, 29x20:
fol. 307-310
2. Slav. Hs. 300, 16.Jh., chart., fol. 357, 27x21:
fol. 247-253

IX. *In ascensionem Christi*
1. Slav. Hs. 149, 15.Jh., chart., fol. 260, 29x20:
fol. 113-115
2. Slav. Hs. 156, 15.Jh., chart., fol. 459, 30x20:
fol. 288-290
3. Slav. Hs. 153, 15.Jh., chart., fol. 506, 29x20:
fol. 56-64

4. Slav. Hs. 305, 16.Jh., chart., fol. 350, 29x21:
fol. 66-71

X. *In sanctum Pascha*
1. Slav. Hs. 156, 15.Jh., chart., fol. 459, 30-20:
fol. 135-142
2. Slav. Hs. 299, 16.Jh., chart., fol. 226, 29-21:
fol. 75-82

XI. *In sanctum et salutare Pascha*
1. Slav. Hs. 156, 15.Jh., chart., fol. 459, 30-20:
fol. 126-135
1. Slav. Hs. 345, 16.Jh., chart., fol. 410, 30x19,5:
fol. 166-178

XII. *De tridui spatio*, fragm.
1. Slav. Hs. 345, 16.Jh., chart., fol. 410, 30x19,5:
fol. 152-166

XIII. *In diem natalem Domini*
1. Slav. Hs. 302, 15.Jh., chart., fol. 356, 27x20:
fol. 253-258

B. RUMÄNISCHE HANDSCHRIFTEN

I. *In Basilium fratrem*
1. Rum. Hs. 341, 18.Jh., chart., fol. 306, 32x21:
fol. 180-190

II. *In sanctum Pascha*
1. Rum. Hs. 341, 18.Jh., chart., fol. 306, 32x21:
fol. 231-238

C. GEDRUCKTE WERKE

I. Im 19. Jahrhundert

1. *In Meletium*
Predigt an dem Grab des heiligen und großen Meletios
von Antiochien (=Cuvînt deasupra morminului la sfîntul
și marele Meletie, arhiepiscopul Antiohiei celei ma-

ri). Bearbeitung nach dem russischen Text des Hl. Di-
mitrij Rostowskij, gest. 1709, in der Serie "Leben der
Heiligen für den Monat Februar" (=Vieţile Sfinţilor
din luna Februarie), Kloster Neamt 1812, fol. 88-91.

2. *In Sanctum Ephraim*
Aus der dreibändigen rumänischen Übersetzung der Werke
des hl. Ephräm des Syrers, Kloster Neamt, 1818-1819,
und zwar aus dem ersten Band: "Worte und Lehren" (=Cu-
vinte şi învaţaturi), Neamt 1818, fol. 1-24.

3. *In sanctum et salutare Pascha*
In der oben genannten Serie "Die Leben der Heiligen
für den Monat März", fol. 184-185.

4. *In luciferam sanctam Domini resurrectionem*
Ebenda fol. 185-188.

5. *De vita sanctae Macrinae*
Ebenda ("für den Monat Juli", Neamt 1814), fol. 181-
191.

II. Im 20. Jahrhundert

a) Ausgaben und Übersetzungen

1. *De anima et resurrectione* (=Despre suflet şi învie-
re), übersetzt von P.M. Stanescu, Diss. theol. Bucuresti 1907.

2. *De perfectione* (=Fii desavîrşit), in der Serie
"Neues Leben" (=Viaţa noua Nr. 1), von Pfarrer Dr.
Olimp Caciula, 2. Aufl., Bucuresti 1935.

3. *Contra fatum*, Ausgabe für Seminar-Arbeiten unter
dem Titel "Sancti Gregorii Nysseni: Contra fatum" von
preot Cicerone Iordachescu und Th. Simensky, Chişinau
1938, Tipografia Uniunii clericilor ortodocşi din Bas-
arabia.

4. *Oratio catechetica* (=Marea cukvîntare catehetica.
Λόγος κατηχητικὸς ὁ μέγας), aus dem Griechischen von
preot D. Christescu und Dr. N.I. Barbu, Bucuresti
1947, Tipografia Carţilor Bisericeşti.

5. *De vita Macrinae* (=Viata fericitei Macrina), aus dem Griechischen von Prof. T. Bodogae, Sibiu 1947, Tiparul Tipografiei Arhidiecezane.

6. *De pauperibus amandis* (=Despre iubirea de saraci), aus dem Griechischen von Prof.Dr.Olimp Caciula, in der Zeitschrift "Mitropolia Olteniei", Craiova 1959, 157-180.

7. *De professione christiana* (=Ce însemneaza sa te numești și sa te fagaduești creștin?), in der Zeitschrift "Biserica Ortodoxa Româna", Bucuresti 1973, 178-182.

8. Gregor von Nyssa: *Werke* I (=Scrieri, partea întîia), Übersetzung und Kommentar, Professor Dr.D. Staniloae, Bucuresti 1982, in der Serie "Väter und kirchliche Schriftsteller", Band 29.

b) Von den Studien (Dissertationen und Vorarbeiten für Doktoratsprüfungen) nennen wir nur einige:

1. Stefan Alexe, *Die Theiosislehre bei Gregor von Nyssa*. Diss. theol. Bucuresti 1953, in der Zeitschrift "Studii teologice" 1953.

2. Bria Ioan, *Das trinitarische Dogma bei Gregor von Nyssa*, Bucuresti 1969, ebenda.

3. Const. Voicu, *Dogmatische Probleme in der Oratio catechetica*, Bucuresti 1961, in der Zeitschrift "Ortodoxia" 1961, 213-233.

4. Nicolas Fer, *Das menschliche Erkennen und die Idee von der Epektasis bei Gregor von Nyssa*, Bucuresti 1970, ebenda 82-96.

Nach dem Dargelegten darf man sagen, daß die Gregor von Nyssa-Forschung im Rahmen unserer rumänischen Theologie nicht ausgeblieben ist.

Contributors

ALEXANDRE, Mme Monique - Maître-Assistante de Grec, Institut de Langues et Littératures, Université de Poitiers, 8 rue René-Descartes, 86022 Poitiers Cedex (3 rue Gabriel-Péri, 92120 Montrouge), France.

CUMMINGS, Rev. John T., MA, DPhil - Pastor of St.George's, Scottsville (Holy Comforter Rectory, P.O. Box 53, Charlottesville, VA 22902), USA.

BODOGAE, Rev. Dr. Theodor, Professor of Theology, Institut für Orthodoxe Theologie, Hermannstadt, Gîrlei 17, 2400 Sibiu, Rumania.

ESPER, Dr. phil. Martin - Studiendirektor, Staatliches Görres-Gymnasium, Koblenz, Gymnasialstraße 3, 5400 Koblenz (Wieselweg 2, 5407 Boppard), Germany.

HARL, Mme Marguerite, Professeur de Grec post-classique, Université de Paris-Sorbonne, 1 rue Victor Cousin, 75230 Paris Cedex 05 (3 avenue Constant Coquelin, 75007 Paris), France.

KLOCK, Christoph - Wissenschaftlicher Assistent, Seminar für Klassische Philologie, Johannes Gutenberg-Universität, Saarstraße 21, 6500 Mainz (Nahestraße 2, 6500 Mainz), Germany.

LUCK, Dr. phil. Georg - Professor of Classics, Department of Classics, The Johns Hopkins University, Baltimore, MD 21218, USA.

MATEO-SECO, Rev. Dr. Lucas F. - Professor Ordinario de Teología Dogmatica, Facultad de teología, Universidad de Navarra, Pamplona (51 Carlos III, Pamplona), Spain.

MEREDITH, Rev. Anthony S.J., MA, DPhil - Campion Hall, Oxford OX1 1QS, England.

MOUTSOULAS, Dr. Elias – Professor, Patristics, University of Athens (7 Platonos, Néon Psychikon, Athens), Greece.

STUDER, Rev. Dom Basil, O.S.B. – Professor of Patristics, Pontificio Ateneo di Anselmo, 5 Piazza dei Cavalieri di Malta, 00153 Roma, Italy.

Monique Alexandre, Montrouge
Margarete Altenburger, Havixbeck
David L. Balás, Irving
Theofried Baumeister, Wiesbaden
Maurus Berve, Heidelberg
Theodor Bodogae, Sibiu
S. de Boer, Castricum
Hans Burch, Buochs
Ernst Coester, Aachen
Viviana Cessi, Pavia
John T. Cummings, Norfolk
Anna Danelli-Caimi, Milano
Hubertus Drobner, Roma
Martin Esper, Boppard
Caius & Mrs. Fabricius, Göteborg
Marie-Luise Gnad, Mainz
Stuart G. Hall, London
Marguerite Harl, Paris
Martin Henniges, Frankfurt
Hadwig Hörner, Frankfurt
Reinhard Hübner, Eichstätt
Christoph Klock, Mainz
Theo Kobusch, Tübingen
Johannes Koder, Bingen
Akio Kusaka, Kyoto
Athena Llialiou, Saloniki
A.E.D. van Loveren, Beuntingen
Georg Luck, Baltimore
Friedhelm Mann, Münster
Lucas F. Mateo-Seco, Pamplona
Jean-Marie Mathieu, Thomery
Anthony Meredith, Oxford
Elias Moutsoulas, Athens
Ekkehard Mühlenberg, Göttingen
M.F.G. Parmentier, Haarlem
John F. Procopé, Cambridge
Jürgen-André Röder, Wiesbaden
Joachim Soffel, Westhofen
Andreas Spira, Mainz
Reinhart Staats, Heidelberg

Marek Starowieyski, Warszawa
G. Christopher & Mrs. Stead, Ely
Basil Studer, Rome
Josef Vogt, Stegen
J.C.M. van Winden, Leiden